全国高等学校外语教师丛书

U0670487

# 认同和语言学习：
# 对话的延伸（第二版）

（加） **Bonny Norton** 著

（美）Claire Kramsch 后记

边永卫 许宏晨 译

# Identity and Language Learning:
## Extending the Conversation
### (Second Edition)

外语教学与研究出版社
FOREIGN LANGUAGE TEACHING AND RESEARCH PRESS
北京 BEIJING

京权图字：01-2018-1954

Original edition: "Identity and language learning: Extending the conversation" © Norton 2013
Chinese edition printed by permission for distribution in the People's Republic of China only.

## 图书在版编目（CIP）数据

认同和语言学习：对话的延伸：第二版：汉、英／（加）博尼·诺顿（Bonny Norton）著；（美）克莱尔·克拉姆契（Claire Kramsch）后记；边永卫，许宏晨译. -- 北京：外语教学与研究出版社，2018.7（2019.10重印）
（全国高等学校外语教师丛书. 理论指导系列）
书名原文：Identity and Language Learning: Extending the Conversation (Second Edition)
ISBN 978-7-5213-0221-9

Ⅰ. ①认… Ⅱ. ①博… ②克… ③边… ④许… Ⅲ. ①社会心理学－研究－汉、英②第二语言－语言学习－研究－汉、英 Ⅳ. ①C912.6-0 ②H003

中国版本图书馆 CIP 数据核字（2018）第 162367 号

出 版 人　徐建忠
项目负责　解碧琰
责任编辑　张丽娟
责任校对　段长城
封面设计　覃一彪　贾世旭
版式设计　吴德胜
出版发行　外语教学与研究出版社
社　　址　北京市西三环北路 19 号（100089）
网　　址　http://www.fltrp.com
印　　刷　北京九州迅驰传媒文化有限公司
开　　本　650×980　1/16
印　　张　16
版　　次　2018 年 8 月第 1 版 2019 年 10 月第 3 次印刷
书　　号　ISBN 978-7-5213-0221-9
定　　价　59.90 元

购书咨询：（010）88819926　电子邮箱：club@fltrp.com
外研书店：https://waiyants.tmall.com
凡印刷、装订质量问题，请联系我社印制部
联系电话：（010）61207896　电子邮箱：zhijian@fltrp.com
凡侵权、盗版书籍线索，请联系我社法律事务部
举报电话：（010）88817519　电子邮箱：banquan@fltrp.com
物料号：302210001

记载人类文明
沟通世界文化
www.fltrp.com

# 目　录

# 总　序

　　"全国高等学校外语教师丛书"是外语教学与研究出版社高等英语教育出版分社近期精心策划、隆重推出的系列丛书，包含理论指导、科研方法和教学研究三个子系列。本套丛书既包括学界专家精心挑选的国外引进著作，又有特邀国内学者执笔完成的"命题作文"。作为开放的系列丛书，该丛书还将根据外语教学与科研的发展不断增加新的专题，以便教师研修与提高。

　　笔者有幸参与了这套系列丛书的策划工作。在策划过程中，我们分析了高校英语教师面临的困难与挑战，考察了一线教师的需求，最终确立这套丛书选题的指导思想为：想外语教师所想，急外语教师所急，顺应广大教师的发展需求；确立这套丛书的写作特色为：突出科学性、可读性和操作性，做到举重若轻，条理清晰，例证丰富，深入浅出。

　　第一个子系列是"理论指导"。该系列力图为教师提供某学科或某领域的研究概貌，期盼读者能用较短的时间了解某领域的核心知识点与前沿研究课题。以《二语习得重点问题研究》一书为例。该书不求面面俱到，只求抓住二语习得研究领域中的热点、要点和富有争议的问题，动态展开叙述。每一章的写作以不同意见的争辩为出发点，对取向相左的理论、实证研究结果差异进行分析、梳理和评述，最后介绍或者展望国内外的最新发展趋势。全书阐述清晰，深入浅出，易读易懂。再比如《认知语言学与二语教学》一书，全书分为理论篇、教学篇与教学研究篇三个部分。理论篇阐述认知语言学视角下的语言观、教学观与学习观，以及与二语教学相关的认知语言学中的主要概念与理论；教学篇选用认知语言学领域比较成熟的理论，探讨应用到中国英语教学实践的可能性；教学研究篇包括国内外将认知语言学理论应用到教学实践中的研究综述、研究方法介绍以及对未来研究的展望。

　　第二个子系列是"科研方法"。该系列介绍了多种研究方法，通常是一本书介绍一种方法，例如问卷调查、个案研究、行动研究、有声思维、语料库研究、微变化研究和启动研究等。也有的书涉及多种方法，综合描述量化研究或者质化研究，例如：《应用语言学中的质性研究与分析》《应用语言学中的量化研究与分析》和《第二语言研究中的数据收集方法》等。凡入选本系列丛书的著作人，无论是国外著者还是国内著者，均有高度的读者意识，乐于为一线教师开展教学科研服务，力求做到帮助读者"排忧解难"。例如，澳大利亚安妮·伯恩斯教授撰写的《英语教学中的行动研究方法》一书，从一线教师的视角，讨论行动研究的各个环节，每章均有"反思时刻""行动时刻"等新颖形式设计。同时，全书运用了丰富例证来解释理论概念，便于读者理解、思考和消化所读内容。凡是应邀撰写研究方法系列的中国著作人均有博士学位，并对自己阐述的研究方法有着丰富的实践经验。他们有的运用书中的研究方法完成了硕士、博士论文，有的是采用书中的研究方法从事过重大科研项目。以秦晓晴教授撰写的《外语教学问卷调查法》一书为例，该书著者将系统性与实用性有机结合，根据实施问卷调查法的流程，系统地介绍了问卷调查研究中问题的提出、问卷项目设计、问卷试测、问卷实施、问卷整理及数据准备、问卷评价以及问卷数据汇总和统计分析方法选择等环节。书中各个环节的描述都配有易于理解的研究实例。

第三个子系列是"教学研究"。该系列与前两个系列相比，有两点显著不同：第一，本系列侧重同步培养教师的教学能力与教学研究能力；第二，本系列所有著作的撰稿人主要为中国学者。有些著者虽然目前在海外工作和生活，但他们出国前曾在国内高校任教，也经常回国参与国内的教学与研究工作。本系列包括《英语听力教学与研究》《英语写作教学与研究》《阅读教学与研究》《口语教学与研究》《口译教学与研究》等。以《英语听力教学与研究》一书为例，著者王艳博士拥有十多年的听力教学经验，同时听力教学研究又是她博士论文的选题领域。《英语听力教学与研究》一书，浓缩了她多年来听力教学与听力教学研究的宝贵经验。全书分为两部分：教学篇与研究篇。教学篇中涉及了听力教学的各个重要环节以及学生在听力学习中可能碰到的困难与应对的办法，所选用的案例均来自著者课堂教学的真实活动。研究篇中既有著者的听力教学研究案例，也有著者从国内外文献中筛选出的符合中国国情的听力教学研究案例，综合在一起加以分析阐述。

　　教育大计，教师为本。"全国高等学校外语教师丛书"内容全面，出版及时，必将成为高校教师提升自我教学能力、研究能力与合作能力的良师益友。笔者相信本套丛书的出版对高校外语教师个人专业能力的提高，对教师队伍整体素质的提高，必将起到积极的推动作用。

文秋芳

北京外国语大学中国外语教育研究中心

2011 年 7 月 3 日

# 前　言

　　大约三年前，不列颠哥伦比亚大学的一位学生问我，为什么 2000 年出版的《认同和语言学习》没有电子版。又一次，学生向我提出了技术领域的问题，令我猝不及防。于是，我们就电子图书对于他们的意义组织了一次课堂讨论。学生们告诉我，电子图书要比纸质图书便宜许多，这一点对于他们而言很值得考虑。此外，电子图书更容易买到，携带方便容易储存，查找信息也更快捷。我被说服了，便与多语言出版社（Multilingual Matters）签订协议，以电子版和纸质版两种形式再版我于 2000 年出版的专著。第二版中，引言部分增加了新的内容，更为全面；更新了认同和语言学习的相关文献；此外，Claire Kramsch 撰写了视角独特、见解深刻的后记，将本书置于更为广泛的历史和学科背景下。我十分感激 Claire 渊博的学识和慷慨的精神。我也同时衷心感谢 Tommi Grover，Anna Roderick 和多语言出版社卓越的工作团队，是他们在帮助维持与拓展认同和语言学习在全球层面上的对话。

　　自 2000 年以来，我有幸与许多在认同和语言学习方面有着共同兴趣的学界同仁合作发表科研成果，他们的影响渗透于第二版引言的字里行间。我曾与 Kelleen Toohey，Christina Higgins，Yasuko Kanno 和 Aneta Pavlenko 共同编写文集或专刊，这一过程令人振奋。我还与 Margaret Early，Maureen Kendrick，Carolyn McKinney，Lyndsay Moffatt，Diane Dagenais，Gao Yihong，Margaret Hawkins，Brian Morgan 和 Sue Starfield 共同发表过学术文章。与他们的合作让我感觉非常愉快。我的博士生也为我的研究注入了活力和洞察力，在此，我要特别感谢 Juliet Tembe，Harriet Mutonyi，Shelley Jones，Sam Andema，Ena Lee，Sal Muthayan，Lauryn Oates 以及 Espen Stranger-Johannessen。在不列颠哥伦比亚大学，我和一个非凡的工作团队定期交流，其中包括 Patricia Duff，Lee Gunderson，Ryuko Kubota，Ling Shi 和 Steven Talmy。这些年来，与这些有着学术热情的学者密切合作，"同事"和"朋友"的界限已经很难区分了。

　　经验丰富的学者都知道，学术界的同行评审需要业界同仁付出很多心血。在此，我要特别感谢多年来始终如一地支持我的同仁，他们中有 Claire Kramsch，Nancy Hornberger，Constant Leung，Alastair Pennycook，Sandra Silberstein，Mastin Prinsloo，Jim Cummins 和 Allan Luke。我还要感谢 Peter De Costa 为本书引言作出的独到评论；感谢我的学生 Ron Darvin 帮助编辑文本、设计封面。最后，我要感谢的是世界各地数百位著名学者和学术新人，他们通过网络、邮件、会议、小组讨论和工作坊等方式向我提出问题，启发了我的思考。是的，我提到的人中有你。

　　加拿大社会科学与人文研究委员会为我提供了充足的科研经费。这笔经费对我而言至关重要，它使我的研究工作和著作出版毫无后顾之忧。非常感谢这项资助为我提供的各种机会。

　　我的家人 Anthony，Julia，Michael 给予了我无私的关爱，从不间断地支持着我学术生涯的每一天。

Bonny Norton

加拿大 温哥华

不列颠哥伦比亚大学

2013 年 4 月

实际的或者潜在的社会组织形式，以及它们可能的社会和政治结果，都是通过语言予以界定并进行争夺的。而我们的自我观念，我们的主体性，也都是在语言中得以建构的。

（Weedon，1997：21）

　　在群体间关系的层面，语言的价值取决于说这门语言的群体的价值；同理，在个体间关系的层面，话语的很重要的一部分价值也取决于说话人的价值。

（Bourdieu，1977：652）

# 引言

## 1. 再论"认同和语言学习"

　　Claire Kramsch 在本书后记中写道，2000 年版的《认同和语言学习》抓住了时代精神的一个重要转折点。现在，语言教育领域探讨认同的研究论文汗牛充栋，这种现象表明，认同已然成为这个领域的研究核心。[①]"认同"已被大多数百科全书和应用语言学、二语习得（SLA）和语言教育类参考书收入其中。[②]《语言、认同与教育期刊》（*Journal of Language, Identity, and Education*）也应运而生并成为获奖期刊，该刊主要刊载研究语言教育领域认同问题的论文。尤为有意义的是，以"认同""投资"和"想象共同体"为题的本科生和研究生论文也大量出现，这说明在该研究领域还会不断涌现更多的研究者。[③]我的著作现在已经有汉语、葡萄牙语、德语和法语版。[④]正像 Zuengler 和 Miller（2006：43）所说，认同现已登堂入室，成为一个相对独立的研究领域。

　　正如我在本书第二版前言中指出，2000 年版有它独有的逻辑和结构，所

---

① 参见 Atkinson（2011）；Block（2003, 2007b）；Caldas-Coulthard & Iedema（2008）；Clark（2009）；Cummins（2001）；Day（2002）；Heller（2007）；Higgins（2009）；Kanno（2003, 2008）；Kramsch（2009）；Kubota & Lin（2009）；Lin（2007）；Mantero（2007）；Menard-Warwick（2009）；Miller（2003）；Nelson（2009）；Norton（1997, 2000）；Norton & Toohey（2004）；Pavlenko & Blackledge（2004）；Potowski（2007）；Toohey（2000）；Tsui & Tollefson（2007）等。

② 参见 Block（2010）；Morgan & Clarke（2011）；Norton（2006, 2010）；Norton & McKinney（2011）；Norton & Toohey（2002）；Ricento（2005）。

③ Anya（2011）；Cornwell（2005）；Cortez（2008）；Pomerantz（2001）；Ross（2011）；Tomita（2011）；Torres-Olave（2006）；Villareal Ballesteros（2010）；Zacharias（2010）。

④ 参见 Dagenais, D. et al.（2008）；Mastrella-De-Andrade & Norton（2011）；Norton（2013）和 Xu（2001）。

以我的目的不是重写，而是根据第一版中已在该领域尤有建树的思想对其进行重构。正如 Block（2007a），Ricento（2005），及 Swain 和 Deters（2007）所言，后结构主义语言与认同理论影响很大，而且我在 1995 年提出的"投资"概念也被学者们以各种各样有趣的方式讨论过，后来"想象共同体"和"想象认同"的概念也有类似的境遇。各领域越来越多的认同理论学者都在努力探讨种族、性别、阶层和性取向对语言学习和教学过程的影响。另外，与认同研究以及认同研究对课堂教学的意义相关的研究方法也成为讨论的话题。正如我在前言中指出，本书的引言吸收了各领域的学者们在过去十几年中令人振奋的研究成果。⑤ 引言将结合本书第一版中提出的研究发现和研究思想，聚焦正在拓展的研究与实践领域。

## 2. 认同研究和语言学习的相关性

在引言开始部分我将回顾几位学者如 Sue Gass（1998）的观点。这些学者认为，既然认同影响语言学习，那么认同理论学者需要在认同与二语习得之间建立认同研究的理论相关性。下文是我对这一重要且合理的观点作出的回应，我将其总结为如下几个论点，在以后的章节中，我还会对这些核心论点进行更充分的阐述。

（1）认同研究为语言学习领域提供了可以将个体语言学习者与更广阔的社会现实世界联系起来的综合性理论。认同理论学者质疑以下观点，即：学习者的特点可以用二元对立的方式来描述，分为有动力和没有动力的、内向的和外向的、拘谨的和不拘谨的。这种观点没有对其他影响因素进行考量，而这些因素往往建构于不平等的社会权力关系中，它们随着时空的变化而变化，也许还会以矛盾的形式存在于单一个体身上。成熟的认同理论会对语言学习者可以开口说英语的各种认同定位进行重点研究，有时也会研究被边缘化的学习者如何在目的语群体中为自己虚构更加心仪的认同。

---

⑤ Kanno & Norton(2003)；Norton & Early(2011)；Norton & Gao(2008)；Norton & McKinney(2011)；Norton & Morgan（2013）；Norton & Pavlenko（2004）；Norton & Toohey（2011）。

（2）二语习得理论家需要研究社会现实世界中权力关系如何对学习者融入目的语群体产生影响；在一个场所被边缘化的学习者很可能在另一场所受到青睐。因此，认同理论学者关注的是：学习者在正式和非正式的语言学习场合中练习口语、阅读与写作这些被公认为二语习得过程中的核心技能（参见Spolsky，1989）的机会是如何受到社会权力关系影响的。这类观点对于学习者在什么条件下使用目的语说话、阅读和写作以及因此获得的语言学习机会具有重要意义。

（3）认同、实践与资源是相互依存的关系。这意味着，认同受到发生在家庭、学校和工作场所的实践活动的影响，也受到可获取的资源的影响——无论是象征资源还是物质资源。研究具体场所的实践活动和资源以及学习者在参与实践和获取资源方面的差异性，为我们提供了一种理解认同是如何产生和得以协商的手段。同时，权力结构和社会环境并不能完全决定语言的学习或使用。人的能动性可以使努力按照一种认同定位讲话的学习者重构与他人的关系，并选择其他更有力量的认同进行说话、阅读和写作活动，从而提高其语言习得水平。

（4）**投资**这一社会学概念是我创立的，旨在弥补二语习得理论中"动机"这一心理学概念的不足。这个理论概念阐明了语言学习者的认同和语言学习投入之间的复杂关系。我认为，一个学习者可能具有很强的学习动机，但其对某个课堂或群体的语言练习活动投入很少，例如，课堂上可能存在种族或性别歧视，也可能带有重视精英或恐惧同性恋的特点；课堂上的语言练习活动也可能不符合学习者对优质教学的期待，这时学习效果同样令人沮丧。总之，学习者可能学习动机很强，但不一定会对某一套语言练习活动付出应有的"投资"。然而，对某一套语言练习活动进行"投资"的学习者很有可能具有强烈的学习动机。"投资"已经成为语言学习与教学中重要的解释性概念（Cummins，2006）。

（5）近年来关于**想象共同体**和**想象认同**的研究，拓宽了二语习得理论研究的视野。"想象共同体"一词由 Benedict Anderson（1991）首先使用，我在2001年的论文中（Norton，2001）对这个概念进行了探讨，这个概念在 Kanno 和 Norton（2003），Pavlenko 和 Norton（2007）和 Norton 和 Gao（2008）的文章中得到了进一步完善。在这些发表的论文中，我们认为，在许多语言课堂上，目的语群体在某种程度上可能是对"过去共同体"和"历史性构成"的关系的重构，也可以是一个想象共同体，一种被渴望的共同体，为未来提供更多、范围更广的认同选择的可能性。这些论点也受到 Lave 和 Wenger（1991）及 Wenger（1998）的启迪，已被证明在很多研究领域产生了引领作用。我认为，一个想象共同体假定了一种想象认同，我们应该在这个背景下理解学习者对目的语的"投资"。

## 3. 后结构主义认同理论

在本书的第一版中，我大量引用了后结构主义认同理论，这些理论与 Christine Weedon（1987/1997）等女性主义学者的研究相关。Christine Weedon 像给她的研究工作以启示的其他后结构主义理论学者一样，在分析个体与社会因素之间的关系时突出了语言的核心作用，她认为语言不仅影响机构性实践活动，而且建构着我们对自身的感觉——我们的**主体性**："实际的或者潜在的社会组织形式，以及它们可能带来的社会和政治结果，都是通过语言予以界定并进行争夺的。而我们的自我观念，我们的主体性，也都是在语言中得以**建构**的。"（1997：21）

主体性在词源上源于**主体**，该词的使用引人瞩目，因为它起到了提示作用：对一个人的认同的理解必须置于关系之中：一个人不是**位居**某种权力关系的主体（即，处于某种权力地位），就是**受制于**某种权力关系（即，处于弱化的权力地位）。Weedon 认为，从主体与主体性角度对个体的理解不同于在西方哲学中占主导地位的人文主义对个体的理解。人文主义对个体的理解，预设每一个人都具有本质的、独特的、固定的、有条理和一致的核心成分，而后结构主义却将个体（也即主体）的特点描述为：多样的、矛盾的、动态的，随着历史发展和社会空间的变化而变化。依据福柯对于语篇和历史特殊性的界定，我们把后结构主义的主体性理解为由话语建构并镶嵌于社会与历史之间的。而且，正像 Weedon 阐述的那样，认同建构于语言之中或通过语言完成建构。甚至，每当语言学习者使用目的语说话、阅读和写作时，他们不仅是在与目的语群体成员交流信息，还在整理和重新整理自己是谁及自己与社会现实世界之间的关系。如此，他们便参与了认同的建构与协商。

正如我在第一版中阐述的那样，后结构主义理论促使我把"认同"界定为一个人如何理解自己与世界的关系，这个关系又是如何跨越时空被建构起来的，以及这个人如何理解未来的各种可能性。未来的重要性才是很多语言学习者生活的重心，是理解"认同"和"投资"不可或缺的一个组成部分。

建立认同理论的后结构主义方法也被文化理论学家 Stuart Hall（1992a，1992b，1997）和后殖民理论学家 Homi Bhabha（1994）所应用，他们的应用结下了累累硕果：他们对认同的种类（如种族和性别）作了"去本质化"和解构。在建立文化认同理论时，Hall 聚焦于过程中的认同，并强调在认同的话语建构之后进行呈现的重要性。在他的"新族群"概念中，Hall 提供了另外一种对种族进行理论界定的方法：认清种族的经历，并不将其同质化。Hall 强调了根源的多面性特点，这一特点不只限于少数族群的研究，也可以将这一理论应用于其他不同形式的差异性研究。

后结构主义的"定位"理论对于认同研究者也有意义。作为一个理论性概念，"定位"常常与 Davies 和 Harré（1990）的研究工作关系密切。这两位研究者试图挑战"角色"概念在自我社会心理学发展中的充分性。他们和其他后结构主义理论家让我们注意到认同的偶然性、变化性和依托环境的特点，他们强调，认同不仅由社会结构或由其他人赋予，也是由那些希望对自己进行定位的人通过协商获得的。承认个体在社会结构中的定位，也承认个体的能动性，对许多语言学习研究都非常重要。例如，Menard-Warwick（2007）将职业英语作为一种二语课程，在课堂上，她可以甄别老师与拉丁裔学生的特殊定位，而这种定位影响着学习者在课堂上"发声"（发言）的方式。De Costa（2011）也强调了研究学生定位的重要性。他详细研究了新加坡一所中学里的一位中国移民学生如何被其同学和老师定位，以及她在这种交往互动中如何进行自我定位。他将定位的概念与语言意识形态的概念放在一起，在论文中阐述了他所关注的学生定位与语言意识形态最终是如何对这位学生的英语学习效果产生影响的。

正如 Brian Morgan 和我所认为的那样（Morgan，2007；Norton & Morgan，2013），后结构主义认同理论不仅在颠覆本质主义的认同理论，而且在挑战知识与文本的主流理论方面也具有解放性意义。与此同时，这些理论提供了强有力的概念性工具，有助于揭示某些所谓真理的片面性。但是后结构主义认同理论同时也引发了我们对几个令人困扰的问题的思考。其中一个便是**能动性**的概念，关乎学生或教师质疑主导意义和抵抗本质化认同的能力。能动性究竟在多大程度上是在话语产生之前就已经存在了的特质？Menard-Warwick（2006）给出的解释是：Bakhtin 的语言理论（Bakhtin，1981，1984）具有解决连续性与变化之间存在的某些矛盾的潜质。连续性与变化即为二语习得和读写能力领域中有关认同的争论点。第二个问题是如何建立认同多重性的理论：有时候，学生或教师可能希望认定他们的认同是同质的和单一的，以突出他们经验中的某一方面，如性别、种族、阶层、性取向或宗教派别。在全球的不同地方盛行的民族主义和宗教原教旨主义运动中我们都能看到这种影响。**认同政治**或**差异政治**这些术语，正是参照了认同和权力关系的特定结合。


# 4. 认同与"投资"

在我对加拿大女性移民的研究中——《认同和语言学习》第一版对此进行过讨论，我发现二语习得领域的动机理论与我的研究结果不一致。那时候的很多理论认为动机是个体语言学习者的品质特征，没有掌握目的语的学习者对学习过程的投入不够。此外，动机理论对语言学习者与目的语使用者之间不平等的权力关系关注得不够。我的研究发现，较强的动机并不一定能转化为良好的学习效果，而语言学习者和目的语使用者之间不平等的权力关系是研究材料中的常见主题。所以，我创立了"投资"的概念，用以弥补语言学习与教学领域动机概念的不足。

"投资"概念能够帮助我们理解学习者在参与社会交往和群体实践活动时的各种多变的欲望。受到 Bourdieu（1977，1984，1991）的研究的启发，这一概念表明了语言学习者与目的语之间的社会性和历史性建构关系，以及他们经常会产生的学习目的语和练习这门语言之间的矛盾欲望。倘若学习者"投资"目的语，那是他们认为他们会因此获得更广泛的象征资源（语言、教育、友情）

和物质资源（资本货物、不动产、金钱），而这些资源会让他们的文化资本和社会权力增值。Bourdieu 和 Passeron（1977）用"文化资本"一词指代知识、学历和思维方式，而这些都是与一系列特定的社会形式相关的不同阶层和团体的特征。他们认为，文化资本处于具体的情境中，因为它在不同的社会领域具有不同的交换价值。随着文化资本价值增加，学习者的自我意识和他们对未来的期望也会被重新评价。这样一来——正如我在早期的著作中所阐述的那样，"投资"和"认同"两者互不可缺。而且，"动机"主要可以被看作一个心理学概念（Dörnyei，2001；Dörnyei & Ushioda，2009），"投资"则必须在社会学框架内进行观察，尝试在学习者学习一门语言的欲望和投入与他们复杂和变化的认同之间建立某种有意义的联系。

"投资"的概念引入了一系列与学习者对目的语学习的投入有关的问题。例如，教师或研究者除了问："学习者学习目的语的动机有多强烈？"他们还会问："学习者对这个课堂或这个群体的语言练习活动的'投资'是什么？"一位有很强学习动机的语言学习者，可能对某一课堂或某一群体的语言练习活动"投资"很少，因为可能这个课堂或这个群体带有种族歧视、性别歧视，或具有精英主义或恐惧同性恋的特点。所以，尽管学习者动机十足，但可能被排除在课堂语言练习活动之外，以致最后被定位为"差等"或没有动机的语言学习者（参见 Norton & Toohey，2001）。或者，语言学习者对好的语言教学的期待可能与教师在课堂上所推进的语言练习活动不一致，学习者可能因此会抗拒课堂上的语言练习活动。这样的学习效果同样很糟糕（Talmy，2008）。

为了更好地阐述这一观点，这里讨论一下 Duff（2002）在加拿大一所多语中学所做的基于课堂的研究。Duff 的研究基于一门以传授知识为主的课程中宏观与微观层面的交流环境。她发现，教师在课堂上教导学生尊重文化多元性的尝试产生了不同的效果。由于掌握的英语比较有限，课堂上的语言学习者其实都害怕被批评或被嘲笑。正像 Duff 所阐述（2002：312）的那样，"沉默保护他们不受羞辱"。然而，这种沉默被母语为英语者视为"缺少进取精神或能动性，或者缺乏提高英语水平或为班级提供有趣素材的欲望"的表现。从课堂研究数据上看，显然这些英语学习者不是"没有动机的"；我们可以这样认为，他们没有对课堂上的语言练习活动"投资"，是因为课堂上的英语语言学习者与母语为英语者之间存在着不平等的权力关系。他们的"投资"共同建构于他们与母语为英语的同学之间的互动，而他们的认同则充斥了各种权力斗争。

"投资"的概念在应用语言学和语言教育领域引起了很大反响，⑥《亚太交流期刊》（*Journal of Asian Pacific Communication*）（Arkoudis & Davison，2008）还就此出了特刊。McKay 和 Wong（1996）依据这一概念解释了 4 名母语为汉语的学生的英语提高过程，这 4 名学生是加利福尼亚一所学校 7 年级和 8 年级的学生。两位学者认为，学生的需求、欲望和协商是他们在目的语学习投资中不可或缺的因素。依据对美国成人 ESL 课上 4 名柬埔寨女性的研究，Skilton-Sylvester（2002）认为：有关成人动机与参与程度的传统观点并不足以解释成人学习者复杂的生活；理解女性的家庭与职业认同，对于解释她们对某些成人 ESL 课程的"投资"非常有必要。Haneda（2005）从"投资"概念的角度理解两位大学生参与高级日语课程的情况，并得出结论：他们在不同群体中的多种成员身份也许影响了他们对日语写作的"投资"方式。Potowski（2007）利用"投资"概念解释了学生在美国一个西班牙 / 英语双语浸透式课程中使用西班牙语的情况，认为即使语言课程运行得很好，如果语言学习想要满足（学习者）期待的话，那么学习者对目的语的"投资"一定要与课程目标一致。在对新加坡一所学校的移民学生所做的研究中，De Costa（2010a）使用"投资"的概念研究一位来自中国的学习者是如何通过刻苦学习标准英语来建立与"成为学业优秀的学生"相关的认同。Cummins（2006：51–68）利用"投资"概念创立了"认同文本"的概念。他认为，"投资"概念在二语学习文献中已经成为"重要的解释性概念"。

## 5. 想象共同体和想象认同

"认同"与"投资"研究的一个延伸就是"想象共同体"，语言学习者在学习一种语言时都渴望能融入想象共同体之中（Kanno & Norton，2003；

---

⑥ 参见 Bearse & de Jong (2008)；Chang (2011)；Cummins (2006)；De Costa (2010a)；Haneda (2005)、McKay & Wong (1996)；Pittaway (2004)；Potowski (2007)；Skilton-Sylvester (2002)。

Norton，2001；Pavlenko & Norton，2007）。想象共同体指的是我们当下不能接触到或进入的群体，但我们可以通过想象力与这样的群体建立联系。在日常生活中，我们与可以具体和直接感知到的许多"共同体"发生关系。这些共同体包括我们居住的社区、工作场所、教育机构以及我们所属的宗教团体。然而，我们所属的共同体不止这些。正像 Wenger（1998）所言，直接参与到共同体的实践活动中并发生具体的关联——他用了**直接参与**一词，这不是我们归属某一共同体的唯一方式；对于 Wenger 来说，想象是另外一种共同体的来源。想象的纽带既有空间的，也有时间的。第一个使用**想象共同体**一词的 Benedict Anderson（1991:6）认为，我们所谓的"民族"其实就是一个想象共同体，"因为即使是一个很小的民族，其成员也永远不会认识这个群体中的大多数人，不会跟他们见面，甚至听都没听说过他们，但是在每个人心中却都有着他们民族鲜活的画面"。所以，在跨越时空想象我们自己与其他同胞有联结的时候，我们能感受到一种共有的民族归属感，尽管不曾谋面，但也许期待有朝一日能够见上一面。

关注语言学习中的想象共同体，使我们可以探讨归属于这样的共同体如何影响学习者的学习轨迹。这样的共同体包括只存在于学习者想象中的未来关系以及从属关系，比如超越了一系列区域性关系的国家或跨国共同体（Warriner，2007）。这些想象共同体与学习者日常参与的共同体差不多一样的真实，甚至可能对他们当下的行为和"投资"产生更大的影响。

在本书第一版中语言学习者跟我分享的她们的抗争经历中，读者可以找到我对想象认同和想象共同体思考的最初源泉。在上一版（2000:143）中，我描述了梅，一位来自越南的年轻的成年女性移民如何越来越讨厌她的英语课，甚至最后退出这门课：

> 我曾一直希望这门课程能够像以前学过的（为期半年的 ESL 课程）那样，但是，有一天我们一整晚都在听一个学生讲话。这个学生是欧洲来的，他讲的是自己国家：现在发生了什么，过去发生了什么。于是**我们一晚上什么都没学到**。另一天，另外一个印度来的，要讲他们那里的什么事。整个星期我大概都不会在书上记下什么。

　　尽管梅是个学习动机很强的语言学习者，但是她对课堂上的语言练习活动的"投资"很少。尽管有人认为，这位教师邀请学生以他们自己国家为题作演讲，其目的是将学生过去的经历融入课堂教学中，但是教师的做法显然只承认了学生认同的一个方面——本质主义的、族群的认同（欧洲人、印度人），却忽视了认同形成的其他方面，如性别、年龄和阶层。另外，教师似乎主要关注学生过去的经历，并没有考虑到学生们当下与未来迫切的需求。对梅而言，这些需求包括对读写能力练习活动的"投资"。

　　从梅 1991 年 5 月 15 日的日记材料中，我们可以深入地理解梅对未来的期望、她的想象共同体和想象认同：

> 今天下班后我一个人走在新街上遇见了卡尔，上一门课他跟我在同一所学校学习……我跟他讲了我工作的事，还有我正在上的课。他对我说："上学听课对你有好处，将来你就可以在办公室工作了。"我希望能这样。但有时候我害怕做这样的梦。

　　梅在服装厂工作，多数时间都坐在缝纫机旁，身着统一的服装，做着高度重复性的工作。工厂的一角是一个封闭的区域，当"办公室"用。这里的员工衣着时尚，在写字台上工作，可以使用电话和电脑。梅对未来的期望就是她能成为这个"共同体"中的一员：她的"想象认同"就是衣着时髦的办公室员工，而不是湮没车间里的无名之辈。梅知道她需要用英语说话和写作才能够加入这个共同体中。但是，当她的英语课关注的是学生过去的生活且跨越不同的地理共同体时，让她在课堂语言练习活动与她的想象共同体之间建立起联系，便有些勉为其难了。

　　在一些论文中，如 Pavlenko 和 Norton（2007）的文章曾更为广泛地讨论过这样的问题，国际上一些学者也曾对这些问题做了进一步的研究，[⑦]《语言、认同和教育期刊》还曾以"想象共同体和教育的可能性"为题出版了我与 Kanno 共同主编的特刊（Kanno & Norton，2003）。在此特刊中，很多学者探讨了世界

---

⑦　参见 Carroll，Motha & Price（2008）；Chang（2011）；Dagenais（2003）；Early & Norton（2012）；Gao（2012）；Gordon（2004）；Murphey，Jin & Li-Chin（2005）；Norton & Kamal（2003）；Pavlenko（2003）；Silberstein（2003）；Xu（2012）。

各地语言学习者的想象共同体，新近的出版物上也发表了跟进性研究。例如，Kanno（2008）在日本 5 所不同的推行双语教育的学校调研了学校教育与使用双语的机会不平等之间的关系。她发现，那些为中上阶层家庭的学生开办的学校推行的是附加性双语学习，但是在收容移民和难民孩子的学校里削减性双语学习却更为普遍。Kanno 认为，在她调研的学校中，孩子们对想象共同体的设想不同，对二语教育形式的需求就不同，这会加重学生之间现有的不平等现象，因为他们获取资源的机会不均等。

在加拿大，Dagenais 等人（2008）调查了温哥华和蒙特利尔两所小学周边的语言状况，举例说明孩子们如何想象他们所住社区的语言，以及他们如何建构与之相关的认同。Dagenais 等人对研究者和学生使用多种资源的创新方法进行了描述，如用数码影像来记录这些社区的语言状况，他们还鼓励两个城市的孩子互相通信，互寄海报，交换照片和视频。Dagenais 等人认为，记录孩子们眼中的社区想象共同体，可以提供很多关于孩子们对社区的理解方面的信息，而这些信息对于认同和语言学习十分重要。

在世界的另外一个区域，Kendrick 和 Jones（2008）借用想象共同体的概念分析乌干达小学和中学女生的绘画和摄影作品。通过采用多种研究方法，他们的研究试图调查这些女生对参加当地读写能力训练活动的认识，促进有关读写能力、妇女和发展的对话。他们发现，女孩们提供的这些视觉图像可以让人们更深刻地洞察她们的想象共同体。这些想象共同体与对英语的掌握和接受教育的机会相关。正如他们在研究结论中提到（2008：397）：

> 为女孩们提供机会，让她们通过不同的交流和呈现方式去探索和看待她们的世界，这是一种极具潜力的教学法。这种教学法可以引发关于性别不平等本质的对话，也促使人们去设想那些可能并不存在不平等现象的想象共同体。

Blackledge（2003）将想象共同体的概念与种族化联系起来，研究教育文件中带有的种族歧视色彩的言语。他发现，单一文化与单一语言共同体被教育决策者想象为规范的和自然的，诋毁亚洲少数族裔定期回到自己的祖籍国家的文化习俗。他认为，这些规范性共同体"重同质，轻多元"，而且"将特殊的文化习俗定位为'反常'、'另类'，对少数族裔孩子的教育前景也具有破坏性"（2003：332）。他阐述道，从根本上说，主流群体的规范性话语推出一套从表面上看是常识的论点，带有种族歧视色彩，诋毁了亚裔族群的文化习俗。

## 6. 认同种类和语言学习

尽管很多关于认同和语言学习的研究从多种、交错的维度对语言学习者的认同进行了探索，但仍有越来越多的研究试图对种族、性别、阶层、性取向等关系对语言学习过程的影响方式进行调查。讨论这些问题的创新性研究并不是将这样的认同类别视为"变量"，而是将其看作一系列关系，社会性和历史性地建构于特定的权力关系之中。研究界对于认同种类和语言学习的兴趣日益强劲。《TESOL 季刊》（*TESOL Quarterly*）以"性别和语言教育"（Gender and language education）（Davis & Skilton-Sylvester，2004）和"种族与 TESOL"（Race and TESOL）（Kubota & Lin，2006）为主题的特刊刊载了有关性别、种族和语言学习的颇有见地的辩论，而 Heller（2007），May（2008），Rampton（2006）近年来的专著使语言、族群性和阶层的议题在该领域依然受到人们的关注。更加细致地探讨与种族、族群性、性别和性取向有关的语言学习问题，这是一个很有意思的研究方向。

许多学者看到了认同、种族和族群性之间存在的重要联系（参见 Amin，1997；Curtis & Romney，2006；Lin et al.，2004；Luke，2009）。学者们对种族和语言学习的关系的兴趣也愈加浓厚。Ibrahim（1999）对加拿大安大略省法语区一所高中里母语为法语的非裔欧洲学生进行了研究，探讨了"成为黑人"对于语言学习的影响。他认为，学生的语言风格，尤其是"黑人英语"的形成，是他们被拥有霸权地位的话语与团体想象和建构成为"黑人"的直接结果。

Taylor（2004）的视角稍有不同，她在对多伦多一所反歧视训练营的研究中认为，有必要通过被她称为"种族化性别"的视角去理解语言学习。越南女孩 Hue 和索马里女孩 Khatra 的经历尤其有说服力。Hue 体会到了她在学校受到的诸多种族歧视，Khatra 则体会到她的身上是如何表现出某些族群、种族和国家认同的。Hue 和 Khatra 的经历支持了 Kubota（2004）的观点：无视种族观念的多元文化，并没有正视不同种族和族群的语言学习者所面临的挑战。

2006 年的《TESOL 季刊》特刊（Kubota & Lin 主编）刊载了几篇研究种族和语言学习之间关系的文章。几位作者都认为，TESOL 教师需要批判性地审视自身关于种族与种族认同的思想是如何影响自己教什么、怎么教以及怎样看待学生的。正像 Kubota 和 Lin 所观察的那样，"（尽管）TESOL 领域将具有不同种族背景的人聚集在一起……但是这个领域还没有充分考虑并着手解决种族及其相关概念的问题"（2006：471）。Motha（2006）支持了 Kubota 和 Lin 的观点，即：种族问题是语言教学的核心。她对 4 名美国教师如何尝试开创反种族歧视的教学法进行了研究，让我们看到这项工作是何其复杂。例如一名韩裔美籍教师（4 名研究对象中唯一的有色人种）这样描述她的看法：她作为一名教师常被同行判定为不能胜任，这种看法强化了她在行业环境中那种不平等的感觉。Shuck（2006）明确调查了美国公众话语如何将语言与种族联系在一起，并将这种联系作为定位人群的方式。在对美国西南部的一所大学里母语为英语的白人本科生进行访谈的过程中，Shuck 发现，没有欧洲血统的母语为非英语者被这些学生视为不可理解、心智低下，"不能融入"美国社会是其自身的问题。尤为重要的是，她发现，被理解从来都是母语为非英语者的义务，而不是白人学生的义务。

关于性别和语言学习之间的交叉点，Cameron（2006），Gordon（2004），Higgins（2010），Pavlenko 等人（2001）和 Sunderland（2004）等学者的研究尤有洞见。他们对性别的理解超越了男女界限，将其视作社会关系与话语实践的体系，这套体系可能会导致特定的语言学习群体——包括女人、少数族裔、年老者和残疾人——之间系统性的不平等。像 Taylor（2004）一样，Pavlenko 认为有必要理解性别与其他形式的压迫之间的交叉关系，她注意到在语言课堂上遭遇噤声的多是来自劳动阶层的孩子。上述几个问题在 Norton 和 Pavlenko（2004）的文章中也多有涉及，文中记述了世界不同地区关于性别和语言学习的关系的研究，这些关系都与英语在国际上的主导地位有关。

沉默了几十年后，King（2008），Moffatt 和 Norton（2008）与 Nelson（2009）探讨了性取向在何种程度上可能成为语言课堂上一个重要的认同类别。其中心议题是教师可以采用什么办法为同性恋或变性的学习者创造支持性的环境。Nelson 将问询教学法与包容教学法进行了对比研究。前者调查的是语言和文化习俗如何使某些性别认同变得自然而然，特别是异性恋；后者旨在将同性恋的形象和经历引入课堂材料中。Nelson 的方法富有成效，还适用于其他一些边缘化问题，帮助学习者质疑他们已经置身其中的目的语文化的规范性实践。

## 7. 研究方法和分析

从认同的角度来研究语言学习，需要回答的重要方法论问题是：哪些类型的研究能够让学者们去调查作为社会人的语言学习者与其进行学习活动的、总存在不平等现象的世界之间的关系？（Norton & McKinnney，2011）既然语言学习的认同研究方法将学习者认同的特点描述为多样和变化的，依赖静态和可测量参数的定量研究范式一般来说是不合适的。聚焦权力问题也需要将定性研究的设计置于批判性研究的框架之中。鉴于上述原因，学者们从认同的角度来看语言学习所采用的方法，通常都是定性而非定量的，并且这些方法经常需要借助批判性民族志、女性主义的后结构主义理论、社会语言学和语言人类学等学科的研究成果。

由于大多认同研究认为无论是定性还是定量研究，"客观性"多不可信，近来学界对于研究者相对于研究参与者的身份认同兴趣日益浓厚。鉴于此，研究者不仅需要了解研究参与者的经验与知识，也需要了解自己的经验和知识。这并不意味着认同研究缺乏严谨性；恰恰相反，所有的研究都被理解为是具有"情境"的，研究者在课题研究过程中是不可或缺的一部分。例如，Ramanathan（2005：15）在印度所做的研究中注意到，在读写活动和实践中，"在场"和"不在场"显然是"可见"和"不可见"的前提，且在很大程度上由研究者的视角决定。我和 Margaret Early（Norton & Early，2011）在乌干达做的研究中，探讨了在资源匮乏的农村社区研究者关于教师教育的认同问题。我们发现，通过定期变换不同的身份，如"国际友人""团队合作者""教师""教师教育者"，我们努力缩小参与者与我们之间的权力差距。重要的是，这种要求研究者进行反思和报告的做法，与下面类似的观点一致，即：对语言学习者（参见 Kramsch & Whiteside，2007；Tremmel & De Costa，2011）和语言教师（Crookes，2009；Kumaravadivelu，2012）进行研究的过程需要更加透明。

认同研究者经常试图更好地理解权力是如何在社会中运行的——权力如何限制或促进人的行为。他们常会借助 Fairclough（2001）和 Foucault（1980）的理论去理解知识与权力的关系，还有权力在社会中运行的微妙方式。例如，Foucault 认为，权力经常是不可见的，因为它总会以共同体成员都认为是"正常"的方式，使一些事件和实践活动变得自然而然。Pennycook（2007：39）这样写道：

> Foucault 不断地质疑人们重视的概念和思维模式。像男人、女人、阶层、种族、民族、国家、身份、觉知、解放、语言或权力这些人们习以为常的概念类别，必须理解为在一定条件和特殊情况下产生且不断变化的，并不是本来就存在的。

从认同的角度来看语言学习，一直以来都有一种强劲的趋势，即将方法论的重心放在叙事上——无论是田野采集的叙事（Barkhuizen，2008；Block，2006；Early & Norton，2012；Goldstein，1996；McKay & Wong，1996；Miller，2003），还是现存的自传式或传记式的叙事（Kramsch，2009；Pavlenko，2001a，2001b）。这种方法论上的重心与批判性研究范式结合会产生不少潜在的协同效应，因为这种方式突出了个体对自己经历的理解和个体与社会关系的复杂性。正如 Block（2007a）指出，二语习得研究将重点放在叙事上，顺应了社会科学研究近年来的风潮，是二语习得研究更为广泛的"社会学转向"（Block，2003）的一部分。Pavlenko（2001b：167）对叙事方法所发挥的特殊作用作了强有力的说明：

> 二语学习故事……是独特而丰富的信息源泉，帮助我们了解二语学习和社会化过程中语言与认同之间的关系。只有个人叙事才有可能让研究者窥见如此私密、个人和亲密的地带，这些地带是二语习得研究中即使有也很少涉足的，而同时又是二语社会化过程的核心。

基于田野调查的认同和语言学习研究中，研究者经常会综合使用各种材料采集方法，如民族志观察、访谈（包括生活史访谈）、日记研究和（以叙事或其他形式）书面回答研究者的问题。自传民族志（如 Canagarajah，2012）同样具有探讨认同发展的巨大潜质。扩展的时间范围为研究提供了特定的深度。例如，Toohey（2000，2001）对加拿大一所学校具有少数族裔语言背景的 6 个年幼的学习者进行了纵向研究，跟踪记录了他们三年的学习进展情况。Toohey 综合使用了多种民族志材料采集方法：定期课堂观察，将观察情况用笔记或音频进行记录，辅以每月一次的视频记录；与这些孩子的老师们的访谈和不间断的非正式讨论；家访，对家长进行访谈。这些方法的综合使用为研究者提供了丰富而必要的材料，从而将学习者及其课堂的语言学习理解为社会性、历史性和政治性的建构，而将课堂理解为一种协商认同的场所。

的确，尽管综合使用 Toohey（2000，2001）所展示的材料采集工具的研究并非罕见，但是很多认同研究使用的材料种类并没有这么多。一些研究者主要使用交流性材料（如 Bucholtz & Hall，2005），另外一些研究者则采用语料库方法研究认同在书面语里是如何呈现的（如 De Costa，2007；Hyland，2012），还有其他一些研究者则采用批判性话语分析工具探讨媒体中描述认同的方法（如 Omoniyi，2011）。Omoniyi（2011）分析了两份报纸来探讨在英国媒体中少数族裔认同是如何被描述的。由此，除了考虑探讨认同的各种材料类型，认同研究者还创建了使研究过程更加便利的新方法。例如，Gee（2012）设计了一套理论性问询工具——情境意义、社会语言、想象世界和话语，如他所言，是为了"将我们从语言在具体环境中的具体用途提升到认同的世界"（2012：43）。Block（2010）认为做叙事研究有三种不同的处理叙事的方式：主题分析（即聚焦叙述的内容），结构分析（即聚焦叙事如何生成），对话性或表述行动的分析（即聚焦话语所指向的那个"谁"和话语的目的）。第三种分析方法突出了将说话者所采取的定位纳入考虑范围的必要性，这样就有可能进行更为缜密的叙事分析。

但是语言与认同的定性研究并非没有挑战。下面两例研究就说明了定性研究遇到的一些困难。根据对英国城市环境下基于任务的语言学习研究，Leung 等人（2004）仔细考量了定性研究的缺陷。他们认为，二语习得定性研究中的

"认知性波动"集中在现实由什么构成或代表的问题。他们的研究所采用的方法是使用录像或录音的方式搜集自然出现的材料，再补充以田野笔记。他们言称这样的材料"混乱"，与基于任务的语言使用的理论概念并不十分切合，很难进行解释和说明。Leung 等人用充分的论据证明：研究者需要一个接受而不是隐匿这些混乱材料的概念性框架。换言之，如前文所述，在分享研究发现时，认同的研究者需要采用一种透明的方法。

在一个很特别的环境下，Toohey 和 Waterstone（2004）介绍了加拿大温哥华的一项教师与研究者合作研究的项目，共同探讨课堂上何种练习活动会改善讲少数族裔语言的儿童的学习机会。尽管教师很坦然地接受了针对他们的教育实践的讨论和批评，但对把讨论内容转化成可以发表的学术论文却表现出复杂的心态。他们认为自己无法把握众多公开出版的期刊学术语言的特点。为了更好地应对这样的挑战，Sharkey 和 Johnson（2003）以及 Denos 等人（2009）在研究者与教师之间发起了一次富有建设性且具吸引力的对话，其明确目的是消除教师对认同、权力和教育改革等主题的研究与理论的神秘感。

## 8. 认同和语言教学

现在我要谈一下课堂教学中认同理论和语言学习之间的相关性，在《认同和语言学习》的第一版中我也曾经讨论过这个问题。McKinney 和 Norton（2008）认为，回应语言课堂的多样性，需要富有想象力地评价什么是"可能的"以及批判性地评价什么是"可取的"。显然，评价什么是"可能的"需要根据更大范围的物质条件在教师、管理者与决策者之间建立不间断的互动，这种物质条件能够限制或允许学生选择认同定位的范围（参见 Gunderson，2007；Luke，2004a）。如果我们同意多种认同定位可以给学习者提供多种进行听、说、读、写等练习的可能，那么语言教育者所面临的挑战，就是探讨究竟哪些认同定位能给学习者提供最大的社会参与和互动机会。相反，倘若真有使学生沉默的认同定位，教师需要对这些使之边缘化的实践进行研究和关注。下面我将就全球观、数字创新和课堂抗拒行为来详细阐述认同和语言教学这个话题。

## 全球观

当学生重新想象现在和未来的可能时，语言课堂上特定的教学实践可能会限制或允许学生作出新的选择。近年在世界各地开展的几项研究课题都很好地诠释了这一点。正如 Lee（2008）在加拿大一所高中所做的研究表明，虽然许多语言教师都在努力拓展学生未来发展的可能性，但是教师设想的教学法和课堂上的实践活动经常脱节。即使出发点再好，课堂上的实践活动还是会重新创造出处于从属地位的学习者的认同，不仅限制学生获得语言学习的机会，也限制了他们发展其他更强有力的认同。

Lee 的研究发现与 Ramanathan（2005）的研究发现一致。后者在另一个地方发现，教师的语言练习活动会强化在各类英语学习者之间已经存在的不平等关系。在印度，Ramanathan（2005）研究了那些从学前班到高中通过古吉拉特语或英语授课完成学业的学生如何适应用英语授课的高等院校的学习。她发现，上大学前接受过英语授课的学生比那些只接受过本地方言授课的学生，在用英语授课的大学里更容易获得学业上的成功。接受过英语授课的学生选修的课程往往聚焦于有想象力、有创意的英语文学分析，只接受过本地方言授课的学生大多为身处社会底层的贫民，他们修的课程则以语法和翻译为主。Ramanathan 的研究所反映的问题是，在某些程序化的教学语言实践中，学生练习语言时几乎不能自己创造意义。这样的教学实践可能会限制学习者取得语言学习上的进步，影响学习者发展更强有力的认同。

墨西哥、中国、南非、乌干达和英国的相关研究带来更多可喜的成果。在这些课堂上以及很多研究文献中讨论过的其他教学改革中（如 Norton & Toohey，2004），语言教师对"语言"和"语言教学"的理解很宽泛。教师们认为语言不仅是一种语言学系统，也是一种整合各种经历、协商多种认同的社会实践。通常来说，如果学习者不"投资"于课堂语言练习活动，学习效果就会很有限，教育的不平等现象就会继续存在。此外，这样的教师还会悉心为学习者提供各种认同定位，让学生参与课堂、学校和社区的语言实践活动。在世界各地，具有创新精神的语言教师都在尽力为学习者提供各种各样的机会来掌控意义，以及重新设想未来更为多样的认同。

在墨西哥，Clemente 和 Higgins（2009）依据他们对在瓦哈卡州实习的英语教师所做的纵向研究，对英语在全球化的政治经济中发挥的主导作用提出问题，举例说明在不牺牲本土认同的前提下，参与研究的母语为非英语的英语教师是如何设法拥有和"表演"英语的。他们把研究地点界定为"接触区"，描述了这些实习教师如何用各种英语和西班牙语的语言游戏应对来自英语的种种挑战，并以事实证明这些实习教师群体是安全的避风港，在他们那里，课程参加者可以使用两种语言进行游戏。这样的表演能让他们探索各种不同的认同定位，成为一种与母语为英语的教师的统治性话语相抗衡的"反话语"。一位实习教师这样说（2008：123）：

> 我有墨西哥口音。从我开始练习英语那一刻起英语就属于我，我能与人沟通。我说英语属于我，并不是说我想接受英语世界的文化。

在中国，Xu（2012）借鉴 Norton（2000）的想象共同体概念，研究了四位教师在任教的最初几年中想象认同的变化。这些教师分布在从学前班到高中的不同阶段，为母语非英语的学生教授英语课程。Xu 创造了**实践认同**一词。她举例说明了案例研究中的三位教师，在开始任教遭遇现实挫折之后，实践认同较之最初的想象认同如何发生了巨大的变化。只有第四位教师，凭借毅力和外界帮助，才延续了她初登讲台时设想的"学习引导者"的想象认同。

在南非，Stein（2008）探讨了在资源匮乏的乡镇学校，英语课堂是如何成为变革前沿的。在这里，文本、文化和语言形式都被重新整合和界定，旨在认可那些因种族隔离制度而被边缘化和低估的实践。教师们为英语学习者提供机会，利用语言、身体与感官等多种形式的资源来参与意义建构，变革就发生在这个过程中。Stein 研究中的学习者们非常喜欢这种机会，创作颠覆经典作品的多模态"反文本"，谈论有时被列为禁忌的话题。

无独有偶，有学者近年在乌干达研究了绘画、摄影、戏剧等多种形式的教学法在何种程度上可以更系统地融入英语课程中（Kendrick et al.，2006；Kendrick & Jones，2008）。根据他们对乌干达两个地区的研究，Kendrick 和她的同事认为，多种形式的教学法为教师提供了能够认可学生的读写能力、经历和文化的创新方式，对于支持课堂上的英语学习非常有效。例如，在摄影项目中，随着英语开始被用于交流、表达和意义的归属，学生们将英语视为带有限制性的、人为的授课工具的看法渐渐消除。

在英国，Wallace（2003）对批判性阅读课上的成年语言学习者进行了研究。这些课程针对的是阅读过程中嵌入的社会性特征。Wallace 对课程中以文本为核心的活动进行了探讨，这些活动着重探究意义与权力如何通过文本得以表达。在从事这些研究时，她利用多种多样的流行文本，包括报纸文章、期刊文章和广告。Wallace 将她的这一做法与主流的英语教学法，如交际语言教学法以及基于任务的学习法进行了对比。她认为，这些方法对于学习者来说具有"驯化"作用，只是教他们如何适应主流文化，而不是质疑和重塑强势话语。

## 数码科技、认同和语言学习

一些对语言和认同有兴趣的学者对数码科技的可供性（affordances）进行了研究。[8] 例如，Lam（2000，2006）发现，在以电脑为媒介的跨国网络中，美国的青年移民为自己塑造的认同是多语和多种能力的行动者。他们这样做就能够为自己创造新的语言学习机会，而这样的机会是他们在学校里享受不到的，因为在学校里他们被贴上了"移民"和"低水平的语言使用者"的耻辱性标签。在另一个地方，White（2007）研究了澳洲的两个远程语言教学项目。这两个项目都是为了应对校园里更多种类的外语需求而开设的。White 得出结论：随着远程学习与教学革新的不断发展，现在远程教育领域迫切需要找到办法解决不断涌现的哲学、教学法和职业问题。而在每一个这样的领域中，认同问题无论对于教师还是学习者都是重要的因素。

Lewis 和 Fabos（2005）研究了"即时通信"在 7 个年轻人中的作用，观察他们的社会认同是如何形成和如何被这种形式的数字能力塑造的。他们发现，年轻人使用即时通信从而在不同的环境中改善社会关系和提升地位，有时候他们在网上会以不同的身份出现。两位学者指出，即时通信使这些年轻人以

---

⑧  Kramsch & Thorne（2002）；Lam（2000, 2006）；Lam & Rosario-Ramos（2009）；Lewis & Fabos（2005）；Mutonyi & Norton（2007）；Prinsloo & Rowsell（2012）；Snyder & Prinsloo（2007）；Thorne & Black（2007）；Warschauer（2003）；White（2007）。

他们在学校做不到的方式参与读写练习，学校也必须对这些新的读写形式予以考虑。但是，Kramsch 和 Thorne（2002）的研究表明，并不是所有的网络交流都能带来积极的认同结果。他们对美国的法语学习者与法国的英语学习者之间的同步和不同步的交流进行了研究，发现双方对彼此身处的更大的文化框架缺乏理解，导致他们之间的数字化交流出现了一些问题。

在加拿大，Jim Cummins 和 Margaret Early 一直从事一项数字化课题研究。该研究旨在为多伦多、温哥华和蒙特利尔的多语言学校学习者提供一系列的认同选择。他们联合五十多位教师、四个地区教育局、一个教师联合会和几个致力于发展读写能力的非政府组织共同开展这项题为"多模态识读项目"（参见www.multiliteracies.ca）的研究，了解学生在校内外的读写练习活动情况，探索教师参与的，进行多模态识读练习活动的创新课堂，并研究教育体制是如何影响学校的多模态识读练习活动的。这项课题的网站为学生、教师和研究者提供了一个工作空间。在这个空间，学生和教师可以收集和整理有注解的图片，构建课堂演示项目，并对 Jim Cummins（2006）和 Margaret Early（2011）所称的由学生制作的"认同文本"创建个案研究。

在乌干达，Norton 和 Williams 凭借他们对 2008 年在一个乡村发起的数字便携图书馆 eGranary 的研究，调查了社区的中学生对这个数字便携图书馆的使用程度。依据 Blommaert（2010）的规模概念，他们解释了空间与时间如何交织在 eGranary 相关的各种实践中，也阐明了空间和时间在更广阔的共同体中的指称意义。此外，参照 Norton（2000）对认同和投资的研究，他们还阐述了学生们的认同如何在一段时间之后由受训者变成辅导者，以及 eGranary 的使用是如何拓展图书馆研究者的社会想象认同的。这样看来，"投资"概念就是对Blommaert（2010）的层级概念（construct of scale）的有益补充。

大多数调查数码科技如何影响认同和语言学习的研究得出的结论一直都是赞誉性的。Lam（2006）下面的一段话就代表了学界当下的见解："对于美国移民青年人来说，网络化的电子通信已经产生了超越国家环境的新的社会空间、语言和符号实践以及塑造自己的方式"（171）。但是，她同时也提醒说，这些科技也许并不能为年轻人提供必要的分析工具，使他们能够批判与改变现有的社会结构。也许引导起到关键性作用，支持学习者使用多模态手段达到批判的目的（Hull，2007）。然而，要确保分析的严谨性，认同研究者还需要采用更复杂的分析工具（参见 Baldry & Thibault，2006；Blommaert，2010；Hornberger，2003；Martinec & van Leeuwen，2009），以便更好地理解不同的认同如何在多模态的手段中得以调和。此外，正如像 Andema（2009）、Snyder 和 Prinsloo（2007）以及 Warschauer（2003）等学者阐述的那样，大部分语言学习的数字化研究都集中于较为富裕的地区，学界非常需要对资源匮乏的群体开展研究，从而引发有关新科技、认同和语言学习的全球性讨论。

## 认同与抗拒

认同、语言学习与课堂抗拒之间的关系已经成为语言教育领域引人入目又硕果累累的研究话题。尽管大的结构性限制和一些课堂实践活动有可能会对学习者进行负面定位，但是拥有主观能动性的学习者却能够以新颖和出人意料的方式抗拒这些定位。下面的三个实例就是很好的佐证。Canagarajah（2004a）在探讨被他称之为语言学习者的"颠覆性认同"时，研究了一个有趣的问题：语言学习者如何能够在学习一门第二语言或方言时，保持自己本地的共同体和文化成员身份。他对两组截然不同的人群进行了研究：一组在美国，另一组在斯里兰卡。他根据这项研究作出如下阐述：对于学习第二语言或方言，语言学习者的心态有时是矛盾的；他们可以采用比较隐蔽的读写练习活动在语言课堂上创建"教学避难所"。在两种情境下，学生隐蔽的读写活动，都被看作是在抗拒强加给他们的令人不快的认同。而与此同时，这些避难所作为认同构建的场所，能够疏解不同共同体成员遭遇的充满矛盾的紧张情绪。

第二个抗拒的例子引自 McKinney 和 van Pletzen（2004）的研究。在对南非一所历史上为白人和南非荷兰裔开办的大学里享有特权的学生进行研究时，McKinney 和 van Pletzen 辟出两个课程单元教授南非文学，将批判性阅读引入一年级的英语课程中。在探讨对过去种族隔离制度的各种文学再现时，McKinney 和 van Pletzen 遭遇学生强烈的抗拒情绪。他们对于老师提供的阅读材料给予的定位感觉不适。McKinney 和 van Pletzen 尝试创造一些话语空间，在这样的空间里，他们和学生都可以探讨认同得以建构的诸多个人的和政治方面的过程。

在这种情况下，他们从更加积极的角度重新理解学生的抗拒情绪，认为这是一种意义建构活动，为教学提供了极好的时机。

　　第三个认同与抗拒的实例引自 Talmy（2008）。他在对夏威夷一所高中的英语语言学习者进行研究的过程中，调查了学习者在特意为他们安排的英语课堂上，针对"ESL 学生"这一定位进行的各种抗拒。尽管学校划定的这些 ESL 学生被要求将规定的材料带到班上，阅读布置的小说，查阅书本资料，按时完成作业，遵循教导以及上满一堂课，但是，出现抵触情绪的学生却表现出各种抗拒行为，包括将作业忘"在家"、跟朋友讲话和玩扑克。从教学法的角度看待这种抵抗情绪，Talmy 得出的两个观察结论十分重要：第一，针对学生的抗拒情绪 ESL 教师开始改变他们的一贯做法，被迫转变自己的认同；第二，学生的行为造成了矛盾的结果，将 ESL 课变成了他们自己最不喜欢的样子——这门课满足不了他们的二语学习或教育需求，沦为一门简单的、在学业上无足轻重的课程（2008：639）。

## 9. 新涌现的主题和未来的方向

　　从以上讨论可以清楚地看出，"认同"自成一体已成为独立的研究领域，在语言学习与教学领域正吸引许多研究者的投入并引发了大量辩论。人类学、社会学、后殖民与文化研究和教育学等领域的研究成果以各种各样的方式正在为认同研究领域提供更多的信息。未来对认同和语言教育的研究者需要适应这种跨学科的特点（Gao, 2007）。正像 Luke（2004b），Morgan 和 Ramanathan（2005）阐述的那样，研究者需要明白学习者生活在一个全球化和国际性的社会文化世界中。将语言视为体系，并把学习看作是对该体系进行内化的静态观，在当代语言教育学者看来，并不能充分表现语言学习的动态性和复杂性。使学界依旧兴趣不减的是生活在社会中的复杂而鲜活的语言学习者这一概念。学习者赖以生存的等级社会既会限制也会促进人的主观能动性。未来对认同和语言学习的研究应付诸努力，在更加平等的世界里，以诸多提高人的主观能动性的方式促进语言学习与教学。

本着这种精神，Jenkins（2007）和 De Costa（2012）等学者已经着手研究母语为非英语的语言学习者如何从英语作为通用语（ELF）的角度发展和建立认同。他们以一种创新的方式将早期在国际社会上对"谁是英语的主人"的讨论作了延展（Norton，1997；Pennycook，1998；Phillipson，2009）。与对母语为非英语者的认同研究密切相关的是，越来越多针对传统语言（heritage language，仅从家庭长辈那里习得的少数族裔语言，译者注。）学习者的认同研究（参见 Abdi，2011；Blackledge & Creese，2008；Duff，2012；He，2006）。这种新的研究趋势可部分归因于一个更大范围的议题——不应把认同的种类本质化。正如认同研究所表明的那样，在面对全球化（Alim et al.，2008；Higgins，2011；Lo Bianco et al.，2009）以及学校与社会中越来越常见的多语现象时（参见 Blackledge & Creese，2010；Kramsch，2009；Shin，2012；Weber & Horner，2012），认同的固定分类应该受到质疑。

在这方面，在原来的殖民地区的研究会极大地丰富人们对以认同为核心的语言学习过程的理解。因为在这些地区多语是常态，语言习得过程与在西方国家或在国外学习环境中移民的语言学习经历非常不同。[9] 在一篇挑战作为大部分二语习得理论基础的单语假设的文章里，Canagarajah（2007：935）认为，"来自非西方社会的洞见能够丰富该领域正在努力建构的新理论"。在这种多语环境下使用"第二语言习得"一词未必合适。正如 Block（2003：5）所阐述的那样，"第二"并没有捕捉到"一生中接触过三种或三种以上语言的多语言使用者的经历"。的确，正像 Kramsch & Whiteside（2008：664）所阐述的那样，多语现象的日益增多使他们所称的"象征性能力"（symbolic competence）得以发展：

> 多语环境下的社会实践者激活的似乎不止是一种交际能力，使其可以精准、有效、得体地相互交流。他们还表现出一种超凡能力，驾轻就熟地使用各种语言编码，并能与这些编码的时空意义产生共鸣。我们将这种能力称为"象征性能力"。

南非的多语环境就是很好的例证，对我们思考认同与语言学习的过程很有

---

⑨　参见 Block & Cameron (2002)；Garciá, Skutnabb-Kangas & Torres-Guzmán (2006)；Lin & Martin (2005)；Morgan & Ramanathan (2005)；Pennycook (2007)；Rassool (2007)。

益处（例如，Makubalo，2007；McKinney，2007；Nongogo，2007）。McKinney（2007）对就读于早先为白人设立的高中的南非黑人学生的语言实践活动进行了研究。他的研究揭示了黑人青年复杂的自我定位与他者定位与不同种类的英语以及当地非洲语言使用的相关性。在一个拥有 11 种官方语言但仅有英语为权力语言的国家里，一位学习者将各种尊贵的英语称作"路易·威登英语"，体现了将英语作为一种商品的观念（McKinney，2007：14）。尽管人们指责这些正在习得各种尊贵的英语的黑人学生"渐渐成了白人"，或用蔑称"椰子"称呼他们，这些学生却抗拒这种定位，表现出对各种英语和地方语言所具有的不同的文化资本的觉知。在他们的语言习得过程中，他们显然只让英语为自己所用，并非将自己等同于母语为英语的白人。

本着类似的精神，Morgan 和 Ramanathan（2005）提出了非常有说服力的观点：语言教育领域需要考虑以"去殖民化"的方式开展英语教学。他们提出，有必要对西方利益集团在语言教学领域的权威进行"去中心化"。为达到这一目的，有必要恢复边缘群体的能动性和专业性（Canagarajah，2001，2007；Higgins，2009；Kumaravadivelu，2003；Tembe & Norton，2008），并对当地语言学习与教学的方言模式给予必要的肯定（Canagarajah，2004b）。这一前沿领域研究已经取得了一些进步。一些期刊目前已出版相关主题的特刊，意义重大，其中包括《TESOL 季刊》关于"发展中的语言"（Markee，2002）和"语言政策与 TESOL"（Ramanathan & Morgan，2007）的特刊；以及国际应用语言学学会《AILA 综述》最近关于"非洲与应用语言学"（Makoni & Meinhof，2003）和"世界应用语言学"（Gass & Makoni, 2004）的两期特刊。

另外一种促进更平等的语言学习与教学的方式，是探讨目前研究相对不足的阶层认同问题。很多认同研究依托 Bourdieu 的"资本"与"惯习"概念（Albright & Luke，2007；De Costa，2010c；Heller，2008；Lam & Warriner，2012；Lin，2007；Norton，2000）；但是认同研究中明确讨论阶层问题的还不多见。因此 Block（2012）极力主张语言研究者应该在阶层与二语习得之间建立联系。此外，鉴于消费主义、创业精神和经济竞争力等新自由主义话语的流行，对阶层进行充分讨论恰逢其时。新自由主义话语直接影响了课内与课外的语言学习和教学方式（参见 Block et al.，2012；Heller，2011；Kramsch，2006；Morgan

& Clarke，2011）。

关于认同和语言学习领域的其他未来发展方向，越来越受关注的是对语言教师与师资教育者的研究。[10] 比如，Kanno 和 Stuart（2011）借用 Lave（1996）"实践中的学习"和"实践中的认同"的概念，跟踪研究了美国的两位初出茅庐的教师，他们通过学习一门实习课程最终建立了职业认同。Kanno 和 Stuart 最后得出了这样的结论：对于教师认同发展的深入理解，应该纳入二语教师教育的知识库中。澳大利亚悉尼的 Pennycook（2004）站在教师教育者的视角，思考了他观察一位老师上一门 TESOL 实习课的经历。通过很有说服力的叙述，他提醒我们说，大量的语言教学活动并非是在资金充足的教育机构中，而是在社区的培训项目、宗教敬拜场所和移民中心开展的。这样的地方资金有限，时间稀缺。最重要的是，应仔细考量教师教育者如何在实习课的观察过程中实施干预，以带来教育和社会的变革。为实现这一目的，Pennycook 认为，实习课上的"思辨环节"可以提出更广阔社会背景下更宏大的权力与权威问题，并为思辨性的讨论和反思提供机会。

另外，研究语言与认同的学者不仅对语言学习者在什么条件下讲话有兴趣，而且对认同与投资在什么程度上会影响他们对**文本**——无论是书面、口头或多模态——的投入感兴趣。学界逐渐认识到，当学习者投入文本练习时，其对文本的理解和建构都会受到其对活动的"投资"及其认同的影响。许多学者[11] 已经着手对读写能力与认同之间的关系进行研究，学界对这一课题的兴趣未来很可能会持续下去。

关于认同和语言学习的未来发展方向，在方法论工具上仍有开拓空间。对于自然交流的分析，应该可以丰富二语习得中的认同领域研究，尤其是在关注是否参与的问题时。Wagner（2004）和 Block（2007a）近年对此进行了评述。作为一种方法论工具，对话分析使研究者可以探讨话语认同（Zimmerman，

---

[10]　参见 Clarke（2008）；Hawkins（2004, 2011）；Hawkins & Norton（2009）；Kanno & Stuart（2011）；Morgan（2004）；Norton & Early（2011）；Pennycook（2004）；Varghese et al.（2005）.

[11]　参见 Barton（2007）；Blommaert（2008）；Hornberger（2003）；Janks（2010）；Kramsch & Lam（1999）；Lam & Warriner（2012）；Kress et al.（2004）；Martin-Jones & Jones（2000）；Moje & Luke（2009）；Prinsloo & Baynham（2008）；Street & Hornberger（2008）。

1998）和社会认同，由此，通过分析谈话进程，我们也能够更加深入地理解认同是如何产生的。虽然有几项聚焦认同的二语课堂谈话分析研究（如 Duff，2002；Pomerantz，2008；Talmy，2008；Toohey，2000），但是对课外谈话的分析还不多见。在更宽泛的层面上，概括应用语言学的实践转向，未来认同研究有必要从话语实践的角度来理解谈话（参见 De Costa，2010b；Pennycook，2010，2012；Young，2009）。与这一转变相关的是结合意识形态（如 De Costa，2010a，2011，2012）、风格（如 Stroud & Wee，2012）和立场（如 Jaffe，2009）对认同进行的探讨。学者们对意识形态、风格和立场的研究兴趣可能会愈加浓厚，并将其应用于各种学与教的环境中，推动充满活力的认同研究继续向前发展。

此外，认同研究也会因更多的跟踪研究而获得提升。尽管早期涉及移民学习者的研究，如 Norton（2000）和 Toohey（2000）考量了认同在时间和空间上的发展，但是未来的研究会得益于更加细微的时空理解：从不同层级的视角看学习者的认同是如何演变的。Lemke（2008）就呼吁应对认同的概念进行更细致的层级区分。他认为，不同层级的认同与扎根于人类内心深处的各种欲望与恐惧是相互塑造的。Wortham（2008）也有同感，他提出要更多关注实践层面，包括认同是在什么时间和什么地点在内心发生的。他建议这项工作应该通过仔细观察学习者在不同的时间和空间参与活动的关键点来完成。这种分层级研究认同的方式已被许多从事课堂之外研究的社会语言学家所采用（如 Blommaert，2010；Budach，2009；Dong & Blommaert，2009），而在未来，它很可能在与教育相关的认同研究中被更广泛地采用。

认同和语言学习研究的广泛性及其不断涌现的新的研究课题表明学界对认同和语言学习的兴趣将经久不衰。《认同和语言学习》第一版仅预测到 2000 年后开展的一部分研究。然而，投资、想象共同体和想象认同的概念经过几年的发展被证明极具活力。现在正是我们在随后的第一章到第七章中重新回顾这些概念的好时机。Claire Kramsch 为本书拨冗撰写的后记引人入胜，为认同领域的研究提供了有益补充，并将我的研究置于历史语境下进行考察。在未来的几年，我盼望能与资深和新晋学者就认同和语言学习的话题进行深入的讨论与合作研究。

## 10. 本书结构

第一章论述的是，既然目的语练习在二语学习中占有核心地位，非常重要，那么二语习得理论家和教师需要理解在正式与非正式的语言学习场所练习口语的机会是如何受到社会结构限定的。而且，理论家和教师理解以下两点十分重要：语言学习者如何回应和创造讲目的语的机会？他们的行为及其对目的语的投资和他们不断变化的认同之间又是什么关系？探讨这些问题对于希望满足萨利哈这类语言学习者的需求的语言教师非常有益（参见第 48 页）。如果学习者在学习上没有取得进步，教师不能就此认定这样的学习者不想学习第二语言，或者认为他们缺乏动力或没有灵活性；也许学习者陷入困境是因为他们身处被边缘化的状态不能讲话。

第二章讨论了我的研究中方法论与理论之间的复杂关系。我认为，任何研究方法都预设了一系列假设。这些假设引导着研究项目中所提问题及其解决方式。此外，我还认为**如何**搜集材料也不可避免地会影响到搜集到**什么**材料和依据材料分析得出什么样的结论。我阐述了在方法论方面给我启发的理论，并在这个理论背景下对我采用的研究方法进行了描述，重点讨论了在材料搜集过程中尤为重要的日记研究。

第三章中，我将自己的研究置于加拿大和国际社会移民语言学习者研究的大环境中。接下来我介绍了参加研究的五位女性：来自波兰的伊娃，来自越南的梅，来自波兰的卡塔瑞娜，来自捷克斯洛伐克的玛蒂娜和来自秘鲁的菲丽西亚。[12] 我对她们接触英语的机会和练习英语的经历进行了评论，描述了在什么情况下她们讲英语最舒服。我注意到这些女性在接触讲英语的加拿大人时陷入一种矛盾情形：为了在更大的共同体中练习英语，他们需要进入英语社交网络，但她们的英语水平又是进入这些社交网络的**先决**条件。

第四章中，我描述了这项研究中两位年轻的女性——伊娃和梅的语言学习经历。我认为，理解每位女性对英语的"投资"都必须参照她来加拿大的原因、对未来的打算及其变化中的认同。我将伊娃视为多元文化公民，因为随着时间的推移，她进入了工作场所的英语社交网络，认为自己与加拿大本地人拥有同

---

⑫　本研究中所有人名和地名都采用替代名称。

样的机会。至于梅，研究中呈现的是她在家中是语言中介。这一定位让她能抗拒大家庭中的家长制。我也描述了梅的工作场所如何和为何赋予她练习英语的机会，工作场所语言实践的变化又如何威胁到她对英语的投资、练习英语的机会以及她在家中作为语言中介的这个认同。

第五章中，我描述了三位年长一些的女性——卡塔瑞娜、玛蒂娜和菲丽西亚的语言学习经历。她们的经历表明，她们对英语学习的"投资"与作为母亲的认同会产生交集。卡塔瑞娜对英语的矛盾心理可以被深刻地描述为：一方面，她害怕英语会渐渐损害她与独生孩子之间的关系；另一方面，英语却能让她接触她特别想与之交流的同事。玛蒂娜的情况则正相反。作为家庭事务的主要操持者，玛蒂娜需要讲英语，这样她就可以卸掉孩子们身上承担的在外保护家庭利益的责任。尽管她意识到移民身份没有带给她多少社会价值，但她并未因被边缘化而息声。菲丽西亚在作为富有的秘鲁人这一认同上的"投资"十分有趣，这部分还讨论了她拒绝在加拿大被定位为移民的情况。

第六章中，我讨论了我的研究发现对于二语习得理论的意义。参照我的研究材料，我分别对当前自然语言学习的二语习得理论、二语习得的文化融入模式[13]和情感过滤假说进行了批判。我认为，二语习得理论学家需要研究权力关系不平等的问题，因为权力关系影响着语言学习者在课堂之外练习目的语的机会。我还认为，二语习得的文化融入模式并没有充分认识到附加性双语和削减性双语的情形。在我看来，学习者的情感过滤应该被理解为一种社会建构，和语言学习者的认同之间有着意义非凡的交叉关系。我认为，后结构主义的认同概念和 Bourdieu（1977）的**合法话语**概念在理论上有助于解释我的研究发现，对二语习得理论也是很有价值的贡献。在这一章的最后一节，依据 Lave 和 Wenger（1991）的情境学习概念，我将这些想法融入语言学习作为一种社会实践的扩展概念中。

第七章讨论我的研究发现对于课堂实践的意义。我研究了参与者对正式

---

[13] **译者注**：Schumann（1986）提出的 The Acculturation Model 强调移民需要在心理和社会行为上融入主流社会。译者认为此处译为"文化融入模式"比"文化适应模式"更能表达出 Schumann 身为英语本族语者的对移民居高临下的优越感，以及相比之下移民所感受到的一种社会和文化压力。

语言课堂的期待，并结合自然语言学习与认同研究的发现对这些期待进行了分析。我认为我的研究对于课堂实践有若干意义。卡塔瑞娜和菲丽西亚讲述的两个课堂抗拒故事佐证了我的观点。但是，根据梅讲述的一次问题突出的课堂经历，我又提出了几个有关学习者的个人经历该如何被融入语言课程中的问题。于是我得出论点：日记研究本身是一种教学实践，具有在课内和课外扩大和改变语言学习可能性的潜力。最后，鉴于日记研究的局限性，我认为，基于课堂的社会研究也许可以帮助缩小移民语言学习者在正式的教学环境下与自然的语言学习环境下学习效果的差距。相对于更大的目的语使用者的世界，这种方式可以赋予这些移民语言学习者更为强大的民族志研究者的认同。

## 参考文献

Abdi, K. (2011) 'She really only speaks English': Positioning, language ideology, and heritage language learners. *The Canadian Modern Language Review* 67(2), 161–189.

Albright, J. & Luke, A. (eds.) (2007) *Pierre Bourdieu and Literacy Education.* Mahwah, NJ: Lawrence Erlbaum.

Alim, S., Ibrahim, A. & Pennycook, A. (eds.) (2008) *Global Linguistic Flows: Hip Hop Cultures, Youth Identities, and the Politics of Language.* New York, NY: Routledge.

Amin, N. (1997) Race and the identity of the nonnative ESL teacher. *TESOL Quarterly* 31(3), 580–583.

Andema, S. (2009) Digital Literacy and Teacher Education in East Africa: The Case of Bondo Primary Teachers' College, Uganda. Unpublished MA thesis, University of British Columbia.

Anderson, B. (1991) *Imagined Communities: Reflections on the Origin and Spread of Nationalism* (rev. edn.). New York: Verso.

Anya, O. C. (2011) Investments in Communities of Learners and Speakers: How African American Students of Portuguese Negotiate Ethno-racialized, Gendered, and Social-classed Identities in Second Language Learning. Unpublished PhD thesis, University of California, Los Angeles.

Arkoudis, S. & Davison, C. (guest eds.) (2008) Chinese students: Perspectives on their social, cognitive, and linguistic investment in English medium interaction. *Journal of*

*Asian Pacific Communication* 18(2) (special issue), 1–15.

Atkinson, D. (ed.) (2011) *Alternative Approaches to Second Language Acquisition.* London and New York: Routledge.

Bakhtin, M. (1981) *The Dialogic Imagination: Four Essays by M. M. Bakhtin.* Austin: University of Texas Press.

Bakhtin, M. (1984) *Problems of Dostoevsky's Poetics* (C. Emerson, trans.). Minneapolis: University of Minnesota Press. (Original work published in 1963.)

Baldry, A. & Thibault, P. (2006) *Multimodal Transcription and Text Analysis.* London: Equinox.

Barkhuizen, G. (2008) A narrative approach to exploring context in language teaching. *English Language Teaching Journal* 62(3), 231–239.

Barton, D. (2007) *Literacy: An Introduction to the Ecology of Written Language* (2nd edn.). Oxford, UK: Blackwell.

Bearse, C. & de Jong, E. J. (2008) Cultural and linguistic investment: Adolescents in a secondary two-way immersion program. *Equity and Excellence in Education* 41(3), 325–340.

Bhabha, H. K. (1994) *The Location of Culture.* London and New York: Routledge.

Blackledge, A. (2003) Imagining a monocultural community: Racialization of cultural practice in educational discourse. *Journal of Language, Identity, and Education* 2(4), 331–347.

Blackledge, A. & Creese, A. (2008) Contesting 'language' as 'heritage': Negotiation of identities in late modernity. *Applied Linguistics* 29(4), 533–554.

Blackledge, A. & Creese, A. (2010) *Multilingualism: A Critical Perspective.* London and New York: Continuum.

Block, D. (2003) *The Social Turn in Second Language Acquisition.* Edinburgh: Edinburgh University Press.

Block, D. (2006) *Multilingual Identities in a Global City: London Stories.* London: Palgrave.

Block, D. (2007a). The rise of identity in SLA research, post Firth and Wagner (1997) *Modern Language Journal* 91(5), 863–876.

Block, D. (2007b). *Second Language Identities.* London: Continuum.

Block, D. (2010) Researching language and identity. In B. Paltridge & A. Phakti (eds.), *Continuum Companion to Research Methods in Applied Linguistics.* London: Continuum, 337–347.

Block, D. (2012) Class and SLA: Making connections. *Language Teaching Research* 16(2), 188–205.

Block, D. & Cameron, D. (eds.) (2002) *Globalization and Language Teaching*. New York: Routledge.

Block, D., Gray, J. & Holborow, M. (eds.) (2012) *Neoliberalism and Applied Linguistics*. New York: Routledge.

Blommaert, J. (2008) *Grassroots Literacy: Writing, Identity, and Voice in Central Africa*. London and New York: Routledge.

Blommaert, J. (2010) *The Sociolinguistics of Globalization*. Cambridge and New York: Cambridge University Press.

Bourdieu, P. (1977) The economics of linguistic exchanges. *Social Science Information* 16(2), 645–668.

Bourdieu, P. (1984) *Distinction: A Social Critique of the Judgment of Taste* (R. Nice, trans.). London: Routledge & Kegan Paul.

Bourdieu, P. (1991) *Language and Symbolic Power* (J. B. Thompson, ed.; G. Raymond & M. Adamson, trans.). Cambridge, UK: Polity Press. (Original work published in 1982.)

Bourdieu, P. & Passeron, J. (1977) *Reproduction in Education, Society and Culture*. London/Beverly Hills, CA: Sage Publications.

Bucholtz, M. & Hall, K. (2005) Identity and interaction: A sociocultural linguistic approach. *Discourse Studies* 7(4/5), 585–614.

Budach, G. (2009) 'Canada meets France': Recasting identities of Canadianness and Francité through global economic exchanges. In J. Collins, S. Slembrouck, & M. Baynham (eds.), *Globalization and Language in Contact: Scale Migration and Communicative Practices*. London: Continuum, 209–232.

Caldas-Coulthard, C. R. & Iedema, R. (eds.) (2008) *Identity Trouble: Critical Discourse and Contested Identities*. New York, NY: Palgrave Macmillan.

Cameron, D. (2006) *On Language and Sexual Politics*. New York and London: Routledge.

Canagarajah, A. S. (2001) Globalization, methods, and practice in periphery classrooms. In D. Block & D. Cameron (eds.), *Globalization and Language Teaching*. London and New York: Routledge, 134–150.

Canagarajah, A. S. (2004a) Subversive identities, pedagogical safe houses, and critical learning. In B. Norton & K. Toohey (eds.), *Critical Pedagogies and Language Learning*. New York: Cambridge University Press, 116–137.

Canagarajah, A. S. (ed.) (2004b). *Reclaiming the Local in Language Policy and Practice.* Mahwah, NJ: Lawrence Erlbaum.

Canagarajah, A. S. (2007) Lingua franca English, multilingual communities, and language acquisition. *Modern Language Journal* 91 (focus issue), 923–939.

Canagarajah, A. S. (2012) Teacher development in a global profession: An autoethnography. *TESOL Quarterly* 46(2), 258–279.

Carroll, S., Motha, S. & Price, J. (2008) Accessing imagined communities and reinscribing regimes of truth. *Critical Inquiry in Language Studies* 5(3), 165–191.

Chang, Y.-J. (2011) Picking one's battles: NNES doctoral students' imagined communities and selections of investment. *Journal of Language, Identity, and Education* 10(4), 213–230.

Clark, J. B. (2009) *Multilingualism, Citizenship, and Identity: Voices of Youth and Symbolic Investments in an Urban, Globalized World.* London: Continuum.

Clarke, M. (2008) *Language Teacher Identities: Co-constructing Discourse and Community.* Clevedon, UK: Multilingual Matters.

Clemente, A. M. & Higgins, M. (2008) *Performing English with a Postcolonial Accent: Ethnographic Narratives from Mexico.* London: Tufnell Publishing.

Cornwell, S. (2005) Language Investment, Possible Selves, and Communities of Practice: Inside a Japanese Junior College Temple. Unpublished PhD thesis, Temple University.

Cortez, N. A. (2008) Am I in the Book? Imagined Communities and Language Ideologies of English in a Global EFL Textbook. Unpublished PhD thesis, University of Arizona.

Crookes, G. (2009) *Values, Philosophies, and Beliefs in TESOL: Making a Statement.* Cambridge, UK: Cambridge University Press.

Cummins, J. (2001) *Negotiating Identities: Education for Empowerment in a Diverse Society* (2nd edn.). Los Angeles: California Association for Bilingual Education.

Cummins, J. (2006) Identity texts: The imaginative construction of self through multiliteracies pedagogy. In O. Garcia, T. Skutnabb-Kangas & M. Torres-Guzman (eds.), *Imagining Multilingual Schools: Language in Education and Glocalization.* Clevedon, UK: Multilingual Matters, 51–68.

Cummins, J. & Early, M. (eds.) (2011) *Identity Texts: The Collaborative Creation of Power in Multilingual Schools.* Stoke-on-Trent, UK: Trentham Books.

Curtis, A. & Romney, M. (2006) *Color, Race, and English Language Teaching: Shades of Meaning.* Mahwah, NJ: Lawrence Erlbaum Associates.

Dagenais, D. (2003) Accessing imagined communities through multilingualism and immersion education. *Journal of Language, Identity, and Education* 2(1), 269–283.

Dagenais, D., Beynon, J., Norton, B. & Toohey, K. (2008) Liens entre la langue et l'identité dans le discours des apprenants, des parents et des enseignants. In C. Kramsch, D. Lévy & G. Zarate (eds.), *Précis Critique du Plurilinguisme et du Pluriculturalisme*. Paris: Éditions des archives contemporaines/Contemporary Publishing International, 301–306.

Dagenais, D., Moore, D., Lamarre, S., Sabatier, C. & Armand, F. (2008) Linguistic landscape and language awareness. In E. Shohamy & D. Gorter (eds.), *Linguistic Landscape: Expanding the Scenery*. New York: Routledge/Taylor & Francis Group, 253–269.

Davies, B. & Harré, R. (1990) Positioning: The discursive production of selves. *Journal for the Theory of Social Behaviour* 20(1), 43–63.

Davis, K. (1995) Qualitative theory and methods in applied linguistic research. *TESOL Quarterly* 29(3), 427–454.

Davis, K. & Skilton-Sylvester, E. (eds.) (2004) Gender in TESOL. *TESOL Quarterly* 38(3) (special issue).

Day, E. (2002) *Identity and the Young English Language Learner.* Clevedon, UK: Multilingual Matters.

De Costa, P. I. (2007) The chasm widens: The trouble with personal identity in Singapore writing. In M. Mantero (ed.), *Identity and Second Language Learning: Culture, Inquiry, and Dialogic Activity in Educational Contexts*. Charlotte, NC: Information Age Publishing, 190–234.

De Costa, P. I. (2010a). Language ideologies and standard English language policy in Singapore: Responses of a 'designer immigrant' student. *Language Policy* 9(3), 217–239.

De Costa, P. I. (2010b). Let's collaborate: Using developments in global English research to advance socioculturally-oriented SLA identity work. *Issues in Applied Linguistics* 18(1), 99–124.

De Costa, P. I. (2010c). From refugee to transformer: A Bourdieusian take on a Hmong learner's trajectory. *TESOL Quarterly* 44(3), 517–541.

De Costa, P. I. (2011) Using language ideology and positioning to broaden the SLA learner beliefs landscape: The case of an ESL learner from China. *System* 39(3), 347–358.

De Costa, P. I. (2012) Constructing SLA differently: The value of ELF and language ideology in an ASEAN case study. *International Journal of Applied Linguistics* 22(2), 205–224.

Denos, C., Toohey, K., Neilson, K. & Waterstone, B. (2009) *Collaborative Research in Multilingual Classrooms*. Bristol, UK: Multilingual Matters.

Dong, J. & Blommaert, J. (2009) Space, scale and accents: Constructing migrant identity in Beijing. In J. Collins, S. Slembrouck & M. Baynham (eds.), *Globalization and Language in Contact: Scale Migration and Communicative Practices*. London: Continuum, 42–61.

Dörnyei, Z. (2001) *Motivational Strategies in the Language Classroom*. Cambridge, UK: Cambridge University Press.

Dörnyei, Z. & Ushioda, E. (eds.) (2009) *Motivation, Language Identity and the L2 Self*. Bristol, UK: Multilingual Matters.

Duff, P. (2002) The discursive co-construction of knowledge, identity, and difference: An ethnography of communication in the high school mainstream. *Applied Linguistics* 23(3), 289–322.

Duff, P. (2012) Identity, agency, and second language acquisition. In S. M. Gass & A. Mackey (eds.), *The Routledge Handbook of Second Language Acquisition*. New York: Routledge, 410–426.

Early, M. & Norton, B. (2012) Language learner stories and imagined identities. *Narrative Inquiry* 22(1), 194–201.

Fairclough, N. (2001) *Language and Power* (2nd edn.). Harlow, UK: Pearson/Longman.

Foucault, M. (1980) *Power/Knowledge: Selected Interviews and Other Writings, 1972–1977* (C. Gordon, trans.). New York: Pantheon Books.

Gao, F. (2012) Imagined community, identity, and Chinese language teaching in Hong Kong. *Journal of Asian Pacific Communication* 22(1), 140–154.

Gao, Y. H. (2007) Legitimacy of foreign language learning and identity research: Structuralist and constructivist perspectives. *Intercultural Communication Studies* 16(1), 100–112.

Garciá, O., Skutnabb-Kangas, T. & Torres-Guzmán, M. E. (eds.) (2006) *Imagining Multilingual Schools: Languages in Education and Glocalization*. Clevedon, UK: Multilingual Matters.

Gass, S. (1998) Apples and oranges: Or why apples are not oranges and don't need to be. A response to Firth and Wagner. *Modern Language Journal* 82(1), 83–90.

Gass, S. M. & Makoni, S. (eds.) (2004) World applied linguistics: A celebration of AILA at 40. *AILA Review* 17 (special issue).

Gee, J. P. (2012) Discourse analysis: What makes it critical? In R. Rogers (eds.), *An Introduction to Critical Discourse Analysis in Education* (2nd edn.). New York: Routledge, 23–45.

Goldstein, T. (1996) *Two Languages at Work: Bilingual Life on the Production Floor*. Berlin and New York: Mouton de Gruyter.

Gordon, D. (2004) 'I'm tired. You clean and cook.' Shifting gender identities and second language socialization. *TESOL Quarterly* 38(3), 437–457.

Gunderson, L. (2007) *English-Only Instruction and Immigrant Students in Secondary Schools: A Critical Examination*. Mahwah, NJ: Lawrence Erlbaum Associates.

Hall, S. (1992a) The question of cultural identity. In S. Hall, D. Held & T. McGrew (eds.), *Modernity and Its Futures*. Cambridge: Polity Press in association with Blackwell Publishers and The Open University, 274–325.

Hall, S. (1992b) New ethnicities. In J. Donald & A. Rattansi (eds.), *'Race', Culture and Difference*. London: Sage, 252–259.

Hall, S. (1997) *Representation: Cultural Representations and Signifying Practices*. London: Sage.

Haneda, M. (2005) Investing in foreign-language writing: A study of two multicultural learners. *Journal of Language, Identity, and Education* 4(4), 269–290.

Hawkins, M. R. (ed.) (2004) *Language Learning and Teacher Education: A Sociocultural Approach*. Clevedon, UK: Multilingual Matters.

Hawkins, M. R. (ed.) (2011) *Social Justice Teacher Education*. Bristol: Multilingual Matters.

Hawkins, M. & Norton, B. (2009) Critical language teacher education. In A. Burns & J. Richards (eds.), *Cambridge Guide to Second Language Teacher Education*. Cambridge: Cambridge University Press, 30–39.

He, A. W. (2006) Toward an identity theory of the development of Chinese as a heritage language. *Heritage Language Journal* 4(1), 1–28.

Heller, M. (2007) *Linguistic Minorities and Modernity: A Sociolinguistic Ethnography* (2nd edn.). London: Continuum.

Heller, M. (2008) Bourdieu and 'literacy education'. In J. Albright & A. Luke (eds.), *Pierre Bourdieu and Literacy Education*. New York: Routledge.

Heller, M. (2011) *Paths to Post-Nationalism: A Critical Ethnography of Language and Identity*. Oxford: Oxford University Press.

Higgins, C. (2009) *English as a Local Language: Post-colonial Identities and Multilingual Practices*. Bristol, UK: Multilingual Matters.

Higgins, C. (2010) Gender identities in language education. In N. Hornberger & S. McKay (eds.), *Sociolinguistics and Language Education*. Bristol, UK: Multilingual Matters, 370–397.

Higgins, C. (ed.) (2011) *Identity Formation in Globalizing Contexts: Language Learning in the New Millennium*. Berlin and New York: Mouton de Gruyter.

Hornberger, N. (ed.) (2003) *Continua of Biliteracy*. Clevedon, UK: Multilingual Matters.

Hull, G. (2007) Mobile texts and migrant audiences: Rethinking literacy and assessment in a new media age. Plenary presentation to annual conference of the National Reading Conference. Austin, TX.

Hyland, K. (2012) *Disciplinary Identities: Individuality and Community in Academic Discourse*. New York: Cambridge University Press.

Ibrahim, A. E. (1999) Becoming black: Rap and hip-hop, race, gender, identity, and the politics of ESL learning. *TESOL Quarterly* 33(3), 349–369.

Jaffe, A. (ed.) (2009) *Stance: Sociolinguistic Perspectives*. Oxford: Oxford University Press.

Janks, H. (2010) *Literacy and Power*. New York and London: Routledge.

Jenkins, J. (2007) *English as a Lingua Franca: Attitude and Identity*. Oxford: Oxford University Press.

Kanno, Y. (2003) *Negotiating Bilingual and Bicultural Identities: Japanese Returnees Betwixt Two Worlds*. Mahwah, NJ: Lawrence Erlbaum Associates.

Kanno, Y. (2008) *Language and Education in Japan: Unequal Access to Bilingualism*. Basingstoke, UK: Palgrave Macmillan.

Kanno, Y. & Norton, B. (guest eds.) (2003) Imagined communities and educational possibilities. *Journal of Language, Identity, and Education* 2(4) (special issue).

Kanno, Y. & Stuart, C. (2011) Learning to become a second language teacher: Identities-in-practice. *Modern Language Journal* 95(2), 236–252.

Kendrick, M. & Jones, S. (2008) Girls' visual representations of literacy in a rural Ugandan community. *Canadian Journal of Education* 31(3), 372–404.

Kendrick, M., Jones, S., Mutonyi, H. & Norton, B. (2006) Multimodality and English education in Ugandan schools. *English Studies in Africa* 49(1), 95–114.

King, B. (2008) 'Being gay guy, that is the advantage': Queer Korean language learning and identity construction. *Journal of Language, Identity, and Education* 7(3/4), 230–252.

Kramsch, C. (2006) The traffic in meaning. *Asia Pacific Journal of Education* 26(1), 99–104.

Kramsch, C. (2009) *The Multilingual Subject.* Oxford: Oxford University Press.

Kramsch, C. & Lam, W. S. E. (1999) Textual identities: The importance of being nonnative. In G. Braine (ed.), *Non-Native Educators in English Language Teaching.* Mahwah, NJ: Lawrence Erlbaum, 57–72.

Kramsch, C. & Thorne, S. (2002) Foreign language learning as global communicative practice. In D. Block & D. Cameron (eds.), *Globalization and Language Teaching.* London: Routledge, 83–100.

Kramsch, C. & Whiteside, A. (2007) Three fundamental concepts in second language acquisition and their relevance in multilingual contexts. *The Modern Language Journal* 91(5), 907–922.

Kramsch, C. & Whiteside, A. (2008) Language ecology in multilingual settings: Towards a theory of symbolic competence. *Applied Linguistics* 29(4), 645–671.

Kress, G., Jewitt, C., Bourne, J., Franks, A., Hardcastle, J., Jones, K. & Reid, E. (2004) *English in Urban Classrooms: A Multimodal Perspective on Teaching and Learning.* London and New York: Routledge.

Kubota, R. (2004) Critical multiculturalism and second language education. In B. Norton & K. Toohey (eds.), *Critical Pedagogies and Language Learning.* New York: Cambridge University Press, 30–52.

Kubota, R. & Lin, A. (2006) Race and TESOL: Introduction to concepts and theories. *TESOL Quarterly* 40(3) (special issue), 471–493.

Kubota, R. & Lin, A. (eds.) (2009) *Race, Culture, and Identities in Second Language Education: Exploring Critically Engaged Practice.* London and New York: Routledge.

Kumaravadivelu, B. (2003) *Beyond Methods: Macrostrategies for Language Learning.* New Haven, CT: Yale University Press.

Kumaravadivelu, B. (2012) *Language Teacher Education for a Global Society.* New York: Routledge.

Lam, W. S. E. (2000) L2 literacy and the design of the self: A case study of a teenager writing on the internet. *TESOL Quarterly* 34(3), 457–482.

Lam, W. S. E. (2006) Re-envisioning language, literacy and the immigrant subject in new mediascapes. *Pedagogies: An International Journal* 1(3), 171–195.

Lam, W. S. E. & Rosario-Ramos, E. (2009) Multilingual literacies in transnational digitally mediated contexts: An exploratory study of immigrant teens in the United States. *Language and Education* 23(2), 171–190.

Lam, W. S. E. & Warriner, D. (2012) Transnationalism and literacy: Investigating the mobility of people, languages, texts, and practices in contexts of migration. *Reading Research Quarterly*, 47(2), 191–215.

Lave, J. (1996) Teaching, as learning, in practice. *Mind, Culture, and Activity* 3(3), 149–164.

Lave, J. & Wenger, E. (1991) *Situated Learning: Legitimate Peripheral Participation*. Cambridge, UK: Cambridge University Press.

Lee, E. (2008) The 'other(ing)' costs of ESL: A Canadian case study. *Journal of Asian Pacific Communication* 18(1), 91–108.

Lemke, J. (2008) Identity, development, and desire: Critical questions. In C. R. Caldas-Coulthard & Iedema, R. (eds.) *Identity Trouble: Critical Discourse and Contested Identities*. New York: Palgrave Macmillan, 17–42.

Leung, C., Harris, R. & Rampton, B. (2004) Living with inelegance in qualitative research on task-based learning. In B. Norton & K. Toohey (eds.), *Critical Pedagogies and Language Learning*. New York: Cambridge University Press, 242–267.

Lewis, C. & Fabos, B. (2005) Instant messaging, literacies and social identities. *Reading Research Quarterly* 40(4), 470–501.

Lin, A. (ed.) (2007) *Problematizing Identity: Everyday Struggles in Language, Culture, and Education*. Mahwah, NJ: Lawrence Erlbaum Associates.

Lin, A. & Martin, P. (2005) *Decolonisation, Globalisation: Language-in-Education Policy and Practice*. Clevedon, UK: Multilingual Matters.

Lin, A., Grant, R., Kubota, R., Motha, S., Tinker Sachs, G. & Vandrick, S. (2004) Women faculty of color in TESOL: Theorizing our lived experiences. *TESOL Quarterly* 38(3), 487–504.

Lo Bianco, J., Orton, J. & Gao, Y. (eds.) (2009) *China and English: Globalisation and the Dilemmas of Identity*. Bristol, UK: Multilingual Matters.

Luke, A. (2004a) Two takes on the critical. In B. Norton & K. Toohey (eds.), *Critical Pedagogies and Language Learning*. New York: Cambridge University Press, 21–29.

Luke, A. (2004b) Teaching after the market: From commodity to cosmopolitan. *Teachers College Record* 106(7), 1422–1443.

Luke, A. (2009) Race and language as capital in school: A sociological template for language education reform. In R. Kubota & A. Lin (eds.), *Race, Culture and*

*Identities in Second Language Education.* London: Routledge, 286–308.

Makoni, S. & Meinhof, U. (eds.) (2003) Africa and applied linguistics. *AILA Review* 16 (special issue).

Makubalo, G. (2007) 'I don't know... it contradicts': Identity construction and the use of English by high school learners in a desegregated school space. *English Academy Review* 24(2), 25–41.

Mantero, M. (ed.) (2007) *Identity and Second Language Learning: Culture, Inquiry, and Dialogic Activity in Educational Contexts.* Charlotte, NC: Information Age Publishing.

Markee, N. (guest ed.) (2002) Language in development: Questions of theory, questions of practice. *TESOL Quarterly* 36(3), 265–274.

Martin-Jones, M. & Jones, K. (2000) *Multilingual Literacies.* Philadelphia and Amsterdam: John Benjamins.

Martinec, R. & van Leeuwen, T. J. (2009) *The Language of New Media Design: Theory and Practice.* New York: Routledge.

Mastrella-De-Andrade, M. & Norton, B. (2011) Querer é poder? Motivação, identidade e aprendizagem de língua estrangeira. In Mastrella-De-Andrade M. R. (Org.) *Afetividade e Emoções no Ensino/Aprendizagem de Línguas: Múltiplos Olhares.* Campinas: Pontes Editores, 89–114.

May, S. (2008) *Language and Minority Rights.* London and New York: Routledge.

McKay, S. & Wong, S. C. (1996) Multiple discourses, multiple identities: Investment and agency in second language learning among Chinese adolescent immigrant students. *Harvard Educational Review* 66(3), 577–608.

McKinney, C. (2007) 'If I speak English, does it make me less black anyway?' 'Race' and English in South African desegregated schools. *English Academy Review* 24(2), 6–24.

McKinney, C. & Norton, B. (2008) Identity in language and literacy education. In B. Spolsky & F. Hult (eds.), *The Handbook of Educational Linguistics.* Malden, MA: Blackwell, 192–205.

McKinney, C. & van Pletzen, E. (2004) '... This apartheid story ... we've finished with it': Student responses to the apartheid past in a South African English studies course. *Teaching in Higher Education* 9(2), 159–170.

Menard-Warwick, J. (2006) Both a fiction and an existential fact: Theorizing identity in second language acquisition and literacy studies. *Linguistics and Education* 16(3), 253–274.

Menard-Warwick, J. (2008) 'Because she made beds. Every day.' Social positioning, classroom discourse and language learning. *Applied Linguistics* 29(2), 267–289.

Menard-Warwick, J. (2009) *Gendered Identities and Immigrant Language Learning.* Bristol, UK: Multilingual Matters.

Miller, J. (2003) *Audible Difference: ESL and Social Identity in Schools.* Clevedon, UK: Multilingual Matters.

Moffatt, L. & Norton, B. (2008) Reading gender relations and sexuality: Preteens speak out. *Canadian Journal of Education* 31(1), 102–123.

Moje, E. B. & Luke, A. (2009) Literacy and identity: Examining the metaphors in history and contemporary research. *Reading Research Quarterly* 44(2), 415–437.

Morgan, B. (2004) Teacher identity as pedagogy: Towards a field-internal conceptualization in bilingual and second language education. *Bilingual Education and Bilingualism* 7(2/3), 172–188.

Morgan, B. (2007) Poststructuralism and applied linguistics: Complementary approaches to identity and culture in ELT. In J. Cummins & C. Davison (eds.), *International Handbook of English Language Teaching.* New York: Springer, 1033–1052.

Morgan, B. & Clarke, M. (2011) Identity in second language teaching and learning. In E. Hinkel (ed.), *Handbook of Research in Second Language Teaching and Learning Volume II.* New York: Routledge, 817–836.

Morgan, B. & Ramanathan, V. (2005) Critical literacies and language education: Global and local perspectives. *Annual Review of Applied Linguistics* 25, 151–169.

Motha, S. (2006) Racializing ESOL teacher identities in US K12 public schools. *TESOL Quarterly* 40(3), 495–518.

Murphey, T., Jin, C. & Li-Chin, C. (2005) Learners' constructions of identities and imagined communities. In P. Benson & D. Nunan (eds.), *Learners' Stories and Diversity in Language Learning.* Cambridge: Cambridge University Press, 83–100.

Mutonyi, H. & Norton, B. (2007) ICT on the margins: Lessons for Ugandan education. Digital literacy in global contexts. *Language and Education* 21(3) (special issue), 264–270.

Nelson, C. (2009) *Sexual Identities in English Language Education: Classroom Conversations.* New York: Routledge.

Nongogo, N. (2007) '*Mina 'ngumZulu phaqa*': Language and identity among multilingual Grade 9 learners at a private desegregated high school in South Africa. *English Academy Review* 24(2), 42–54.

Norton, B. (guest ed.) (1997) Language and identity. *TESOL Quarterly* 31(3), 409–429.

Norton, B. (2000) *Identity and Language Learning: Gender, Ethnicity and Educational Change*. Harlow, UK: Pearson Education Limited.

Norton, B. (2001) Non-participation, imagined communities, and the language classroom. In M. Breen (ed.), *Learner Contributions to Language Learning: New Directions in Research*. London: Pearson Education Limited, 159–171.

Norton, B. (2006) Identity: Second language. In K. Brown (ed.), *Encyclopedia of Language and Linguistics* (vol. 5) (2nd edn.). Oxford, UK: Elsevier, 502–507.

Norton, B. (2010) Language and identity. In N. Hornberger & S. McKay (eds.), *Sociolinguistics and Language Education*. Bristol, UK: Multilingual Matters, 349–369.

Norton, B. (2013) Identität, Literalität und Mehrsprachigkeit im Unterricht. In A. Bertschi-Kaufmann & C. Rosebrock: *Literalität Erfassen: Bildungspolitisch, Kulturell, Individuell*. Weinheim und München: Juventa, 123–134.

Norton, B. & Early, M. (2011) Researcher identity, narrative inquiry, and language teaching research. *TESOL Quarterly* 45(3), 415–439.

Norton, B. & Gao, Y. (2008) Identity, investment, and Chinese learners of English. *Journal of Asian Pacific Communication* 18(1), 109–120.

Norton, B. & Kamal, F. (2003) The imagined communities of English language learners in a Pakistani school. *Journal of Language, Identity, and Education* 2(4), 301–307.

Norton, B. & McKinney, C. (2011) An identity approach to second language acquisition. In D. Atkinson (ed.), *Alternative Approaches to Second Language Acquisition*. New York: Routledge, 73–94.

Norton, B. & Morgan, B. (2013) Poststructuralism. In C. A. Chapelle (ed.). *Encyclopedia of Applied Linguistics*. Oxford: Wiley-Blackwell.

Norton, B. & Pavlenko, A. (eds.) (2004) *Gender and English Language Learners*. Alexandria, VA: Teachers of English to Speakers of Other Languages.

Norton, B. & Toohey, K. (2001) Changing perspectives on good language learners. *TESOL Quarterly* 35(2), 307–322.

Norton, B. & Toohey, K. (2002) Identity and language learning. In R. Kaplan (ed.), *The Oxford Handbook of Applied Linguistics*. New York: Oxford University Press, 115–123.

Norton, B. & Toohey, K. (eds.) (2004) *Critical Pedagogies and Language Learning*. New York: Cambridge University Press.

Norton, B. & Toohey, K. (2011) Identity, language learning, and social change. *Language Teaching* 44(4), 412–446.

Norton, B. & Williams, C. J. (2012) Digital identities, student investments, and eGranary as a placed resource. *Language and Education* 26(4), 315–329.

Norton Peirce, B. (1995) Social identity, investment, and language learning. *TESOL Quarterly* 29(1), 9–31.

Omoniyi, T. (2011) Discourse and identity. In K. Hyland & B. Paltridge (eds.), *Continuum Companion to Discourse Analysis*. London: Continuum, 260–278.

Oxford, R. & Shearin, J. (1994) Language learning motivation: Expanding the theoretical framework. *Modern Language Journal* 78(1), 12–28.

Pavlenko, A. (2001a). Language learning memoirs as gendered genre. *Applied Linguistics* 22(2), 213–240.

Pavlenko, A. (2001b). 'How am I to become a woman in an American vein?': Transformations of gender performance in second language learning. In A. Pavlenko, A. Blackledge, I. Piller & M. Teutsch-Dwyer (eds.), *Multilingualism, Second Language Learning, and Gender*. Berlin and New York: Mouton de Gruyter, 133–174.

Pavlenko, A. (2003) 'I never knew I was a bilingual': Reimagining teacher identities in TESOL. *Journal of Language, Identity, and Education* 2(4), 251–268.

Pavlenko, A. & Blackledge, A. (eds.) (2004) *Negotiation of Identities in Multilingual Contexts*. Clevedon, UK: Multilingual Matters.

Pavlenko, A., Blackledge, A., Piller, I. & Teutsch-Dwyer, M. (2001) *Multilingualism, Second Language Learning, and Gender*. Berlin and New York: Mouton de Gruyter.

Pavlenko, A. & Norton, B. (2007) Imagined communities, identity, and English language teaching. In J. Cummins & C. Davison (eds.), *International Handbook of English Language Teaching*. New York: Springer, 669–680.

Pennycook, A. (1998) *English and the Discourses of Colonialism*. London: Routledge.

Pennycook, A. (2004) Critical moments in a TESOL praxicum. In B. Norton & K. Toohey (eds.), *Critical Pedagogies and Language Learning*. New York: Cambridge University Press, 327–345.

Pennycook, A. (2007) *Global Englishes and Transcultural Flows*. London and New York: Routledge.

Pennycook, A. (2010) *Language as a Local Practice*. New York: Routledge.

Pennycook, A. (2012) *Language and Mobility: Unexpected Places*. Bristol, UK: Multilingual Matters.

Phillipson, R. (2009) *Linguistic Imperialism Continued.* New York and London: Routledge.

Pittaway, D. (2004) Investment and second language acquisition. *Critical Inquiry in Language Studies* 4(1), 203–218.

Pomerantz, A. I. (2001) Beyond the Good Language Learner: Ideology, Identity, and Investment in Classroom Foreign Language Learning. Unpublished PhD thesis, University of Pennsylvania.

Pomerantz, A. (2008) 'Tú necesitas preguntar en Español': Negotiating good language learner identity in a Spanish classroom. *Journal of Language, Identity, and Education*, 7(3/4), 253–271.

Potowski, K. (2007) *Language and Identity in a Dual Immersion School.* Clevedon, UK: Multilingual Matters.

Prinsloo, M. & Baynham, M. (eds.) (2008) *Literacies, Global and Local.* Philadelphia, PA: John Benjamins.

Prinsloo, M. & Rowsell, J. (guest eds.) (2012) Digital literacies as placed resources in the globalised periphery. *Language and Education* 26(4), 271–277.

Ramanathan, V. (2005) *The English-Vernacular Divide: Postcolonial Language Politics and Practice.* Clevedon, UK: Multilingual Matters.

Ramanathan, V. & Morgan, B. (guest eds.) (2007) Language policies and TESOL. *TESOL Quarterly* 41(3), 443–444.

Rampton, B. (2006) *Language in Late Modernity: Interaction in an Urban School.* Cambridge: Cambridge University Press.

Rassool, N. (2007) *Global Issues in Language, Education and Development: Perspectives from Postcolonial Countries.* Clevedon, UK: Multilingual Matters.

Ricento, T. (2005) Considerations of identity in L2 learning. In E. Hinkel (ed.), *Handbook of Research on Second Language Teaching and Learning.* Mahwah, NJ: Lawrence Erlbaum Associates, 895–911.

Ross, B. M. (2011) Language, Identity, and Investment in the English Language of a Group of Mexican Women Living in Southeastern Pennsylvania. Unpublished PhD thesis, Pennsylvania State University.

Saussure, F. de (1966) *Course in General Linguistics.* (W. Baskin, trans. [1916]). New York: McGraw-Hill.

Sharkey, J. & Johnson, K. (eds.) (2003) *The TESOL Quarterly Dialogues: Rethinking Issues of Language, Culture, and Power.* Alexandria, VA: Teachers of English to Speakers of Other Languages.

Shin, S. (2012) *Bilingualism in Schools and Society: Language, Identity, and Policy*. New York: Routledge.

Shuck, G. (2006) Racializing the nonnative English speaker. *Journal of Language, Identity, and Education* 5(4), 259–276.

Silberstein, S. (2003) Imagined communities and national fantasies in the O. J. Simpson case. *Journal of Language, Identity, and Education* 2(4), 319–330.

Skilton-Sylvester, E. (2002) Should I stay or should I go? Investigating Cambodian women's participation and investment in adult ESL programs. *Adult Education Quarterly* 53(1), 9–26.

Snyder, I. & Prinsloo, M. (guest eds.) (2007) The digital literacy practices of young people in marginal contexts. *Language and Education: An International Journal* 21(3) (special issue).

Spolsky, B. (1989) *Conditions for Second Language Learning*. Oxford: Oxford University Press.

Stein, P. (2008) *Multimodal Pedagogies in Diverse Classrooms: Representation, Rights and Resources*. London and New York: Routledge.

Street, B. & Hornberger, N. (eds.) (2008) *Encyclopedia of Language and Education* (vol. 2: Literacy). Boston, MA: Springer.

Stroud, C. & Wee, L. (2012) *Style, Identity and Literacy: English in Singapore*. Buffalo, NY: Multilingual Matters.

Sunderland, J. (2004) *Gendered Discourses*. London: Palgrave Macmillan.

Swain, M. & Deters, P. (2007) 'New' mainstream SLA theory: Expanded and enriched. *Modern Language Journal* 91(5), 820–836.

Talmy, S. (2008) The cultural productions of the ESL student at Tradewinds High: Contingency, multidirectionality, and identity in L2 socialization. *Applied Linguistics* 29(4), 619–644.

Taylor, L. (2004) Creating a community of difference: Understanding gender and race in a high school anti-discrimination camp. In B. Norton & Pavlenko, A. (eds.), *Gender and English Language Learners*. Alexandria, VA: Teachers of English to Speakers of Other Languages, 95–109.

Tembe, J. & Norton, B. (2008) Promoting local languages in Ugandan primary schools: The community as stakeholder. *Canadian Modern Language Review* 65(1), 33–60.

Thorne, S. & Black, R. (2007) Language and literacy development in computer-mediated contexts and communities. *Annual Review of Applied Linguistics* 27, 133–160.

Tomita, Y. (2011) The Role of Form-Focused Instruction: Learner Investment in L2 Communication. Unpublished PhD thesis, University of Toronto.

Toohey, K. (2000) *Learning English at School: Identity, Social Relations and Classroom Practice*. Clevedon, UK: Multilingual Matters.

Toohey, K. (2001) Disputes in child L2 learning. *TESOL Quarterly* 35(2), 257–278.

Toohey, K. & Waterstone, B. (2004) Negotiating expertise in an action research community. In B. Norton and Toohey, K. (eds.), *Critical Pedagogies and Language Learning*. Cambridge: Cambridge University Press, 291–310.

Torres-Olave, B. M. (2006) 'If I didn't have Professional Dreams Maybe I Wouldn't Think of Leaving'. Unpublished MA thesis, University of British Columbia.

Tremmel, B. & De Costa, P. I. (2011) Exploring identity in SLA: A dialogue about methodologies. *Language Teaching* 44(4), 540–542.

Tsui, A. & Tollefson, J. (eds.) (2007) *Language Policy, Culture, and Identity in Asian Contexts*. Mahwah, NJ: Lawrence Erlbaum Associates.

Varghese, M., Morgan, B., Johnston, B. & Johnson, K. (2005) Theorizing language teacher identity: Three perspectives and beyond. *Journal of Language, Identity, and Education* 4(1), 21–44.

Villarreal Ballesteros, A. C. (2010) Professional Identity Formation and Development of Imagined Communities in an English Language Major in Mexico. Unpublished PhD thesis, University of Arizona.

Wagner, J. (2004) The classroom and beyond. *Modern Language Journal* 88(4), 612–616.

Wallace, C. (2003) *Critical Reading in Language Education*. Basingstoke, UK: Palgrave Macmillan.

Warriner, D. S. (guest ed.) (2007) Transnational literacies: Immigration, language learning, and identity. *Linguistics and Education* 18(3/4), 201–214.

Warschauer, M. (2003) *Technology and Social Inclusion: Rethinking the Digital Divide*. Boston, MA: MIT Press.

Weber, J. J. & Horner, K. (2012) *Introducing Multilingualism: A Social Approach*. New York: Routledge.

Weedon, C. (1987/1997) *Feminist Practice and Poststructuralist Theory*. London: Blackwell.

Wenger, E. (1998) *Communities of Practice: Learning, Meaning, and Identity*. New York: Cambridge University Press.

White, C. (2007) Innovation and identity in distance language learning and teaching. *Innovation in Language Learning and Teaching* 1(1), 97–110.

Wortham, S. (2008) Shifting identities in the classroom. In C. R. Caldas-Coulthard & R. Iedema (eds.), *Identity Trouble: Critical Discourse and Contested Identities*. New York: Palgrave Macmillan, 205–228.

Xu, H. (2012) Imagined community falling apart: A case study on the transformation of professional identities of novice ESOL teachers in China. *TESOL Quarterly* 46(3), 568–578.

Xu, J. W. (2001) Bonny Norton's new ideas about foreign language learning. *Foreign Language Teaching Abroad* (4), 14–17.

Young, R. F. (2009) *Discursive Practice in Language Learning and Teaching*. Malden, MA and Oxford, UK: Wiley-Blackwell.

Zacharias, N. (2010) The Evolving Teacher Identities of L2 South/East Asian Teachers in US Graduate Programs. Unpublished PhD thesis, Indiana University of Pennsylvania.

Zimmerman, D. H. (1998) Identity, context, and interaction. In C. Antaki & S. Widdicombe (eds.), *Identities in Talk*. London: Sage, 87–106.

Zuengler, J. & Miller, E. (2006) Cognitive and sociocultural perspectives: Two parallel SLA worlds? *TESOL Quarterly* 40(1), 35–58.

# 第一章　语言学习中的虚与实

　　萨利哈拿着信封说:"非常感谢,李维斯特夫人!"出了门,她就把装着工装的塑料袋从右手换到左手,然后微笑着伸出右手对李维斯特夫人说:"祝您愉快,李维斯特夫人。"萨利哈那天早晨醒来后就只说了这两句话。

　　萨利哈坐电梯下楼,电梯里没有别人。她查看信封里的东西,脸上露出满意的笑容。趁电梯还没到一楼这功夫,萨利哈可以有时间想想这一天的生活。赚的钱足够买这一周的食物和香烟了。上周,她把在柏拉图学院的最后一笔分期付款的学费付了。她有点疲惫,但还能掌控自己的生活。唯一遗憾的是她没有用长一点的句子回答李维斯特夫人的问话。她耸了耸肩,让自己不再纠结于这些遗憾,而是接受这个现实。

　　"我们来这儿不就是为了像他们那样说话吗?"她思忖着,"可是要等到他们让我们练习还得很长时间。"

(Ternar, 1990: 327–328)

　　虽然萨利哈只是个虚拟人物,但她的故事对很多语言学习者来说却是真实的——无论这个学习者是在加拿大、哥伦比亚还是韩国。萨利哈刚搬到魁北克的一个社区,她渴望学习这个社区的语言,她需要练习她在柏拉图学院正规教学环境中学习的法语,她知道她需要这样做。虽然"浸泡"在讲法语的社区中,但由于工作性质以及工作场所的权力关系结构,萨利哈并没有多少机会练习法语。整整一天的工作中,她说的话只有:"非常感谢,李维斯特夫人!"和"祝您愉快,李维斯特夫人。"她遗憾地意识到,自己没有使用长一点的句子回答李维斯特夫人的话。萨利哈不得不面对的现实是:李维斯特夫人掌握着权力,她能决定萨利哈什么时候可以说话、说多少和说什么。萨利哈承认,现在离李维斯特夫人"让"她练习说目的语的那一天还很遥远。

　　本章中,我将借用住在加拿大魁北克的萨利哈这个虚拟人物来探索认同和语言学习以及语言学习者个体与更大的社会现实世界之间的关系。我会用萨利哈的故事来阐释权力、认同和投资这些概念，同时也会对族群、性别和阶层这些概念进行说明。在随后的几章中，我将把目光从萨利哈生活的位于魁北克的虚拟社会转移到五位女性移民真实的英语学习经历上。这几位学习者生活在魁北克的邻省安大略。我将论述这些女性练习英语的机会是由家庭和工作场所不平等的权力关系支配的。我会告诉读者，这些女性是如何应对或利用这些权力关系为自己创造练习英语的机会的，以及她们的努力究竟在多大程度上获得了成功。但是我认为，我们应该以她们对英语学习的"投资"以及她们在所处历史时代和社会空间中变化着的"认同"为参照，来理解她们付出的努力。因此，本章引入的观点和主题在以后几章中还会重现。我相信，读者会看到：真实比虚拟更奇特，生活比艺术更异彩纷呈。

## 1.1　萨利哈与二语习得准则

根据现有的二语习得理论，萨利哈很难认清自己的处境。各种视角会让她一头雾水，难以应付：心理语言学、社会语言学、神经语言学、课堂研究、双语教育和社会心理学。[①] 但是正如 Spolsky（1989）所阐述的那样，她也许会赞同这个理论：她接触法语越多，练习越多，她的法语水平就越高。大量接触（可以满足需求的）相关种类和数量的法语，以及获得练习目的语的机会将给萨利哈带来很多益处。她将学会分辨语音，有机会划分语言成分，学习如何将语言成分按照语法规则重新组合成更大的语言单位，提高对法语语法与语用结构的控制能力。但是 Spolsky 对目的语共同体的自然或非正式环境与课堂上的正式环境所作的区分，也会令萨利哈感到困惑：

> 二者的区别通常被阐述为截然不同的一组条件。在自然的二语学习环境中，语言的使用以交流为目的；而在正规教学情景中，语言只是用于教学。在自然的语言学习中，学习者周围都是目的语使用者，但在正规的教

---

① 综述请参见 Tucker & Corson（1997）和 Cummins & Corson（1997）。

学环境里，（如果有人）说话流利，那也只有教师了。在自然学习环境中，环境是外部世界——开放且具有刺激性；而正规学习环境则是封闭的，四周都是围墙。自然学习环境中所使用的语言随意、自然；而正规的教学环境中使用的则是被精心控制和简化了的语言。二者的最后一点区别是：自然学习情境中，人们关注的是交流的意义；而在正规学习情境中，人们关注的是无意义的句型练习。（Spolsky 1989：171）

"今天我说过几次话？"萨利哈也许会这样问，"我与李维斯特夫人的对话有多大意义？"许多二语习得理论学家都未曾结合语言学习者与目的语使用者之间不平等的权力关系来讨论语言学习者的经历，所以当需要将语言学习者个体与更广大的社会现实世界之间的关系进行理论性概述时，他们就会举步维艰。一般来说，学习者和语言学习环境之间的关系已有人为划分。一方面，人们参照许多诸如学习动机等情感变量来描述个体学习者。个体学习者的个性会被描述为内向型或外向型，拘谨型或开放型。人们作出这样的假定：学习者对待目的语群体的态度决定其学习二语动力的强弱；焦虑的程度决定着多少可理解性**输入**变成认知性**摄入**。[2] 另一方面，社会条件一般是指语言学习者群体与目的语群体之间的群体性差别。若二语群体与目的语群体契合度高，则二者之间的社会距离就被认为较小，这样就能促进二语群体在文化上融入目的语群体，从而提高二语群体的语言学习水平（Schumann，1976a）。若两个群体的社会距离较大，则文化融入度低，二语群体成员也因此被认定不能成为熟练的目的语使用者。

　　在关注个体差异的二语习得理论中，萨利哈在目的语学习上的进步主要与个人相关。"好的语言学习者"[3] 是那些想方设法找机会学习语言、积极性高、重视细节、对不确定意义容忍度高、焦虑情绪少的人。如果萨利哈的二语学习收效甚微，她可能会被认为缺乏学习动机或灵活性。相比之下，关注二语学习

---

[2]　更详细的分析参见 H. D. Brown（1994），Gardner & Lambert（1972），Krashen（1981）以及 Schumann（1978b）。

[3]　对二语习得理论中"好的语言学习者"这一概念的界定主要见之于 Rubin（1975）和 Naiman, Frohlich, Stern & Todesco（1978）的论著。Norton & Toohey（1999）则依据社会理论和二人对成人与儿童分别做的研究记录了"优秀语言学习者"概念的变迁。

群体差别的二语习得理论却会认为萨利哈一定是缺少主观能动性：社会距离与文化融入程度决定着萨利哈掌握目的语的程度，而授课的作用并不大。因此，在许多二语习得理论中，萨利哈或被视为具有各种不同特质的个体，而这些特质不受社会条件的制约，或被视为具有一种群体认同，而这种群体认同留给个人的行动空间很有限。有关情感变量与更大的现实社会之间相互作用的方式在文献中存在争议，这些分歧也会让萨利哈感到无所适从。Krashen（1981）认为动机是独立于社会环境的变量，而 Spolsky（1989）却认为二者有着纷繁复杂的内在联系。Krashen 对自信、动机和焦虑进行了区分，而 Clement，Gardner 和 Smythe（转引自 Spolsky，1989）却认为动机和焦虑是自信的子集。Krashen 认为自信是语言学习者内在的特质，而 Gardner（1985）则认为自信**产生**于二语环境中具有积极意义的经历。我们不应忽视二语习得理论文献中这些不一致的观点——尽管 Gardner（1989：137）认为这些争论"大多是表面上的，并不都真实存在"。我认为这种争议源于对个体与社会因素的人为划分，而这种划分导致人们武断地将某些因素归为个人的或社会的特点，这样做并不严谨。

为什么像萨利哈这样的语言学习者有时表现得积极、外向和自信，有时则消极、内向和焦虑？为什么在有的地方学习者与目的语群体之间存在社会距离，而在另一个地方这种距离却很小？为什么学习者有时候讲话，有时候却沉默不语？在二语习得领域中，理论家们尚未就其中原因给出足够的解释。尽管没有明说，但某些理论家也惴惴不安地承认，当今关于语言学习者与社会现实世界之间关系的理论依然存在漏洞。例如，Scovel（1978）就发现，有关"外语焦虑"的研究尚有混沌之处，而 Gardner 和 MacIntyre（1993：9）也对"个性变量"与语言成绩之间存在的关系持怀疑态度。

## 1.2　认同和语言学习

本书的核心观点是：二语习得理论家一直在努力探求语言学习者与社会现实世界之间的关系，因为他们尚未提出一套能将语言学习者与语言学习环境视作一个整体来研究的综合性认同理论。此外，他们也没有对社会现实世界中的权力关系如何影响二语学习者与目的语使用者的社会交往提出任何质疑。尽管像 Ellis（1985）、Krashen（1981）、Schumann（1978a）和 Stern（1983）等二语习得理论家也承认，语言学习者并不是在理想化、同质的共同体中，而是在复杂、异质的共同体中生活，但是这些异质特征普遍没有得到批判性的分析。那些关于"好的语言学习者"的理论是在下列前提下建立起来的，即：语言学习者可以选择在何种条件下与目的语群体成员进行交流；学习者得以接触目的语群体是学习者的动机在发挥作用。因此，Gardner 和 MacIntyre（1992）认为，"非正式环境的主要特点就是自发性；在非正式学习环境中，个体学习者可以参与或不参与"（1992：213）。二语习得理论家尚未探明不平等的权力关系是如何限制二语学习者获得在课外练习目的语的机会的。此外，许多理论家都先入为主地认为，学习者可以毫无疑问地被界定为有动机或没动机的、内向或外向的、拘谨或开放的；他们没有想过，这些情感因素其实往往建构于不平等的社会权力关系之上，它们随着时间与空间的变化而变化，也可能以某种矛盾的形式共同存在于单一的个体学习者身上。

我在本书中所持的立场是：二语习得理论中个体和语言学习者个性的概念需要修正，割裂语言学习者与语言学习环境的做法将被质疑。我使用"认同"一词来指代一个人如何理解其与世界的关系，这种关系是如何跨越时间与空间被建构起来的，这个人又是如何理解未来的各种可能性的。我认为二语习得理论需要发展"认同"这个概念，对认同的理解应该参照更大的且往往是不平等的社会结构，这些社会结构在日复一日的社会交往中得以再现。站在这一立场时，我突出了语言的作用——语言与语言学习者的认同互为组成部分。正像 Heller（1987）所阐述的那样，一个人就是通过语言在不同的时间点、不同的场所内部和不同场所之间协商自我意识的；正是通过语言，一个人才得以进入——或不能进入——赋予学习者说话机会的强大的社交网络。这样一来，我们没有把语言视为中性的交流媒介，而是参照其社会意义来理解它。

人们对语言与认同的兴趣日渐浓厚，这一趋势反映在近年来讨论这一话题的博士论文的数量上。例如，Kanno（1996）观察到日本一些曾游学海外的学生的认同变化；Miller（1999）研究了讲话与社会认同之间的关系在澳大利亚几所高中的移民学生身上的体现。正如 McNamara（1997）和 Hansen 和 Liu（1997）在综述中阐述的那样，由于使用的素材来源不同、研究方法各异，不同的研究者赋予我们理解语言与认同的视角也不一样。像 Henriques 等人（1984），Edwards 和 Potter（1992）这样的社会心理学家与 Tajfel（1982），Giles 和 Coupland（1991）这样的学者，在各自论著中使用的概念就不尽相同。而近年来世界各地的二语习得研究学者也对认同和语言学习之间的关系提出了重要而深刻的见解。④ 业界都呼吁重新定位二语习得研究，Hall（1997），Lantolf（1996），Rampton（1995）和 van Lier（1994）在这方面的研究尤其值得关注。Rampton（1995）认为：

> 毫无疑问，二语习得领域出现的针对二语学习者特点的这种一刀切式的描述，一部分原因是：二语习得研究常常把学习者内在的心理条件作为研究主题。二语习得研究考量的是学习者的行为，以佐证心理语言的状态与过程的决定性影响，而没有将交流看作社会历史性的敏感领域，在这里语言学习者的认同是在社会协商中形成的。目前，经验世界中对于复杂的社会文化多样性意识的加强，很有可能惠及二语习得的研究。（293-294）

无独有偶，国际语言类期刊目前总体上更重视社会多样性尤其是认同的研究。例如，在 1996 年，Martin-Jones 和 Heller（1996）编辑了两期以"语篇、认同与权力"为主题的《语言学与教育》特刊，Sarangi 和 Baynham（1996）编辑了以"教育认同建构"为主题的《语言与教育》特刊。《TESOL 季刊》也于 1997 年组织了一期"语言与认同"特刊，我是这期特刊的主编（Norton，1997a）。

基于本书所讨论的主题，我对这一期《TESOL 季刊》特刊稍作评论。构成该特刊主体的五篇研究报告分别代表了来自加拿大（Morgan，1997），日本（Duff & Uchida，1997），美国（Schecter & Bayley，1997），南非（Thesen，1997）和英国（Leung et al.，1997）的不同视角。我感觉特别有趣的是每

---

④ 欲了解该研究的广度，请参见中国香港的 Lin（1996），英国的 Rampton（1995），美国的 Kramsch（1993）和 Hall（1993，1995），加拿大的 Toohey（1998，2000）和南非的 Thesen（1997）的论著。

位作者对认同概念的内涵和外延的界定方式：Morgan 的研究焦点是社会认同，Duff 和 Uchida 讨论的是社会文化认同，Thesen 研究话语权，Schecter 和 Bayley 关注文化认同，Leung 等人则聚焦种族认同。这些作者对认同概念的界定有着显著的差异，我认为出现这些差异的部分原因是各位研究者的学科背景不同，研究传统也使其视角各异，每个研究课题侧重点亦有不同。尽管这些研究呈现出这么多的差异，但是我注意到，当这些研究者在具体的实践区域寻找理论依据时，某些区别——如社会认同与文化认同之间的区别——并没有设想的那样显而易见。⑤ 此外，前文提及的多数研究者认为，我们必须以语言学习者与目的语使用者之间的权力关系为参照来理解认同建构。下文将讨论二者之间的关系。

## 1.3 权力与认同

最先研究权力关系对语言学习与教学的影响方式的，是采用批判性方法研究二语教育的研究者。⑥ 这些研究者主张，由于二语学习者的性别、种族、阶层和民族都可能会使其被边缘化，因此我们一定要以权力结构不平等的社会现实世界为参照来理解社会的异质性。这类研究大部分是由具有批判性传统的教育理论推动的，如 Freire（1970，1985），Giroux（1988，1992）和 Simon（1987，1992）的研究。这类研究都凸显了这样一个事实：语言教学并不是中性的，而

---

⑤ 在以前的研究中（Norton Peirce，1993，1995），我曾经被有别于文化认同的社会认同理论所吸引。当时我所理解的社会认同是指个体通过各种机构（如家庭、社会、工作场所、社会服务机构）与更广阔的社会现实世界之间的关系。我究问的是：在什么程度上我们必须以一个人所属的种族、性别、阶层或民族来理解这种关系？我当时理解的文化认同是指个人与拥有共同历史、使用同一语言或世界观类似的群体成员之间的关系。我不常使用文化认同理论，原因是我认为这样的理论并没有如实反映我在多年研究工作中接触到的群体内部存在的异质特点，也没有反映出我所观察到的认同的动态与变化特征。时过境迁，我现在认为社会认同与文化认同之间的差别并不稳定、更容易发生变化，二者之间共同点多于差异性。

⑥ 该研究综述参见 Hornberger & Corson（1997），尤其要注意 Faltis（1997），Goldstein（1997），Martin-Jones（1997），May（1997）和 Norton（1997b）等。

是极富政治性特点的实践活动。本书中，我使用"权力"这个术语指代个体之间、机构之间和群体之间的社会性建构关系。在这些关系中，社会中的象征资源和物质资源被生产、分配和合法化。我这里说的象征资源是指像语言、教育和人脉这样的资源，而物质资源则包括资本性商品、房地产和金钱。我认同 Foucault（1980）和 Simon（1992）的观点，我认为，权力既不是庞大僵化的，也不是一成不变的；权力不单是可以实际拥有的，而且也是一种在特定条件下隐含着社会交换的关系。进一步讲，它是随着社会中的象征资源和物质资源的价值变化而不断被协商的一种关系。我也赞成 Foucault（1980）的观点，我认为权力不仅在强大机构（如法律体系、教育体系、社会福利体系等）的宏观层面上运行，也在人与人之间日常交往的微观层面上发挥作用。人们获得象征资源与物质资源的渠道具有差异性，受到权力影响的交往不可避免地也会反映在语言内部。

我们再以李维斯特夫人和萨利哈之间的关系为例来说明这些概念。在两人的关系中，李维斯特夫人对于有价值的象征资源（法语）和物质资源（萨利哈的薪金）享有控制权。萨利哈渴望获得这两种资源，但是这些资源如何分配、何时分配及其呈现的形式则由李维斯特夫人控制。当萨利哈向李维斯特夫人道别时，她没有做出任何拖延与李维斯特夫人对话的举动，也没有尝试创造说话的机会，只是笑了笑。倘若萨利哈叹气、耸肩或在没有李维斯特夫人积极参与的情况下自顾自地说下去，她的行为会被视为不得体，她会给自己带来无法获得李维斯特夫人提供的物质资源的风险。这个虚拟的小故事说明：被控制的象征资源和物质资源并非权力的两个截然不同的方面，它们彼此关系密切，与社会交往的过程之间也是联系紧密。[7]

West（1992），Bourdieu（1977），Weedon（1997）和 Cummins（1996）的洞见对于理解权力、认同和语言学习之间的关系特别有帮助。我赞成 West（1992）的观点，认同要以欲望为参照——被肯定的欲望、融入其中的欲望、获

---

[7]　参见 Heller（1992）对安大略和魁北克地区语码转换和语言选择的研究。该研究发现对象征资源分配的调控与对物质资源分配的调控密切相关。另外她的研究描述了法语是如何在魁北克成为与英语同等重要的语言资源的，对于权力上相对弱势的群体，比如土著人和移民而言，法语都是令人向往的。

得安定与安全保障的欲望。West 认为，这些欲望不能与社会中物质资源的分配割裂开来。能获得社会中广泛资源的人也会获得权力与特权，而权力和特权又会反过来影响他们理解自己与世界的关系以及他们未来的各种可能性。所以我们不能抛开"我可以做什么"这个问题单纯地理解"我是谁"；也不能抛开物质条件来理解"我可以做什么"这样的问题。满足欲望的机会受制于这些物质条件。按照 West 的观点，一个人能够获取的物质资源，决定着欲望得以表达的条件。根据这一观点，一个人的认同会随着社会与经济关系的变化而变化。

Bourdieu（1977）的研究是对 West 观点的补充，Bourdieu 的研究聚焦认同与象征性权力之间的关系。Bourdieu 认为，"话语的价值主要取决于说话人的价值"（652），Bourdieu 这句话的意思是，我们不能抛开说话人的价值来理解其话语的价值，也不能不顾更大的社会关系网来理解说话的那个人。根据 Bourdieu 的观点，语言学家（和许多应用语言学家——我这样认为）都先入为主地认为建立交流的条件是：说话的人认为听话的人值得自己去诉说；而听话的人认为说话的人值得自己去倾听。但是我认为（Norton Peirce，1995）正是这样的假设让人生疑。在以后的几章中，我将依据 Bourdieu 的观点提出对"交际能力"的定义进行延展的建议：交际能力应该包括"话语权"（我已经将其译为说话的权利）或者"强迫他人接受的权力"（1977：75）。

与 West 和 Bourdieu 不同，Weedon（1997）的研究是在女性后结构主义框架内展开的。West 的研究主要关注认同与物质性权力关系之间的关联，Bourdieu 则聚焦认同与象征性权力之间的关系，而 Weedon 则竭力将语言、个体经历和社会权力整合在一种主体性理论框架下。与 Bourdieu 的理论相比，Weedon 的理论赋予个人更大的主观能动性；而与 West 的理论相比，该理论认为语言在建构个人与社会的关系中发挥了更加突出的作用。本书第六章中还会对主体性的三个主要特点进行全面的探讨：主体具有多元而非单一的特性，主体性是一种斗争场所，主体性随着时间推移而发生变化。尤其重要的是，主体性和语言之间的关系被推理为二者互为彼此的组成部分。Weedon（1997：21）说："实际的或者潜在的社会组织形式，以及它们可能的社会和政治结果，都是通过语言予以界定并进行争夺的。而我们的自我观念和主体性，也都是在语言中得以建构的"（21）。

Cummins（1996）区分了胁迫性权力关系与合作性权力关系，他的观点对于我们理解认同与权力之间的关系发挥了重要作用。Cummins认为，胁迫性权力关系是指由对他人有损害和保持对社会资源不平等分配的强势个人、团体或国家实施权力。合作性权力关系不是把人边缘化，而是发挥赋予人们力量的作用。在他看来，权力可能会成为胁迫性的或生产性的；社会中强势的和受压制的团体都有可能实施权力，但是强势团体的影响面较受压制团体的影响面更广。确实，强势团体可能会通过鼓动社会所有成员接受现状来实施绝对权力，让所有社会成员相信现状是正常和无可挑剔的。所以，权力不是一成不变、预先设定的一个量，而是在人际关系和团体间的关系中相互影响而生成的。Cummins（1996：21）认为，"权力关系是叠加的，不是递减的。权力是与他人一起创造出来的，而不是强加给他人或者施加于他人的。"进一步讲，权力关系能够允许或限制语言学习者可以在课堂上和共同体中进行协商的认同范围。

接下来我会继续阐述如何理解萨利哈的认同，她的认同如何构建她与李维斯特夫人的交流，又如何在二人的交流中得以建构。尽管来魁北克之前萨利哈曾有一段复杂的经历，但萨利哈把自己看作一个几乎把控不了与李维斯特夫人交流进程的移民语言学习者。萨利哈通过使用"我们／他们"这样的人称代词（"我们来这儿就是为了像他们那样说话"），传达了一个信息——语言学习者与魁北克的目的语使用者之间存在着不平等的关系。萨利哈所说的"我们"指来到魁北克的移民，他们想方设法要像魁北克地区那些可以获得让人羡慕的象征和物质资源的讲法语的魁北克人（"他们"）那样讲话。我们必须参照萨利哈与李维斯特夫人之间的矛盾关系来理解萨利哈在这个环境里的认同。一方面，萨利哈希望能够与李维斯特夫人进行更多的交流，增强自己对新环境里象征资源的控制能力，获得李维斯特夫人和其他讲法语的魁北克人所享有的权利和特权；另一方面，萨利哈也不希望危及自己迫切需要的、维系日常生活的物质资源。尤其重要的是，正是这些关于她是谁，需要什么，该如何表达需求的分歧让她沉默寡言。但是在她的微笑中我们可以捕捉到她对象征资源的渴望与对物质资源的向往之间的冲突。与李维斯特夫人道别时，萨利哈低眉顺眼地微笑着，心里抗拒着用长句回应李维斯特夫人的冲动。当她打开装着足以维持她下周生活的物质资源的信封时，她再次偷偷地笑了。

## 1.4 动机与投资

思考一下萨利哈是否有讲话的动机会很有趣。二语学习领域中的"动机"概念主要源自社会心理学领域。人们曾尝试以各种方式来量化学习者对目的语学习的投入。其中 Gardner 和 Lambert（1972）的研究尤其有影响力，他们将**工具型**和**融入型**动机的概念引入二语习得领域。在他们的研究中，工具型动机与学习者不得已、出于实际考虑（如就业）学习二语的欲望有关；而融入型动机则与学习者为成功融入目的语共同体而学习这门语言的欲望有关。尽管 Crookes 和 Schmidt（1991），Dörnyei（1994，1997）以及 Oxford 和 Shearin（1994）都曾为拓展 Gardner 和 Lambert 提出的理论框架而努力，但是这些有关动机的辩论并没有捕捉到我在研究中所观察到的权力、认同和语言学习之间的复杂关系。我引入了"投资"这一概念（Norton Peirce，1995），表明学习者与目的语之间的关系具有社会性和历史性的特点，这些学习者学习和练习这门语言的欲望常常是矛盾的。参考 Bourdieu 在其论著中使用的经济学暗喻——特别是"文化资本"概念，我们对"投资"概念的理解会更透彻。Bourdieu 和 Passeron（1977）使用"文化资本"这一术语来指代特定的一系列社会形式下不同阶层和群体特有的知识和思维模式。他们认为，在一系列社会形式中，某些形式的知识和思想受到更多的重视，相应形式的文化资本也就具有更高的交换价值。若学习者"投资"二语学习，是因为他们期待获得更广泛的象征和物质资源，而这样的"投资"会令他们的文化资本升值。学习者期待或希望他们的投资获得良好的回报，这些回报将使他们更有可能获取目前还无法企及的资源。

值得注意的是，我所倡导的"投资"概念不能等同于工具型动机。工具型动机概念预设的、渴望获取目的语使用者专属物质资源的学习者，是一元的、一成不变的和非历史性的。而"投资"概念所设想的学习者具有复杂的社会经历和多种欲望。这个概念的预设是：当语言学习者说话时，他们不仅仅是在与目的语使用者交流信息，还在不断组织和重组他们是谁和他们如何与社会现实世界建立联系的意义。这样一来，他们对目的语学习的"投资"也是对学习者自身随着时间和空间的变化而不断变化的认同的"投资"。根据这一原则，像"萨利哈具有学习目的语的动机吗？萨利哈有什么样的个性？"这样的问题可能就不像"萨利哈对目的语的'投资'是什么？萨利哈与目的语的关系是如何在社会和历史中被建构的？"此类问题那么有帮助。正像我在这本书中要揭示的那样，学习者对目的语的"投资"也许是复杂的、矛盾的和不断变化着的。

在一项针对处于青春期、从中国移民到美国的学生的研究中，McKay 和 Wong（1996）将 Norton Peirce（1995）提出的"投资"概念进行了延展。像 Norton Peirce 一样，他们也揭示了为什么学习者特定的需求、欲望和协商并不会对语言学习的任务造成干扰，而"必须将其视为学生生活的组成部分，且决定着他们对目的语学习的'投资'"（1996：603）。不过，McKay 和 Wong（1996）注意到，Norton Peirce（1995）关注的是讲话的机会，而他们的研究涉及的是学生对听、说、读、写四项技能的"投资"。这两位研究者认为，学生们对每项技能的"投资"都是非常有选择性的，不同的技能相对于学习者的认同会呈现出不同的价值。Angelil-Carter（1997）也曾对后一个主题进行过更详细的论述，她讨论的是南非一所大学里英语学习者学术语言能力的发展。她在文中这样论述：

> 我认为，若让 Norton Peirce（1995）的"投资"概念适用于学术语言习得环境，我们可以将对目的语（如英语）的"投资"这一宽泛的概念进行有益的析解，将其析解成对不同形式读写能力的"投资"，无论是书面的还是口头的形式——我们姑且将其称作"话语"——都会随着时空的变迁被替换或重构。这样的"投资"可能在新的话语习得中起到强大的促进或阻碍作用。（268）

有证据表明，"投资"概念正引起主流二语习得研究领域的关注。Ellis 在他 1997 年的论著《二语习得》一书中，对 Norton Peirce（1995）和 Schumann（1978a）两位学者的研究进行了对比，将"投资"界定为"学习者对学习二语的投入"，而"这种投入被认为与学习者自我建构的社会认同相关"（Ellis，1997：140）。McKay 和 Wong 的研究结果与 Angelil-Carter 和 Norton Peirce 的一样，在他们的研究中，族群、认同和语言学习之间的关系是他们分析的核心主题。下文我将对与认同和语言学习相关的族群性、性别和阶层作更全面的探讨。

## 1.5 族群性、性别与阶层

Heller（1987）认为，在同质社会里长大的人不会将自己定义为族群成员，族群划分是对立的产物。这正是萨利哈在她与李维斯特夫人的关系中所经历的那种对立，萨利哈的"他者"意识也正是在这种社会关系中得以建构的。萨利哈被排斥在李维斯特夫人强大的族群社交网络之外———种 Heller 认为是通过共同的语言来界定的网络：

> 所以族群认同形成的第一个原则是加入到族群的社交网络中，这样就可以参加由族群团体成员控制的活动。在这里，语言是一种能否进入社交网络的重要调节手段：倘若你讲的不是那种语言，便没有任何渠道与某些人建立关系或参与某些活动。（181）

像 Heller 一样，Ng（1981，1987）依据她对加拿大女性移民的研究提出，我们必须把族群性作为一套社会关系来理解，这些社会关系把人们组织在一起，使其与更宏大的社会进程相联系。她特别指出，传统研究依据可观察到的特点（如语言和习俗）来确定族群的划分标准，不太重视移民的日常经历。但 Ng 也强调说，正是在与更大社会群体的成员交流的环境中，族群才成为移民的一个问题。Ng（1981）还提出，不同于男性移民，女性移民在社会中占据特定的位置，我们应该把移民经历作为带有性别特点的经历来理解。

在总结移民语言学习者经历中的性别特点时，我不仅关注到更大的男权社会结构中女性所经历的失语现象，[8]也特别关注到女性移民进入公共社会领域所呈现出的性别特点。正是在公共社会领域中语言学习者才有机会与目的语共

---

⑧　参见 hooks（1990）；Lewis & Simon（1986）；Smith（1987b）；Spender（1980）。

同体成员进行交往，然而恰恰是这个公共社会领域，女性移民并不太容易走进去。即使被允许进入这个领域，女性移民能从事的工作也很少给她们进行社会交往的机会，对此我在后面的章节中还会进一步讨论。

像具有族群性和性别特点的认同一样，具有阶层性的认同也是在一系列特定的社会、历史和经济权力关系中产生的，这些权力关系又在日常的社会交往中得以强化和再现。Connell, Ashendon, Kessler 和 Dowsett（1982）阐述的"阶层"概念有助于我们理解这一点。尽管在传统的社会学概念中，阶层被理解为具有相同特质或财产（如收入水平、工作种类、教育程度和资产所有权）的个体的集合，但是 Connell 等认为，要想理解阶层，"是谁和拥有什么，并没有能用现有资源做什么重要"（33）。在他们看来，将个人与阶层之间的关系看作"位置"是欠妥的，在这个位置上人们是一个"几何点"的被动标识。他们的研究表明，不能把个体与阶层之间的关系简化为一套范畴系统；确切地说，它是一个人际关系系统。总而言之，我和 Rockhill（1987b）的观点一致，族群性、性别和阶层并不是人们经历的一系列互不关联的背景变量，而是以复杂、彼此关联的方式整体参与到认同的建构以及言语的可能性当中。

## 1.6 对语言和交际能力的重新思考

在表达语言与说话人的认同互为组成部分这一观点时，我认为语言不仅仅是词语和句子。我们不能抛开萨利哈与李维斯特夫人特殊的关系以及这种社会关系特定的时空布局，来理解萨利哈使用的词句、伸出的手、复杂的笑容和肩膀轻耸的动作。帮助我理解处于上述关系中的语言的理论，与借鉴了后结构主义语言理论的批判性话语研究相关。[9] 后结构主义语言理论在 20 世纪后期备受关注，这与 Bakhtin（1981），Bourdieu（1977），Fairclough（1992），Gee（1990），Kress（1989）等人的研究相关。后结构主义语言理论虽然是在结构主义理论的

---

⑨　参见 Corson（1993）；Fairclough（1992）；Gee（1990）；Heller（1999）；Kress（1989）；Lemke（1995）；Luke（1988）；Norton Peirce & Stein（1995）；Pennycook（1994，1998）；Simon（1992）；Wodak（1996）。

基础上建立起来的，但却有别于结构主义理论。结构主义理论主要与 Saussure 的研究相关。Saussure（1966）区分了言语（法语：*parole*）与语言（法语：*langue*），这样的区分尝试给我们提供一种认知方法，让我们认识到：尽管语言在地域上、人际间和社会中存在差异，各种语言还是有着共同的形式和结构。对于结构主义者来说，语言结构的组成成分是符号，包括所指（或声音—图像）与能指（概念或意义）。Saussure 认为，所指或能指都不能先于另一方而存在，且二者之间的联系是任意的。他认为，正是语言的系统确保符号的意义，而每一个语言共同体都自有一套赋予语言符号价值的所指惯例。

后结构主义学者批评了这种语言概念，原因之一是结构主义无法解释特定语言中关于符号的社会意义的纷争。例如，"女权主义""研究""二语习得"这些符号对同一语言共同体中的人而言可能会具有不同的意义，比如，在应用语言学领域针对二语习得理论含义的辩论。[10] 结构主义学者将符号看作理想化的意义，认为语言共同体具有相对同质、意见一致的特点，而后结构主义学者却认为社会中的所指惯例都是纷争之地，语言共同体是具有异质特点的竞技场，其对真理与权力的需求是相互矛盾的。

因此，本书核心的话语理论并没有沿袭多数传统社会语言学研究的话语概念（大于句子的语言单位）。在批判性话语研究中（Norton，1997b），话语是组织社会生存与社会再现的符号与惯例的复合体。家庭、学校、教会和公司的话语既是通过语言及其他符号系统表现出来的，也是由语言及其他符号系统建构而成的。话语划定了其权威之下可能的活动范围并安排这些活动如何在时空之间得以实现。因此，话语就是意义建构活动的一种特别的组织方式。Kress（1989：7）对这一概念作了非常有说服力的解释：

> 话语往往具有穷尽性和包揽性的特点，也即：话语不仅试图解释一个机构当下所关心的领域，也试图解释其日益广泛的关注领域。举个例子说明话语决定事态：性别主义话语的存在，使得作为生物范畴的性别，在进入到社会生活之后即化身成为社会范畴的性别。这类话语具体到规定男人

---

⑩　参见 Beretta & Crookes（1993）；Gregg（1993）；Long（1993）；van Lier（1994）；Lantolf（1996）；Schumann（1993）。

和女人可以是什么样的人，他们/她们如何看待自己，如何看待异性，如何与异性建立关系。不仅如此，性别主义的话语还规定家庭可以是什么样的，家庭内部关系应该如何："得体的父亲"或"母亲""长子""我们的小女儿"应该是什么样的。这种话语的影响波及所有重要的社会生活领域，它规定着男性和女性适合甚至能够做什么工作，男性或女性又该如何看待快乐，男性或女性又有怎样的艺术发展——如果有的话。我用一个隐喻来解释这种话语的影响，即一个军事强国回应边境冲突的方式就是占领相邻的领土。当冲突继续发生时，就会占领更多的领土，然后驻扎下来，实施殖民统治。站在一个机构的立场上看，一种话语是对社会现实世界实施的帝国式殖民统治。

如果要对 Kress 的军事比喻作一点延伸，注意到以下这一点很重要：话语虽然很强势，却做不到不折不扣地一意孤行。边境城镇的人们可能会抵抗殖民者的统治，建立 Terdiman（1985）所称的"反话语"来抵抗强权。就这一点来看，正如 Foucault 指出，强权与抵抗往往共存：

> 的确，在我看来，强权"往往已经存在"了，一个人永远不会"置之度外"，并不存在可让脱离体制的人欢欣雀跃的"边缘地带"。但这并不意味只能接受一种不可避免的统治形态或者承认法律的绝对特权。一个人永远不能置身"权力之外"并不意味着他被死死套住了……没有反抗就没有权力关系。（转引自 Morris & Patton，1979：55）

参照语言作为话语的理论，本书，尤其是在第七章中，将重申并发展我在 Norton Peirce（1989）中提出的有关交际能力的规范性观点的问题——这些问题曾在 20 世纪八九十年代二语教育领域中占据重要位置。在已经成为二语习得领域对交际能力进行概念化的经典框架中，Canale 和 Swain（1980）和 Canale（1983）确定了学习者交际能力的四个方面：语法能力（符号知识本身）、社会语言能力（妥当地生产和理解言语的能力）、话语能力（将语法形式组合成更大篇幅的口头或书面话语的能力）、策略性能力（对交际策略的掌握）。我认为（Norton Peirce，1989：406），理解 Hymes（1979）所称的目的语"使用规则"对于语言学习者很重要，探索这些规则服务于谁的利益也同等重要。被人们视为得体的用法并非不言自明（Bourne，1988），而须参照对话人之间不平等的权力关系来理解。

我们再次回到萨利哈和李维斯特夫人的故事中，看一看在两个人的交往中萨利哈是否展示出她的交际能力，这会给我们带来启示。显然，萨利哈具备语法能力，因为她说出的话形式正确。她也拥有社会语言能力，因为她对谈话对象的地位表现出了得体的尊重，也能看出她的雇主不愿与她有更多的交流。她也有策略性能力，因为她足够敏感，出门后才与李维斯特夫人道别，萨利哈以这种方式让李维斯特夫人放心，她不会强迫李维斯特夫人与她有更多的交流。尽管我们不能确定萨利哈是否具有话语能力（因为李维斯特夫人不让她用长句作答），但是我们能断定萨利哈已经学会了这个特定社交场合的语言使用规则。然而，作为一个关心社会公正的语言教育者，我对于萨利哈已经学会生产出合乎目的语语法和社会语言学规范的话语这一事实并不满意。萨利哈与世无争地接受了她并不怀疑的"现实"，而不去探究这样的现实是如何被社会建构起来的，这令人感到不安。本书中，我建议对交际能力理论作一些延伸：学习者不应仅限于理解某一社会的语言得体规则，还应理解这些规则是如何在社会和历史中被建构以维护一个特定社会中统治集团的利益的。

总之，本书依据的是一套不同于传统二语习得研究的理论视角，并在一开始便提出了一系列不同的假设。下面是我给读者提出的问题：二语学习者能获得什么样的与目的语使用者交流的机会？当目的语使用者回避与二语学习者的交流时会怎样？Krashen（1981，1982）提出的"情感过滤"概念有充足的理论依据吗？还有其他对动机进行理论性概括的方法吗？在什么条件下语言学习者是内向的和拘谨的，对不接纳行为是敏感的？语言学习者什么时候会去冒险？为什么？

# 第二章　研究认同和语言学习

> 所有的方法都是提问方式，通过提问我们可以推断出潜藏的一套假设、一个相关的结构和一种理性的形式。

（Simon & Dippo，1986：195）

由于二语习得领域的批判性研究起步较晚，我发现相关学科研究者的学术成果非常有用，他们的研究帮助我构建了本书中研究所采用的方法论框架。这一章中，我将首先讨论三组教育研究者对我研究工作的影响，然后概述我的核心研究问题。接下来，我将详细探讨研究者与被研究者之间的复杂关系。最后，我会对自己的研究作出细致、翔实的描述。

## 2.1　方法论框架

在研究认同和语言学习之间的关系时，我提出的问题、我认为相关的材料以及得出的结论皆得益于文化研究、女性主义研究和批判民族志研究领域的教育研究者的研究成果。第一组教育研究者包括：Connell 等人（1982），Simon（1987，1992），Walsh（1987，1991）和 Willis（1977）；第二组包括：Briskin 和 Coulter（1992），Luke 和 Gore（1992），Schenke（1991，1996），Smith（1987a，1987b）及 Weiler（1988，1991）；第三组包括：Anderson（1989），Britzman（1990），Brodkey（1987），以及 Simon 和 Dippo（1986）。虽然这些教育理论家提出的问题或假设不尽相同，但我觉得他们共有的观点对于认同和语言学习研究十分有益。下面我将概述其中的 6 种观点。

（1）研究者旨在探究社会结构与人的主观能动性之间的复杂关系，但不采纳决定论或简化论的分析。例如，Anderson（1989）认为，批判性民族志研究是针对社会结构（如阶层、父权、种族主义）的研究和对人类行为的文化解读的不足才发展起来的。因为在这类研究中看不到真实的人，在这类文化解读中也找不到像阶层、父权和种族主义这样宽泛的结构限制。Weiler（1988）也持类似观点，他认为，女性主义研究的具体任务就是探究个体性与社会性之间的关系，尤其要关注女性的日常生活。

（2）研究者的假设是：为了理解社会结构，我们需要理解基于性别、种族、阶层、族群和性取向的不平等的权力关系。例如，Walsh（1991：139）认为，在不平等的社会中，权力关系不断地发挥着作用，"参与和对话永远不会只是巧合"；学生在与同学、（课堂）主题以及教师发生关联时的定位是不同的。此外，Weiler（1988）还注意到，虽然女性有着共同的具有性别特点的历史，但是我们不应把女性视为单一的、没有差异的团体；种族与阶层问题跟性别问题同等重要。

（3）研究者对个人理解自身经历的方式感兴趣。Connell 等人（1982）依据他们在澳大利亚开展的具有里程碑意义的研究提出，他们希望贴近人们所处的情景，深入地与他们交流其个人经历。Smith（1987b：9）认为，她所称的"体制性民族志"是一种让研究者回归到特定的条件下和确定的情境中分析人们日常行为的方法。

（4）研究者喜欢把研究置于历史背景下。在这方面，Simon 和 Dippo（1986：198）认为，"历史不要降级为'背景材料'的堆砌，而应该成为诠释任何特性中的规律性的不可或缺的一部分"。Walsh（1991）研究了留美波多黎各学生的挣扎，目的是要强调过去与现在是如何在人们的声音中相互交织并转变教学状况的。Luke 和 Gore（1992）的研究也有类似的发现，女性主义学者为自己塑造的认同受到过去与现在女性主义学者的影响，也受到过去 20 年大量的女性主义研究文献的影响。

（5）研究者拒绝接受下面这个观点：任何研究都可以宣称是客观的、不带偏见的。Weiler（1988）认为，女性主义研究始于这样一个假设：研究者在决定研究项目的进展中起着组成要素的作用；除了需要了解研究对象的主观经验和知识之外，研究者还必须熟悉自己的主观经验和知识。同样，Simon 和 Dippo（1986）认为，不能抛开研究者个人的历史和研究者所处的更大的体制性环境来理解知识的产出。他们建议，批判性民族志研究应该采用与教学计划和政治目标一致的方法来对材料和分析步骤进行界定。

（6）研究者相信，教育研究的目标是社会与教育变革。例如 Brodkey（1987）指出，批判性民族志研究的目标是帮助创造一种可能性，以改革像学校这样的机构。Briskin 和 Coulter（1992）认为，女性主义教学法根植于有关创新教育和批判性教学法的话语中，而 Simon 及其同事的研究主要关注的是学校在减少教育机构与社会机构中的不平等现象方面有何作为（Simon et al.，1991）。

## 2.2 核心问题

在对加拿大移民语言学习者的研究中，我着重研究了学习者与更大的社会现实世界之间的关系，而不是将这种关系过度简化。我不断究问性别、种族、阶层、族群是怎样成为这类分析的核心问题的。我研究了学习者如何理解他们既往的经历，以及他们某些特别的历史记忆又在何种程度上与他们对语言学习的投资发生关联。通过这样的询问，我越来越清晰地认识到，我的个人历史和经历以多种、复杂的方式建构了我的研究。本书所涉及的问题可分为两大类：（1）既然与目的语使用者的交流是成年二语学习者的一个理想条件，那么课外存在哪些交流机会？这样的交流又会呈现怎样的社会结构特点？学习者又如何基于这些结构来创造、利用和抗拒讲话的机会？在何种程度上我们应该参照学习者对目的语的"投资"及其在时间和空间中不断变化的认同来理解学习者的行为？（2）加强对认同和自然语言学习的理解又如何能给二语学习理论和课堂实践带来启示？

## 2.3 研究者与被研究者

我为研究建立了一个方法论框架后，开始思考我个人希望与这项研究的参与者建立什么样的关系，这是社会科学领域里一个越来越受关注的话题。在这方面，Cameron 等人（1992）的研究对我的这项研究尤其有帮助。他们的研究主要在英国展开，区分了研究者相对于研究对象所采取的三种（研究）定位：伦理性研究、支持性研究和赋权性研究。在伦理性研究中，研究者认为他们有一些适当的关切：研究对象参与研究时不会遭受损失或困难，研究对象对研究所做的贡献得到充分的认可。他们将这种研究的特点描述为"对"（on）社会主体的研究。相比之下，支持性研究的特点是：除了要"对"研究对象进行研究之外，研究者还要"为"（for）研究对象做研究。这样的研究可能要求研究者想方设法保护研究对象的利益，站在研究对象的立场上为之辩护。

Cameron 等人认为，伦理性研究和支持性研究与研究的实证主义假设有关，而赋权性研究却预示一个更为激进的研究课题，其特点可以概括为"对"（on）研究对象、"为"（for）研究对象，和"与"（with）研究对象展开的研究。对此，Cameron 等人（1992：22）作出如下解释：

> 我们添加了"与"的含义来表示采用互动性或对话性的研究方法，这些方法与实证主义研究者仅在有限条件下采用的保持一定距离或采取客观视角的策略截然不同。正是"与"被研究者进行互动这一最为重要的特点，使得研究带有我们所称的赋权特点，尽管我们认为这只是一个必要而非充分条件。

在为赋权性研究提供支持性理据时，Cameron 等人认为该研究应该遵守三个原则：（1）人非物件，不应将人当作物件来对待。这一原则的核心是：研究者的目标、假设和步骤应该明确地告知研究对象，研究方法也应该公开，并具有互动性和对话性特点。他们进一步阐述，互动可以改进研究，那些认为可以确保客观性和效度的"不干预"的主张在哲学理念上是幼稚的（1992：23）。（2）研究对象有自己的日程，研究应该尽量对此予以尊重。Cameron 等人认为，倘若研究者是"与"研究对象共同进行研究，那么询问和切入话题就不是研究者的专权。的确，帮助研究对象处理他们的个人事务可能会给研究带来新的启示，并在整体上提升课题研究水平。（3）值得拥有的知识就值得分享。正像 Cameron 等人阐述的那样，这一原则特别具有挑战性，因为该原则会让我们提出下列问题："什么是知识？""我们该如何分享知识？"他们得出如下结论：在梳理研究发现时，每项研究课题都会赋予研究者各种不同的、与研究对象进行互动的机会，他们承认研究者和研究对象对研究结果的诠释可能会不同。在对成人移民进行研究的过程中，研究者应该对研究者与被研究者之间的不平等关系有特别的觉知，因为研究对象刚刚进入一个新社会，还未获得体制的保护，往往容易受到伤害，孤立无助。Rist（1980）做了一项"闪电战民族志研究"，他粗略地考察了几位语言学习者，搜集了几条轶闻，撰写了一些脱离环境的故事，但我并不想做这样的研究。这样的民族志研究方法也正受到像Watson Gegeo（1988）等学者越来越多的质疑。下一节将讨论我是如何与研究参与者建立伦理性与赋权性关系的。

## 2.4 研究课题

研究启动后，我马上面临三个挑战。第一，我想与参与者相处的时间长一些，这样我就可以探究在何种程度上语言学习经历会随着时间的推移而发生变化；第二，我需要一套妥当的方法帮助我探索参与者在使用尚未掌握的语言的过程中复杂而私密的经历；第三，我希望参与者是刚到加拿大、尚处于语言学习初级阶段的人。这是移民经历中最艰难的阶段，在这一阶段中，移民们既要学习第二语言，还要了解新社会的文化习俗。正像 Willis（1977）阐述的那样，这样的文化实践不能用呆板或结构性的语言来表达，而只能用处于不断变化中的各种独特的关系来描述。我用跨两年大事记，最恰当地描述了我的课题研究方法和应对上述三个挑战的方式。从这部分概述中读者可以看出我做的是定性研究，采用的是 Wolcott（1994）所称的三种经典模式，定性研究者都采用这些方法来搜集材料：访谈、文本分析和参与式观察。1990 年 1—6 月，我在加拿大安大略省帮忙教授一门全日制 ESL 课程，授课对象为新移民，一个差异性极大、很有趣的语言学习者群体。那一年的下半年我邀请这门课的几位学员参与这项研究，我设计了详细的调查问卷请她们填写，并开始对同意参与该课题三项调查内容的五位女性做第一阶段的访谈。1991 年的 1—6 月，我对这五位女性做了日记研究，然后在 1991 年 7—12 月做了跟踪访谈和第二次问卷调查。

在下面几个章节中我将详述这两年的研究历程，重点讨论我是如何捕获到认同和语言学习之间的关系的。

## 2.4.1 1990 年 1—6 月：教授 ESL 课程

我遭遇的第一个挑战就是找到愿意并能够长期参与课题研究的参与者。大多数移民语言训练课程的学员都是刚到加拿大的新移民，教师与学员接触的时间较短。如果移民有幸参加政府资助的"加拿大就业与移民"（EIC）语言培训课程，教师接触学员的时间最多可达 6 个月。[①] 此后，接触学员越来越困难。即便是在这 6 个月的时间里，倘若教师与学员没有共同的语言，学员掌握的英语又相当有限，教师与学员的交流可能会尤其困难。尽管如此，教授这种性质的课程是接触刚刚移民到加拿大、彼此住得相对较近的语言学习者的最好方式。1990 年 1 月，我获得一个 EIC 语言培训课程兼职教师的工作机会，这门课由一所名叫"安大略学院"的社区学校开设，该学校位于安大略的纽敦镇。我与一位全职教师共同教授这门课，我每周上一整天的课，其余 4 天课则由那位教师承担。

ESL 课程结构性强，教师要给学员系统讲授语法和语音。那位全职教师精力旺盛、行事严谨。我每周只教一天课，任务是查遗补缺，强化学员在过去的 4 天所学内容。但创新也是被鼓励的，我可以在课堂上使用自己的材料。6 个月的课程结束时，我告诉学员，我将启动一个长期的课题研究成人移民二语学习，欢迎每个学员都能参与这个课题研究，课题的细节会在年底前发给他们。那时，我并不知道究竟有哪些学员愿意参加研究，尽管一些人确实表现出极大兴趣。我就之后 6 个月的计划与每个学员进行了面谈并录音，还请他们写了篇短文，题目是：有人认为"加拿大对移民来说是个好国家"，你觉得是这样吗？请给出你的解释。选取这个命题作文我还是费了一番心思的，因为我想深入探究这些学员作为加拿大移民的一些经历。我知道，当我在研究中使用这个命题，就能够清晰地了解学习者对加拿大移民生活的看法发生

---

① 这个课程现在称作"新近抵达加拿大者的语言教学"（LINC），目前该课程正在接受审核。

了怎样的改变。另外，采用这个话题，我还将有机会发现他们的写作能力经过一段时间之后达到了什么程度。研究参与者在 1991 年 1 月（日记研究开始前）和 1991 年 12 月（课题研究结束时），分别完成了同一主题的两篇作文。

## 2.4.2 1990 年 7—10 月：第一次问卷调查

第一份详细问卷旨在从每位学员那里获得与研究内容有关的下列信息：生平资料、语言背景、移民信息、住所、工作经历、英语课程、语言接触情况、英语使用程度、对英语学习进步情况的自我评价、使用英语的舒适度、学习过程以及学生对语言和文化的关系的认识。[②] 我相信所有这些信息都有助于我了解各位参与者的个人历史、他们在加拿大特殊的社会处境，以及他们在语言学习上取得的进步。在问卷中，我问参与者通过什么渠道得知 EIC 的课程信息，他们在这门课上学到了多少英语，哪项技能（听、说、读、写）获得了提升，哪项活动（在问卷提供的列表中）对他们学习英语最有帮助，这门课程还可以通过哪些变革来提升学习效果。在设计这个问卷时，我知道参与者理解问卷中的某些语言有困难，因此，在正式问卷调查前，我让英语掌握比较有限的新移民和高阶 ESL 学习者同时做了这套问卷。根据这些学习者的建议，我对问卷作了修改，尽量使问卷中没有模棱两可的问题。例如，我将"强烈同意""同意""不同意""强烈不同意"这样的表达改为"是""是的""不是的""不"。我使用了各种问答形式，包括多项选择、填空、列表和开放式问题。在语言与文化部分，我请参与者用他们的母语作答——如果他们愿意的话。

1990 年 11 月，我在一次 ESL 课程的班级聚会上给每位学员发放了一个"信息包"，邀请他们参与这项课题研究。这次聚会是在那位全职教师的家里举办的。聚会的目的并不是为了课题研究，尽管那位教师事先告知学员我希望趁这次聚会邀请他们参与研究。信息包中装有一封同意书、上述问卷和一个已经贴好邮票、写有回邮地址的信封（参与者可以把完成的问卷装进信封寄给我）。在同意书中，我告知学员他们将参与该课题三个阶段的研究：问卷、一对一访

---

② 这个问卷与从欧洲科学基金会项目参与者那里获得的信息有很多相似之处（参见 Perdue，1984：268–274）。

谈和日记研究。对于日记研究我是这样描述的：

> 我希望确切了解您如何、在何时何地使用英语，您与谁讲英语，当您讲英语时发生了什么。了解这些最好的办法就是请您记日记（笔记），在日记中，您可以定期对您学习英语的经历进行评价。我知道记日记会花费您很多时间。因此，没有任何规则限制您在日记中写什么和写多少。这些都取决于您的兴趣和时间。这个课题将持续 8 周。另外，在课题进行期间，课题参与者每周或每两周聚会一次会比较有帮助。参与聚会您就会有时间对您在日记中写下的评论进行讨论。我也希望这样能让您有机会提高写作和口头表达技能。聚会地点可以安排在我家，对于您们很多人还是比较方便的。另外，如果您们有人想跟我在其他地方单独见面，也是可以的。这部分课题研究将于 1991 年 1 月中旬开始。

16 名学员中有 14 人（8 女 6 男）完成了问卷，12 人（7 女 5 男）同意接受访谈，5 位女学员同意参加日记研究。因为日记研究是材料的主要来源，所以这时候我决定把材料分析的重点放在这 5 位同意参加日记研究的女学员身上，她们分别是：伊娃和卡塔瑞娜（波兰）、梅（越南）、玛蒂娜（捷克斯洛伐克）和菲丽西亚（智利）。这种方法为我提供了材料分析的重点，我也有机会将注意力放在一小部分语言学习者身上，Ng（1981）认为，由于这类学习者的沉默，他们的经历大都没有得到诠释。

至于这 5 位参加日记研究的女性学员与 ESL 课程的其他学员（有男有女）有什么区别，这一点很难确定。但是，也许我们可以用具有性别特点的语言来理解这一自我选择的过程。日记与其他两项研究的区别在于，日记具有私密性特点，而且需要时间投入。也许，与男性学员相比，上这门课的女性学员更喜欢用笔记录自己的个人经历，大多女性主义研究支持了这一观察结果。[③] 例如，Bell Hooks（1990：338）就曾描述过，对于很少有途径让他人听到自己声音的女性来说，写作活动是怎样的一种矛盾形式，它既有反抗，也有屈服。

> 写作是捕捉言语、留住言语和贴近言语的一种方式。所以，我会把对

---

③ 欲全面了解该问题，参见 Van Daele（1990）。

话中的只言片语记下来，把心里话倾吐在日记中，将我的悲痛欲绝和极度心酸诉诸笔端——因为我总是说错话、做错事。我不能把我的言语仅仅局限于生活中免不掉的边边角角与零零碎碎。由于用得太多，廉价的日记本很快散了架。(Bell Hooks，1990：338)

关于日记研究投入时间的问题，对志愿参加日记研究的 5 位女性而言，她们的时间并不像其他女性学员那么紧张。这几位志愿者可以分为两类——兼职工作或利用业余时间学习、家有学龄孩子的学员（卡塔瑞娜、玛蒂娜和菲丽西亚）；全职工作但没有孩子的学员（伊娃和梅）。参加课程的其余 4 位女性要么是在外全职工作的妈妈，要么是家庭主妇——学龄前儿童的妈妈。在访谈和电话采访中，她们表示"一天相当于两个工作日"，自己几乎没有机会参加娱乐或教育活动。她们承担着家中的大部分家务，还要做一份全职工作，或承担着全天候照顾孩子的责任。很多妇女繁忙的日程由家中拥有父权的亲人决定，我们必须以此为参照来理解这些女性获得参加日记研究的机会以及该研究为她们提供的象征资源。此外，尽管参加日记研究的女性相对于其他女性移民貌似享有一些特权，但是她们的特权是有条件的：她们的愿望不能与更大的父权结构发生公开的冲突。如果她们具有性别特点的生活处境发生变化，那么她们学习英语的条件也会发生变化。我注意到梅是一个尤其典型的例子。到加拿大仅仅几年时间，梅就由单身变成已婚女性。正像我在本书第四章中描述的那样，梅在婚礼上表达了她的担忧：一旦结婚，她学英语的机会就很有限了。她表示，她学英语的机会取决于她丈夫的意愿和在什么程度上她丈夫允许她的在公共领域学习和工作。

## 2.4.3　1990 年 12 月—1991 年 1 月：首次访谈

首次访谈是在几位女学员家中进行的，从 1990 年 12 月到 1991 年 1 月，每次 45 分钟至 3 小时不等。所有访谈都被录音并转换成文字。访谈中，我请她们对问卷里回答的内容作了澄清，并请她们回答问卷中没有完成的问题。我还跟她们讨论了日记研究，并向她们解释我希望通过这个课题了解哪些方面。

我告诉她们，我希望通过日记研究更加深入地理解她们日复一日的学习经历以及她们的经历在什么程度上会随着时间的变化而变化。我还告诉她们，我希望日记研究可以帮她们积累英语写作经验，也希望她们跟我见面时有更多的机会讲英语。5 位女性都表示希望利用项目提供的机会。首次访谈过程中，我也有机会更好地熟悉她们的居家生活和她们街坊邻里的情况（我在本书第三章到第五章中还会详述这方面的情况）。她们把我介绍给她们的伴侣和孩子，所以拜访过程中我也有机会与她们家中的其他成员聊一聊。在梅和卡塔瑞娜家里，她们给我看了家庭相册，里面记录着她们家过去和现在发生的事。我去菲丽西亚家拜访时，她带我看从秘鲁带过来的漂亮家具，但因为气候变化，家具已有破损。在每一位女性家里，她们都会用茶点慷慨地款待我：伊娃家是意式浓咖啡和蛋糕，梅家是中国茶和饼干。

## 2.4.4 1991 年 1—6 月：日记研究

在 1991 年 1—6 月的日记研究期间，我有机会在我的家里回馈这 5 位学员对我的款待。交通方面，菲丽西亚自己有车，玛蒂娜的丈夫将伊娃、卡塔瑞娜和玛蒂娜开车送到我家，我再把她们送回家去。梅是由我接送的。首轮见面每周一次，共持续 8 周。访谈都在晚上进行，大家认为星期五和星期日的晚上最合适，每次聚会时间约 3 个小时。第一次聚会地点是在厨房，我们围坐在一张大餐桌旁。此后聚会都在客厅，椅子更舒适些，气氛也更加融洽。8 周聚会结束后，我面临的情况有些微妙。一方面，我希望把这个研究继续做下去，但又不想让她们感觉自己必须参加这样的聚会，尤其是我在邀请函中已经表明聚会仅延续 8 周。我诚然希望她们中的每一位离开这个团体时不会感到不舒服，也不会觉得自己辜负了大家。另一方面，我在尝试作出总结，但我希望她们不要误解我在大家还没有心理准备的时候就要终止聚会。所以我决定在第 8 周聚会结束时简单而坦诚地感谢她们参与这项研究，并告诉她们，如果有谁对维持这个聚会感兴趣，我很高兴参与。大家都赞同继续聚会，但是时间调整为每月一次。因此，在此后的 3 个月时间里，我们每个月都聚会一次，于是 1991 年 1—6 月期间我们共聚会了 12 次。

事实证明，为日记研究确定活动地点、拟定时间表和解决交通问题要比确定日记格式简单许多。在二语习得研究领域，一些研究者利用日记来探索二语学习过程。然而，除了 Yu（1990）之外，这些日记研究[④]都是对外语学习活动的内省式叙述：研究中没有一个写日记者是为了长期停留于目的语国家来学习外语的。除了 Yu（1990）的记述之外，所有的日记都是用母语写就的。此外，除 Brown（1984）的研究之外，所有研究都使用了研究者自己在语言学习过程中写的日记。Brown 的研究参与者在美国一个集中、正式的教学项目中学习西班牙语。Brown 要求他们每天花 15 分钟在日记中记录他们语言学习的经历。Brown 引用的大多数日记都是学生对语法教学中语法形式以及课程时间安排等内容的回应，尽管有些学生在日记里间接表露出对于这一任务的抵触情绪。我的日记研究目的与上述日记研究大不相同，我的研究要求参与者不仅思考她们在课堂上的语言学习经历，还要思考她们居家、工作以及在社区的语言学习经历。我的日记研究重点是参与者在不同的学习情境中和与目的语使用者进行交往时的所想、所感和所为。我鼓励参与者根据自己的时间尽量多地、经常去写。我与她们也达成了这样的共识：她们应该用目的语——英语而不是她们的母语来写日记。我问过她们是否愿意用母语写日记，我可以找人把她们的母语翻译成英语，但这遭到她们的强烈反对，她们说希望能练习英文写作，也希望能够定期收到我对她们英语写作是否有进步的反馈。她们还表示，从母语翻译过来的日记并不能准确地表达她们想说的话。另外，在日记研究聚会上，我也鼓励她们分享日记摘抄，这样一来她们的日记读者就不仅是我一个人，还包括其他参与者。我希望这种为真实和感兴趣的读者写作的机会，对于研究参与者是有吸引力的。Zamel（1987）曾经详述培养写作技能的社会环境研究：

> 本研究反映出当学生被认可、被赋予很多写作机会并成为写作共同体中的一员时他们身上所发生的变化。课堂上如果老师鼓励冒险，信任得以建立，选择与权威获得共享，写作被视为一件有创造意义的事，学生

---

④　更多实例参见 Bailey（1980，1983）；Bell（1991）；C. Brown（1984）；Cooke（1986）；F. Schumann（1980）；Schumann & Schumann（1977）。

就会向写作者的方向转变，采取积极的写作态度，并在写作方面取得真正的进步。(Zamel，1987：707)

尽管所有的女性学员都问我：对她们的日记写作有什么期待？对于完成这一任务，我不想就哪种方式对或错作出规定。但是，鉴于我有自己的研究问题，关于她们如何进行日记写作，我还是希望给出一些指导性建议。我通过书面意见和对她们的日记作出反馈的方式将我的研究目标明确地传达给她们。首先，我将该课题大致的研究内容写进给她们的信中。在首次日记研究聚会上，我把这封信发给她们，同时也发了一张表格，她们可以把每天使用英语进行的活动记录在这张表格上。我告诉她们，这张表格也许可以起到抛砖引玉的作用，她们可以依据表上所列的活动作进一步的思考，然后把自己的想法写在日记中（每次聚会我都会给她们发一张新的表格）。讨论完信的内容后，我请这几位女性学员回忆了写日记当天她们在什么条件下使用了英语。玛蒂娜主动分享了她的经历，重点讲述了她参加的教会活动：听牧师布道和用英语唱赞美诗。她谈到在如此亲近内心的活动中使用第二语言让她感觉有多么陌生。我以她的分享为例来说明日记该如何写。我把这次聚会讨论的内容详细写入接下来的两周给参与者的信件中。然后，我定期对她们的日记作出反馈。有时我请她们把日记中涉及的问题说得更明白些，有时我请她们对这些问题作一些延展。例如，我给卡塔瑞娜的一个评价是这样的："非常有趣，卡塔瑞娜！如果能多了解一些你提到的对话内容就好了。比如说你是怎么知道有社区服务这样的工作岗位的？能给我讲些面试细节吗？面试中谁讲话最多？你在面试时具体都讲了些什么？"给伊娃也有类似的评价："非常有趣，伊娃！请解释一下为什么你不做重活时会感觉更好。为什么这时候你会讲话多一些？"但是我的评价并不仅仅要求她们说得更明白或者更多一些，还常常包括一些安慰或支持性的话语，如给梅的反馈中我写道："你做得特别好！不要相信你弟弟对你不好的评价！"我也会对这几位女性学员的写作质量作出评价，比如，我对菲丽西亚写过："写得很好！"对玛蒂娜我写过："玛蒂娜，你写得非常清晰、易懂。"有几次我请这几位学员对我的评价作出反馈，例如，我对梅这样写道："梅，你的评价很有趣！我在你日记中的那些修改有用吗？请告诉我你的感受。"

在两三周的时间里，每位参与者都找到了让自己感觉最舒服的交流方式。梅和玛蒂娜最能写，她们的日记长且详细，话题广泛。伊娃说她喜欢回答我提出的问题，没什么特别要说的时候她不喜欢坐下来写东西。菲丽西亚喜欢写，但是她不像其他几位学员那样可以定期参加聚会。卡塔瑞娜写得不多，尽管我们在研究期间进行过几次电话交流。在某些方面，界定我与这几位女性的关系要比帮助她们确定日记格式复杂得多。我希望营造一个支持性的、温馨的氛围，在这样的氛围中，这几位女性可以无拘无束地讨论她们的欲望、恐惧、快乐和挫败感。这也是我把聚会安排在我家中的主要原因。我希望我的家作为私人空间，可以方便她们谈论和分析个人的和私密的经历。在某种层面上，我希望这些女人把我看作另一位母亲、妻子和家庭主妇。我不希望自己作为研究者的角色主宰我与这些女性之间的关系，这样可能让我们之间产生太多的距离感。正是出于这一原因我才没有在我们聚会时录音，基于以往录音的丰富经验，我知道录音可能会让谈论私人问题的女性感觉不舒服。但是，当我想记下她们的原话时，我会不时地记笔记。

尽管我希望在日记研究的环境下回避与这些女性参与者的师生关系，但是这种最初在教育环境下形成的关系不太容易发生改变。另外，我也知道，这些女性参加这项研究的原因之一就是：她们希望利用这一机会在一个支持性的环境中提高口语和书面表达水平。因此，我鼓励她们在每周聚会时念一部分日记给团体中其他成员听。这为她们提高口语技能提供了机会，也让这个团体有机会审视和讨论提出的问题。在聚会的过程中，有时候我也会在她们征求我的建议或者遇到表达障碍时与她们讨论词汇和语法问题。对于如何提高书面表达水平，我也会试着给予她们一些建议。修改这些女性学员写的日记也给我提供了一个机会：对日记中提及的内容进行评价，不清楚的地方可以寻求澄清。如上所述，我的评价在影响日记写作的走向上起着重要作用。

我无法知晓自己在平衡朋友、老师和研究者这几个角色方面做得有多好。有时候我会给她们纠音，但是这种时候非常少，我要为此表达我的歉意——尽管我知道语音训练是她们一直要求的。聚会中我拿起笔记本记下某位女性的评价时，几乎感觉自己是在损害我们之间的友谊，背叛她对我的信任。有时我觉得我怎样都没有办法对她们日记中私密的、往往让人感到不安的故事给予恰如其分的评价。我觉得自己在试图为 Britzman（1990）所称的"引发内疚感的阅读"作出补偿：我帮她们找工作、写简历、写推荐信，也帮她与移民局的官员打交道。我要努力调和与这些女性建立起来的多重关系，或者尝试化解在日记研究聚会中我作为朋友、教师和研究者的矛盾而紧张的情绪。每当想起这些，我都觉得我的这些行为颇具讽刺意味，我在努力与每位女性维持一种相对稳定的关系的同时，探究着认同问题的复杂性。这是一种错位的努力。并不是所有的女性都参加了每次聚会，如前所述，一些人的日记内容比其他人的更加翔实。然而，每位女性在聚会上选读的日记内容所引发的讨论却很丰富，补充了书面日记的不足。在日记研究过程中，我也记录了自己的反思。我对日记的分析和随后的讨论是该项研究最重要的材料来源。

## 2.4.5 1991 年 7—12 月：最后一次访谈与问卷调查

1991 年 12 月，日记研究已经完成 6 个月之久，我对每位参与者进行了跟踪访谈。此时，这几位女性完成了一个与移民经历有关的作文，此前她们曾两次以此为题写了作文：一次是在 1990 年 6 月，6 个月的 ESL 课程结束时；另一次是在 1991 年 1 月，日记研究开始时。我想知道在 18 个月的时间里，这些女性对移民经历的认识是否发生了变化。我也想利用这个机会向她们展示，在两年的时间里，她们在英语写作方面取得了多少进步。另外，1991 年 12 月，我又发放了一份简短的问卷，几个问题都是我在第一次问卷中问过的。这个问卷的目的就是想弄清楚参与者对于某些关键问题的看法是否在两次问卷期间发生了变化。我最感兴趣的问题涉及这几位女性对下列问题的认识：哪些因素让她们在英语学习方面受益最多？在什么条件下她们觉得讲英语舒服或是不舒服？在多大程度上她们仍觉得自己是加拿大移民？除伊娃外其他 4 人都在 1991 年 12 月完成了这个问卷，而个人生活发生了巨变的伊娃于 1992 年 4 月才完成问卷。

## 2.5 材料整理

　　这个项目持续了两年，在其中的 12 个月里我积极地收集材料和记录材料，最后积累起数百页的材料。材料的来源主要包括：这些女性的日记、我自己的日记、一对一访谈（已经转写成文字）、两次问卷、这些女性的作文。下一步我需要对这些材料进行整理归类，以便理解认同和语言学习之间的关系。正像 Wolcott（1994）所说的那样，定性研究者面临的最大挑战不是如何搜集材料，而是如何处理搜集到的材料。他建议采取三种方法来呈现材料，这三种方法分别是：描述、分析和诠释。我的研究和这本书中材料的呈现，或多或少都运用了这三种方式。少数材料是这些女性的直接告白；一部分材料是系统性的比较与对比分析，更多的是我力图超越对于分析有限的认识获取的理解和诠释。这样一来，整理材料就成为一项理论性工作。我该以什么为依据来选择哪些材料？我应该重点研究哪些问题？我又该叙述什么样的故事？

　　我采取的第一个对策就是把每一位女性的材料都整理在复合文件夹中。伊娃、梅、菲丽西亚、卡塔瑞娜和玛蒂娜都有一个单独的文件夹。每个人的文件夹中都装有问卷调查、作文、日记（已全部录入电脑）和访谈的文字材料。为了帮助自己关注材料的不同部分，我开始采取交叉的方式对材料进行比较、归类。第一次材料交叉分析是依据这些女性练习英语的不同场合来进行的，分别确定了三个地点——家庭、工作场所和学校。我查看每个参与者的文件夹，将每个场合使用英语的情况归类，然后再以章节形式将与家庭、工作场所和学校有关的材料进行对比分析，分别聚焦这些女人的经历在不同的时间段发生的变化。这种方法有助于我理解语言实践在特定的社会场所中如何得以建构，家庭、工作场所和学校中由来已久的权力关系如何赋予和限制学习者练习目的语的各种机会。但是，在采用这种方法的时候，我往往看不到每个人在其不同的生活领域语言学习经历的不同侧面。例如，我不能以一种令人满意的方式解释一个特定女性在工作场所和家里对英语的"投资"与练习英语之间有着怎样的关系。因此，尽管我能够捕捉到认同与语言学习在跨越历史时间上的不同特点，但我还是不能抓住其在跨越不同社会空间的特征。

　　于是，我决定按每个人来划分章节，这样我既可以在时间维度也可以在社会空间维度上对每个参与者进行全面、综合的交叉研究。完成了这一步之后，我开始搜寻其他材料，以便于我理解这些语言学习者作为女性移民的地位是如何影响她们接触与练习英语的机会的。这样分析材料很有价值，原因是它可以让我全面了解各个参与者的情况，深入理解她们作为女性移民在加拿大的生活经历。但是，这些章节开始读上去像轶闻叙事，所有的观察个性化太强。在这种情况下，尽管我抓住了每个人经历的复杂特点，但很难将这些个人经历与更宏大的社会结构联系起来。所以，接下来我采取的材料处理对策是：将所有涉及性别与族群的产生的日常材料进行归类。我让每个问题独立成章，在参与者之间进行对比。这样分析材料很有价值，因为它让我有机会审视带有性别与族群特点的认同是如何在时间和空间维度上得以建构的，以及在这个环境下如何理解练习英语的机会。尤其有趣的是，我发现自己不知不觉地对本研究中的年轻（伊娃和梅）与年长（卡塔瑞娜、玛蒂娜和菲丽西亚）的女性进行了比较与对比。我逐渐清楚地认识到，年长一些的女性对英语的"投资"与伊娃和梅有着很大差别，原因是：和孩子、丈夫一起移民到加拿大之前，他们在原来的国家已经立业成家。她们对故国的个人的与社会生活的记忆和她们在各自家庭中的地位，对她们理解自己与加拿大的社会关系有着重要的影响。这些反过来又影响着她们如何创造、回应和抗拒讲英语的机会。

虽然重点关注带有性别与族群特点的认同的产生很有价值，但是这种方法也有一定的局限性：许多语言学习的问题既与性别认同的产生有关，也与族群认同的产生相关。我发现，有时对性别和族群进行比较有些牵强，这样的比较让正欲着手的讨论变得过于简单。的确，正如 Lorde（1990）所述，顾此失彼式的研究是对本质的曲解。此外，Ng 也注意到，性别与族群问题对建立课堂关系不可或缺，这些问题产生于更大的社会关系中，不应将其从社会关系中剥离出来："由于我们人为地把经济与社会生活分隔开来，所以我们认为族群与性别是可以分开的两种独立的社会现象，这种现象本身就是我们所处的这个社会的产物"（1987：14）。正是在材料准备的阶段我才作出决定：我将通过比较与对比年轻的（伊娃和梅）与年长的（卡塔瑞娜、玛蒂娜和菲丽西亚）女性参与者的经历来整理、分析我的材料。这种方法让我有机会研究年轻的、事业未有建树的单身女性的语言学习经历与年长的、在移民加拿大之前已事业有成的已婚女性的语言学习经历有何不同。这种方法也能让我考察练习英语的机会是如何在空间维度（家庭和工作场所）和时间维度（12 个月）上受到社会结构的影响的。[5] 另外，通过每次只比较两三位参与者的经历，我希望能公平对待每个女性的个人经历及其不断变化着的认同，同时又能做到在同组材料中或不同组材料之间进行有趣的比较。尽管下一章我才会详细讨论 20 世纪 80 年代在欧洲开展的欧洲科学基金会项目（Perdue，1984，1993a，1993b），但我注意到，在我的材料分析中使用年龄作为分类的依据在某种程度上与上述项目的一个主要发现是一致的，这一点很有意思。正如 Perdue（1993b）所述：

> 在一项对词汇丰富性的比较研究中，人们发现那些可以从日常交往中获益的学习者学习语言更快、更顺利。我们可以这样界定从接触中获益的一种倾向：那些更年轻、在原来的国家受过更好教育、没有嫁给同胞、没有孩子的学习者有从交往中受益的可能，至少从词汇丰富性上可以反映出这一特点。(264)

## 2.6 评论

需要强调的一点是，尽管这项研究并没有聚焦读写能力，但作为一种社会实践，关于读写能力的近期研究既丰富了我的研究，也能从我的研究中受到启示。开展相关研究的几位学者和组织有：Barton 和 Hamilton（1998），Mitchell 和 Weiler（1991），Solsken（1993）以及 the New London Group（1996）。Barton 和 Hamilton（1998）这样写道：

> 读写能力实践的概念为我们提供了一个认识读写活动与社会结构之间关系的强有力的方式：读写活动嵌入社会结构之中，同时又影响着社会结

---

[5]  请注意：第三、四、五章的讨论中将家庭、工作场所视为语言学习的场所，而第七章讨论的是这些女性在正规的学校环境中的语言学习经历。读者还需注意：在讨论练习英语的机会如何在时间维度上受到社会结构的影响时，我需要参考参与者在本课题研究开始**之前**的语言学习经历。

构的形成。于是，当我们谈及实践，我们谈的不仅仅是表面上的词语选择的问题，而是各种可能性，这一视角针对读写能力提供了新的理论层面的解读。（Barton & Hamiton 1998：6）

Barton 和 Hamilton 的研究发现对我的研究尤为重要。根据他们在英国兰卡斯特所做的研究，读写能力实践往往用于维护或创造认同。他们以 Harry，June，Terry 和 Mumtaz 为例对这一观点进行了说明：Harry 开始写回忆录就是为了维持一种时间感和空间感；June，Terry 和 Mumtaz 则通过照片来记录他们的生活。梅和玛蒂娜一篇篇很长且包含了很多细节的日记让我联想到 Harry 的读写能力实践；从 June，Terry 和 Mumtaz 对拍照片的"投资"中，我看到了自己多次凝神翻看梅和卡塔瑞娜家中相册的那些场景。下面 Barton 和 Hamilton（1998）的观点很有说服力，读写能力实践也是我研究的核心部分：

> 人们对记录自己生活的兴趣经常会延展并超越自己的生活，这也是他们在更大更广阔的家庭、文化团体、国家甚至世界历史环境中自我定位过程的一部分。对于少数人的文化团体和那些被迫背井离乡的人来说，这样的延展可以创造一种认同感。（241）

在本书第三章，我将对 5 位女性参与者的情况作初步的介绍，把她们的故事置于对移民语言学习者的一般性研究和对女性移民的特殊性研究的语境下。在第四章中我会重点、深入地讲述两位年轻的女性参与者的故事，第五章则讲述三位年长的女性参与者的故事。

# 第三章　成人移民语言学习者的世界

> 这些语言学习者不得不应对一种矛盾情境：为了能与人交流他们必须学习语言，而为了学习语言他们必须与人交流——这正是生活在存在种族偏见的社会中语言学习者的处境。"欧洲科学基金会"（ESF）项目中的大多数阐释性研究都与对这一矛盾情境的认识和关注有关。

> (Bremer, Broeder, Roberts, Simonot & Vasseur, 1993：154)

## 3.1 国际环境

在一项针对澳大利亚社区语言发展的研究中，Clyne（1991）描述了澳大利亚的几种移民方式，而这些来自欧洲、亚洲和南美洲的移民都是为了逃离不公正或不稳定的社会秩序而远走他乡。移民潮往往伴随 20 世纪世界历史上的重大事件发生。很多移民和难民的出现是因为俄国的革命（1917）、第二次世界大战（1939—1945）、匈牙利事件（1956）、智利反对阿兰德（1970）和支持阿兰德（1973）武装，还有越南和柬埔寨华侨（1975）进入澳大利亚等事件。这样大规模的移民潮，无论是在澳大利亚还是世界的其他地方，在 20 世纪都很常见。加拿大《温哥华太阳报》1999 年 5 月 6 日着重报道了近期由政治不稳定局势引发的冲突。该报醒目的标题是《来自科索沃的 900 名难民即将抵达不列颠哥伦比亚省》。国际移民数量的增加引发了一项新的重要研究项目——国际大都市项目。该项目于 1995 年启动，有全球二十几个国家参与，旨在考量移民对城市的影响，以及政府与非政府组织的干预在何种程度上可以帮助移民融入新的国家。[①]

二语习得领域的研究者和教师面对这些从一个国家移民到另外一个国家

---

[①]　参见网址：www.international.metropolis.globalx.net。

的成年人，其中许多人都面临学习新语言的挑战。因此，探讨如何为这些成人移民提供正规二语教育的研究文献数量呈上升趋势。这些文献有着不同的研究视角，其中包括：社区课程、工作场所培训、高等教育、家庭读写能力课程。[②]1998 年出版的《前景》特刊记录了"澳大利亚移民英语课程"遇到的挑战和取得的成功，而由 Smoke（1998）主编的论文集则考察了北美成人 ESL 环境中政治与教学法之间的关系。但是有关成人移民自然语言学习的文献没有正规语言学习的文献那么多。Johnson（1992）认为，对社会文化环境中成人语言学习的研究少得令人吃惊，她认为应给予该领域的研究更多关注。的确，大多数被引用的成人移民自然习得方面的研究文献都是基于推测，如 Acton 和 de Felix（1986）及 Clarke（1976）的研究。Klein（1986）认为：

> 直至几年前，语言的自然习得还只是一个次要研究论题，即便在今天，大部分二语研究探讨的仍然是受指导的学习行为。而且，自然习得的研究者主要研究儿童的二语习得问题，很少有人研究成人的或第一语言已经完全习得后的自然学习行为。（18）

正如 Klein 指出，成人自然语言学习研究匮乏的一个显著原因是材料不足：正规语言课堂的二语习得研究要比课外研究容易。虽然这种情况让人有些沮丧，但还是有一些关于成人移民自然语言学习的研究课题在二语习得的主流文献中受到或多或少的关注。美国哈佛大学早在 20 世纪 70 年代就曾开展过相关的课题研究，欧洲科学基金会也在 20 世纪 80 年代在欧洲 5 个国家开展了课题研究。差不多同一时期，美国也开展了一项针对美国拉丁裔成人女性移民英语读写能力的大规模的社区研究，但这项研究却几乎没有受到二语习得主流研究领域的关注。本书第六章还会更详细地讨论哈佛的研究，但这里我会借用这两项研究来突出我开展的女性移民研究的几个重要方面。

---

② 参见 Auerbach（1997）；Benesch（1996）；Burnaby（1997）；Morgan（1997）；Roberts，Davies & Jupp（1992）；Wallerstein（1983）。

## 3.1.1 欧洲科学基金会的研究

20 世纪 80 年代中期，欧洲科学基金会对移民环境下成人的二语习得过程进行了一项大规模的跟踪研究。对该课题的描述于 1984 年首次面世 (Perdue, 1984)，后来又出版了两卷有更多描述和分析的文集 (Perdue, 1993a, 1993b)。另外，Bremer, Roberts, Vasseur, Simonot 和 Broeder (1996) 在他们的著作中讨论了该研究的一个尤其有趣的议题：如何在跨文化交往中获得理解。该课题对"成人移民工人的二语自然习得"进行了多方合作的比较研究，该研究在 5 个国家开展，时间跨度为 5 年，涉及 5 种目的语、6 种母语和 10 种中介语。其首要目的是研究广泛存在的、已经固化的中介语现象，以及二语习得的过程和决定性因素。大多数分析材料都取自 26 位学习英语、德语、荷兰语、法语或瑞典语的信息提供者。这些材料都是在两年半的时间里通过混合方式搜集到的，搜集方式包括实验性任务和自然发生的交流，或角色扮演与模拟式交流。

欧洲科学基金会项目的一个重要特点是将研究重点放在了语言学习者与目的语使用者交往的更大的社会与政治环境中。该研究注意到，成人移民常常受到歧视，而歧视现象对社会交往产生了很大影响。此外，该研究也关注到，目的语使用者与语言学习者之间有可能发生误解，因为双方对社会交往在语言与非语言层面应该如何进行持不同文化所特有的假设。因此，尽管欧洲科学基金会项目涉及了三大问题，与本书相关性最大的问题只有一个：一种语言的母语使用者与非母语使用者之间的交流具有哪些特点？这个问题构成了 Bremer, Roberts, Vasseur, Simonot 和 Broeder (1996) 撰写的欧洲科学基金会项目结题报告的核心内容，也成为上文所述著作的基础。

Bremer 等人 (1993, 1996) 的洞见和发现涉及面广，其中两个发现尤其值得我们注意。首先，Bremer 等人提出了一个"理解"的概念，这一概念不同于传统二语习得研究的相关概念。传统研究将"理解"概念划入听力与阅读范畴，而他们的研究与这类研究截然不同。他们认为，"理解"是积极技能，而非消极技能，是由学习者和目的语使用者共同建构的 (Bremer et al., 1993：153)。他们证实，如果双方都积极参与意义协商，学习效果就会获得提升。但他们也注意到，在大多数跨族群交往中，学习者会被期待要努力去理解母语使用者，而不是母语使用者确保让学习者听懂自己的话。此外，他们还对"误解"与"不解"之间的差异作了有益的区分："误解"的情形是双方可能意识不到交流出现了困难；"不解"的情形在交往中更加显而易见，双方马上就能意识到。其次，Bremer 等人重点关注了成人移民语言学习者面临的矛盾情境：为了交流而学习和为了学习而交流——当社会文化条件比较恶劣的时候他们往往会陷入这样的情境中。对此他们作了深入的论述，认为学习者面临的矛盾是：他们只能通过参与才能学会在交往中行为得体，但人们又很可能依据学习者的参与方式来对学习者作出评价。他们认为，尽管持久地与当地社会的多数成员保持接触可以缓和"第 22 条军规"式的矛盾，学习机会却仅限于官腔式和看大门式的简单交流。由于语言能力有限以及学习者与对话者之间的权力不平等，学习者在这类交流中很可能处于极大的劣势。几位作者认为，当交流的不对等性降低，双方的共享知识得以公开确立，理解上的困难就会被成功化解。要做到这一点不仅需要目的语使用者一方因有预见而有所行动，学习者一方也要有向对方表现出"不解"的意愿。无论是两种情况中的哪一种，对话双方都要确保对交流内容的理解，同时又要保住双方颜面。

虽然欧洲科学基金会研究项目的目标和成果都可圈可点，但是这个研究没有直接聚焦认同和语言学习之间的关系。欧洲科学基金会项目报告附录中的学习者生平极为简略地介绍了学习者的情况，其中 26 位信息提供者的历史、回忆和愿望都不是分析的重点。我希望在我的研究中呈现的是：通过综合分析身处不同生活领域的语言学习者的多重认同，我们可以获取有关语言学习的一些重要而深刻的理解。

### 3.1.2 读写能力与美国拉美裔女性移民

Rockhill（1987a，1987b）对美国洛杉矶拉美裔女性移民读写能力的研究很有影响力。不同于欧洲科学基金会的研究，Rockhill 的研究尝试将英语读写能力的习得与信息提供者的日常生活和经历联系起来。Rockhill 的研究对象人数相对较多（大约 50 位女性），而我的研究规模较小，只有 5 位女性，因此我将 Rockhill 的研究当作透镜，透过它我可以审视自己对于认同和语言学习问题的研究发现。像 Barton 和 Hamilton 的研究（第二章曾讨论过）一样，Rockhill 的研究中读写能力概念不仅仅是知道怎么读写，Rockhill（1987a）认为："读写能力是一种社会实践活动，带有性别特点，掌握了它意味着一个人变得有'文化'了。"（327–328）Rockhill 访问的女性并没有直接说自己不识读写，她们只说自己不懂英语。尽管事实是，由于物质和社会条件的局限，她们学习英语困难重重，这些女性仍然为自己不能用英语与他人交流而感到羞愧与内疚，为自己的英语学习收效甚微而自责。Rockhill 注意到，尽管所有这些女性都表达了想上学、学英语、能读书写字的愿望，但她们并不认为获得读写能力是自己应有的权利——尽管在她们看来，丈夫和孩子享有这种权利。甚至一些有才能的和受过良好教育的女性也把自己的需求排在家庭其他成员的需求之后：这些女性的成功取决于她们的孩子和丈夫的成功。她们把精力全都放在为家人创造更美好的生活上了。

在 Rockhill 的研究中，读写能力既是一种社会实践活动，也是一种带有性别特点的实践活动，因此它为我的研究提供了一个更大的框架。我在本书中会向读者展示，这些女性学习英语、接触英语的方式以及练习英语的机会，在很大程度上都会受到她们自身性别认同的影响。例如，与年长些的女性相比，我的研究中年轻的女性家务活少，没有孩子，所以她们可以有更多的时间和精力学习英语，并找到能接触到母语为英语者的工作。年长些的女性却在做家务的责任和学习英语的愿望之间纠缠不清。像 Rockhill 研究中的女性一样，这些女性自身的需求也总是没有家人的需求那么重要。在论证二语学习是一种带有性别特点的活动时，我研究了用于私人领域的母语使用以及用于公共领域的英语使用，看它们是如何以各种纷繁复杂的方式与女性的认同和她们的英语实践交织在一起的。然而，Rockhill 的研究发现也与我的研究有所不同：对于我的研究参与者来说，（具备）英语知识并不等同于受过教育。我的研究中所有女性相对而言都受过良好的教育。但是，这些女性担心她们受过的教育和经历在加拿大没什么社会价值，她们也因此无法获得迫切希望得到的物质资源。这对她们进入合意的社交网络，获得标示社会地位的认同以及获取练习英语的机会影响很大。Rockhill 的研究中缺乏这样的分析。而我的研究是历时跟踪的，参与者能够以书面的形式清晰地叙述经历并对这些经历进行反思，这些都与 Rockhill

的研究不同，我也因此对于女性移民和语言学习者认同的产生能够获得独特的见解。

## 3.2 加拿大女性移民的世界

由于定居在加拿大的不同地区，移民到加拿大的历史时段也不同，来自世界各地的加拿大新近移民都有着各自不同的移民经历。我们必须参照他们移民加拿大的原因、之前的经历以及之后的生活条件来理解移民的多种含义。尽管加拿大的多元文化政策吸引了具有不同背景的移民来到这个以接纳和尊重为本的国家，但是我们也承认：仍有某些移民被边缘化，受到歧视。女性移民在这方面的境遇则更糟糕。Boyd（1992）的研究表明，某些在外国出生的女性常常遭到三重歧视：性别歧视、出生地歧视（出生在外国）、出身或种族歧视。因此，某些群体中的女性移民常常身处社会经济的最底层，尤其当她们刚移民到加拿大或者是来自亚洲或南欧国家。Boyd 还注意到，有些女性移民虽然已经在加拿大生活了好几年，但与男性移民相比，有两倍以上的女性移民可能还不会用官方语言与人交谈。对于这些女性而言，不懂官方语言的直接后果就是就业机会少。即便能勉强找到工作，也大多是低收入岗位，从业者基本来自单一族群，一般也不需要很多口头交流。10 名女性移民中有 7 名因为不懂英语或法语而从事服务、加工和制造业（Boyd，1992）。为了更好地理解伊娃、梅、卡塔瑞娜、玛蒂娜和菲丽西亚的特定经历，我查看了加拿大的研究文献，这些文献有助于我将这 5 位女性的故事置于更大的社会历史环境中来研究。

### 3.2.1 Ng 对温哥华女性移民的研究

1978 年夏天，Ng（1981）开展了一项研究，目的是确定女性移民的经历在加拿大的社会与经济环境中是如何被定位的。Ng 将她的研究重点放在社会过程上：在加拿大，一个人究竟经历了怎样的过程才被贴上"移民"或"族群"

的标签？Ng 提出，有些获得永久居住权的落地移民并没有被视为（少数）族裔，而有些在加拿大生活了 50 年的人却仍然被看作是移民。Ng 的一个研究发现对我的研究意义非凡：正是在女性移民生活的社会组织中——她们是如何在与社会服务体系、劳动力市场和教育制度的关联中被组织起来的——这些女性的族群性才成为一个重要特征。Ng 认为：

> 与社会中的其他成员（如公交司机、超市收银员或社工）进行交流时，女性移民的族群性才会成为一个重要特征。我们可以将这一现象归因于：她的相貌有别于他人；在这些场合她不能很好地完成手头的工作或者行为不得体。她的族群性被视为她无法胜任的一个原因。此时，这位移民的族群性就出现了。（1981：103）

Ng 强调了这样一个事实：女性移民在加拿大以及故国的经历之间不仅仅是文化上的差异。她们在故国能够做到得体地待人处事，外貌特征也不会在社会交往中产生多么大的影响。无论身处加拿大社会或任何一个新的社会环境，一个人待人处事得体说明他已经对决定社会运行方式的组织形式有了常识性的了解。对于女性移民来说，无论何时接触更大社会中的其他成员，她们的族群性都会再现或再生。Ng 还注意到，当女性移民对现实世界的知识和理解与这个世界的运行方式出现断层时，她们的族群性就会被强化。

## 3.2.2 Cumming 和 Gill 的南亚裔加拿大人研究

Ng 研究的是加拿大女性移民族群性的建构问题，而 Cumming 和 Gill（1991，1992）重点研究在何种程度上语言教育可以更好地服务于女性移民群体。温哥华的一家社区服务机构每周用两个下午为一小群讲旁遮普语的女性移民免费开设 ESL 双语读写课，并免费提供儿童托管服务。研究者尝试了解这些女性上 ESL 读写课的决定，以及她们在日常生活中使用旁遮普语和英语的读写能力的情况。对我的研究很有意义的一个研究发现是：虽然这些女性在加拿大平均居住时间为 6 年（一位达 13 年），但她们中没有一个人有母语为英语的朋友或熟人。只有一位女性偶尔会用英语与邻居交谈，还有一位有固定工作的女性说她在看门人的工作岗位上只是偶尔跟保安或合同公司的代表讲讲话。这种情况也有，但不多：母语为英语的人会在街上跟这些女性移民聊聊孩子。因此，上读写课之前，这些女性几乎没有机会练习她们掌握的少得可怜的英语。Cumming 和 Gill 的这一观察挑战了加拿大语言规划领域中占主导地位的观点：练习二语的机会在与主流社会的非正式接触过程中会自然发生。Cumming 和 Gill 还注意到，"在理解成人学习二语的动机或潜力时，性别是一个需要考量、可以提供解释的基本要素"（1992：248）。对于该研究涉及的女性来说，做家务、照顾孩子是她们的第一要务。只有家务完成之后她们才有可能奢侈地接受教育。此外，主要是她们的丈夫（多数英语讲得很好）承担了与外部世界交流、购买大宗商品以及与公共机构打交道的责任。因此，这些女性与主流社会交往的范围遭遇限制，交流质量也受到影响。

### 3.2.3 Goldstein 的双语工作场所研究

在加拿大的另一个地方，Goldstein（1996）以另外一群学习者为研究对象作了一项批判性民族志研究。他所研究的是多伦多一家多文化/多语种工厂里工人的双语生活和语言选择，这家工厂的大多数工人都是葡萄牙裔女性移民。在安大略的工作场所，移民工人为了完成本职工作需要与他人进行交流，对他们的交流方式人们往往会作出一些假设，这项研究便对这些假设提出了质疑。其中一个研究发现与我的研究尤为相关：英语的使用更多时候需要投入社会和经济成本，而非获利。在工厂，大多数生产线工人都是葡萄牙人，葡萄牙语就是团结和群体成员身份的象征。这里就像一个流水线工人的大家族，工人们彼此以姐妹、兄弟或母女相称。葡萄牙语的使用与工厂大家族的权利、义务以及成员对彼此的期待有关——例如，为保证流水线的正常运行而替有困难的同事代班等。这些女性（无论母语是葡萄牙语、意大利语还是西班牙语）为了进入流水线的情感网络，都不得不讲少数人的语言——葡萄牙语，而不是加拿大社会使用的主要语言——英语。在工作中讲英语的葡萄牙裔工人很有可能会招致批评与责难，被认为是在侮辱团体中的其他成员，这势必会危及他们在工作场所获取的象征资源和物质资源。Goldstein 认为，友谊与互助在工作中的介值不容低估，因为要完成指标，工人们需要同事的帮助。正和我在第四章中将会谈到的那样，这一发现可以直接用来讨论梅在工作场所的经历。

Goldstein 还认为，我们必须参照这个葡萄牙裔大家族带有性别特点的结构和动力，以及工人们在加拿大政治经济中的阶层地位来理解他们使用英语的情况。大多数不在流水线上工作，工资较高，并能保住自己岗位的工人都是那些在来工厂工作之前就有机会接触母语为英语者且有一定英语读写技能的人。这些人多为 16 岁之前就移民加拿大的葡萄牙男性或女性，他们接受过学校英语的教育。像卡塔瑞娜和菲丽西亚的丈夫一样，一些葡萄牙男人在其故国和 / 或在加拿大因为工作的缘故也接触过母语为英语的人，另外一些人则参加过加拿大政府出资举办的语言培训课程。有些女性没有参加过正规语言培训课程的原因包括：父亲的阻拦——因为教室里有太多男同学、家庭责任、害怕夜晚外出、缺乏自信。Goldstein 还注意到，这些工人阶层的女性，只在学校接受过 4 年的葡萄牙语教育，而流水线上的工作使用的就是葡萄牙语，她们认为这就是最好的工作了。

## 3.2.4 Burnaby, Harper 和 Norton Peirce 对李维斯（Levi Strauss）公司的研究

另外一项研究是受加拿大李维斯有限公司委托，重点研究女性移民在加拿大某些工作场所学习英语时面临的挑战。20 世纪 90 年代初期，Burnaby，Harper 和 Norton Peirce 对李维斯公司在加拿大三家服装厂开设的 ESL 课程进行了评估。[3] 三家工厂的工人主要是女性，这项研究旨在评估课程对这些工人产生的社会影响。研究发现，学习者练习英语的机会微乎其微。没有证据显示工人在车间里有过交际对话，按件而非计时取酬的计件工资制令情况更为糟糕；还有就是车间里噪音大，工作时必须佩戴耳塞。工头们与流水线工人的接触最多，但说

---

③ 参见 Burnaby，Harper & Norton Peirce（1992）；Harper，Norton Peirce & Burnaby（1996）；Norton Peirce，Harper & Burnaby（1993）。需要注意的是，这些论文记录的都是当时的一些做法。这些工作场所当时正在实施改革，特别是与计件制度有关的改革。

的英语都是套话，这种英语有时被称作"李维英语"。交友网络通常都基于共同的语言，讲英语的人很少会与不讲英语的人交往。在食堂里，工人们也习惯与讲同种语言的人坐在一起就餐。

另外，很多不讲英语的人都感觉到在工厂里被边缘化了，因为掌握的英语不多，她们也不把自己看成是加拿大人。例如，一些工人说，工头总是把一捆捆容易缝制的工装裤分给那些加拿大人做，为了保护自己，抗议这种剥削，她们就得说英语了；还有一些人因为不会讲英语感觉自己是个废物。许多人没有机会参加 ESL 的课程学习，被边缘化的经历使她们沉默。此外，工人们的家庭生活也是以各种方式影响着她们对于 ESL 课程的投入，甚至会导致一些女性回避 ESL 课程的学习，这其间充满了矛盾（Norton Peirce et al., 1993）。对许多女性而言，工作场所意味着她们从了无生趣的家庭生活中解放出来，她们可不想做任何危及自身独立的事情。一些女性担心倘若参加 ESL 课程学习，不能专心完成工作，她们可能会失业，失去在加拿大仅有的几位朋友。还有的女性是唯一挣钱养家的人，生活只能勉强糊口。她们希望把所有精力都用在赚钱养家上，担心上英语课会削弱她们的工作干劲，减少完成的计件数量。还有一些女性不参加 ESL 课程的理由是丈夫不希望妻子比他们更有文化。

### 3.2.5 Morgan 针对女性移民的行动研究

Morgan（1997）对于多伦多参加社区 ESL 课程学习的女性移民作了一项行动研究，得出了更加乐观的结论。这项研究提供了一个有力佐证：ESL 教师如何在课堂上帮助应对一些社会不公问题。Morgan 为一群主要来自中国的女性移民教授语音课，在详细记述教学过程时，他阐述道：

> 这项活动不同寻常的一个特征是：突出社会权力与认同问题似乎可以帮助学员更好地理解句子层面的重音和语调，以此作为策略性资源（重新）界定基于性别与族群的社会关系。

依据批判性研究成果，Morgan 研究了为什么语音课这类常见课程具有所谓"解放思想的潜力"。他的主要结论是：语言教师应把学生视为具有社会需求和期待的人，这些需求和期待与他们的语言需求密不可分。这也正是我的研究中不可或缺的一部分。

## 3.3 传记、认同和语言学习

上文引述的欧洲、美国和加拿大的研究让我们对移民语言学习者在与目的语使用者交流时的矛盾定位有了更深入的了解。一方面，为了练习目的语和提高目的语的使用水平，移民语言学习者需要进入目的语使用者的社交网络；另一方面，因为共同语言是进入这些社交网络的**先决**条件，所以移民语言学习者又很难进入这些社交网络。然而，这些研究中都缺少特定学习者的声音、他们与众不同的个人历史及其对未来所持有的与众不同的期待。了解学习者的个人经历对于理解认同和语言学习之间的关系至关重要。正如 Weiler（1991）所述，**女人**的范畴指代不同种族、阶层和性取向的女性群体，但同时也是多重、流动且处于不断变化之中的。如此看来，无论是在课堂还是社区，我们都不能一刀切：将**女性移民**看成没有差异的人群，认为她们有着相似的语言学习经历。在某一特定的时间和地方，通过研究 5 位各具特点的参与者的话语、个人历史和期待，我对认同和语言学习的关系有了更深入的理解。因循这一思路，下面我要对每位参与者作一个初步的介绍，在第四章和第五章我还会对每个人的情况作更深入的介绍和梳理。

### 3.3.1 伊娃

第一次见到伊娃时，她慷慨、友好的气质给我留下了深刻的印象。伊娃 1967 年出生在波兰，在那里读完了高中。20 岁离开波兰之前，她做过酒吧服务生。1989 年移民加拿大前，她以难民身份在意大利居住过两年，她的意大利语也因此讲得很流利。上学时她还学过俄语，也懂一点她所谓的"捷克斯洛伐克语"和"南斯拉夫语"。④ 来加拿大之前，她一点英语都不懂。伊娃移民是为了获得"经济优势"；她选择加拿大是因为这里是为数不多的几个鼓励移民的工业化国家之一。她孑然一身来到加拿大，没有家人和朋友，但她来之前认识一个住在纽敦的人。到加拿大不久，伊娃拒绝了其他非波兰裔男性的关注，跟一个叫雅努什的波兰男子住进了一所公寓。按照伊娃的解释，她选择一个波兰人做伴侣并非偶然："对我来说，我更喜欢跟一个来自波兰的人在一起，因为这个人更理解你，就像其他波兰人理解你一样，加拿大人可不行。"这个家对伊娃来说就是个避风港，她在家里会觉得很舒服。伊娃的家里不怎么讲英语，但她偶尔会看看电视，听听英语电台播放的音乐。

来到纽敦后，伊娃在一个被她称作意大利商店的地方找到了工作，这家商店位于纽敦一个意大利人老街区的中心地带。像许多刚刚移民到纽敦的人一样，伊娃自己也在这个街区住下了。因为能讲流利的意大利语，她得到了这份工作。伊娃在这家商店很讨人喜欢，因为光顾这家商店的大多是有意大利背景的加拿大人，这些顾客喜欢店员用意大利语为他们服务。伊娃在这家商店干得很开心，但也有点担心，因为她想学英语，而工作时她没有机会练习英语。因此，她很高兴在来加拿大仅两个月后就获得纽敦安大略学院语言培训课程的名额。伊娃减少了她在意大利商店的工作时间，每周只是星期六在那里工作一天。课程结束后，伊娃开始很用心地找另外一份能让她把英语讲得很熟练的工作。伊娃在纽敦一家名叫"曼彻斯"的餐馆找到了工作，她是这家餐馆唯一一个英语讲得不流利的员工。曼彻斯地处纽敦镇的一个时尚地段，是一家高档快餐厅。伊娃做全职，干各种杂活，最主要的还是清洁和配菜。在下一章中我还会对她在曼彻斯的工作经历作详细介绍。

伊娃很高兴自己能来到加拿大。"有人认为'加拿大对于移民来说是个好国家'，你认为是这样吗？"伊娃在回答这个作文题目时这样解答：⑤

> 我同意那些人的话。我不知道他们脑子里想的是什么，但我可以找出
> 一些支持这个观点的事例。加拿大政府出钱来开设这些课程，帮助移民

---

④ 伊娃没有区分捷克语和斯洛伐克语，也没有区分塞尔维亚、克罗地亚语、斯洛文尼亚语和马其顿语。

⑤ 本文对参与者日记中影响理解的地方作了细微改动。

培养在这个国家定居所需的基本技能。对于新近移民来说最重要的就是能用英语交流。每个对学习英语感兴趣的人都可以参加当地学校开设的白天和夜晚的各种课程。同时，符合一定条件的移民还可以接受政府的经济资助。所以一个人完全有可能将自己的大部分时间用于学习。政府还帮助移民找到与他们以前的工作相关的岗位。总之，加拿大对于移民来说是个好国家，因为政府以及普通人都会努力帮助移民渡过融入新国家的艰难历程。

伊娃觉得自己在学习英语方面取得了很大的进步。"我可以与外部世界交流了。跟加拿大人讲话时我能做到很自信了。我终于可以在必须讲英语的地方工作了。"她这样写道。为了说明她的进步，伊娃区分了语言学习的正规场所和自然场所："ESL 课程让我学到了英语的基础知识。后来，在日常对话中练习英语让我讲得更流利了。"但她也清楚，由于加拿大社会的社交结构，练习英语的机会并不是唾手可得的：

> 我觉得很难交到帮助你学习英语的朋友。这是因为社会生活没有给我们提供很多接触不同人的机会。工作场合之外的对话如果经常发生，肯定对学习英语的过程很有帮助。

来加拿大两年后，伊娃的生活进入了一个新阶段：她可以自信地与加拿大人聊天，还能找到主要由母语为英语的人从事的工作岗位。尽管她明白，要想把英语讲得更流利，练习非常重要，但是她在工作场所之外没有很多见到加拿大人的机会。英语世界与她自己的世界依然处于一种分离状态。正像她说的那样："我家住在波兰社区。"而这种分离不仅仅是一种差异。尽管伊娃觉得自己能够与外部世界交流了，但是她依然有被边缘化的感觉："因为我的发音很特别，我在别人眼里是移民，因此我也觉得自己像移民。"

### 3.3.2 梅

像伊娃一样，梅年轻、勇敢、活泼而有干劲。她 1968 年生于越南，1989 年 10 月来到加拿大，那年她 21 岁。"为了自己未来的生活"，梅与她年迈的父母移民到加拿大。梅的父亲是中国（广东）人，母亲是越南人，所以梅的汉语和越南语都很流利。来加拿大之前她根本不懂英语。梅有八个兄弟姐妹，其中两个定居在加拿大。住在纽敦的那个哥哥以家庭团聚为由帮助梅办理了移民。来加拿大之前梅也没有在越南以外的任何国家居住过。来加拿大后她一直住在哥哥家里，1992 年结婚时才从哥哥家搬出来。婚后她搬到了婆家，住在与纽敦相邻的城市，离开了兄弟、姐妹和三个侄子，还有她的父母。在梅的家里讲英语的机会很多，因为梅的三个侄子只会讲英语，对此在第四章中我还会详述。但是，与伊娃家不同的是，梅的家不是免受外界打扰的避风港。

梅到加拿大之前就已经完成了高中学业，在越南接受过裁缝师的培训。在 1990 年 1 月的 ESL 课程开始之前，梅曾在纽敦地区的一家包装厂做过短工。学完 ESL 课程后，梅在纽敦的一家小服装厂找到了工作，在那里一直工作到结婚。尽管梅的工作是全职，她仍坚持在安大略学院上 ESL 晚间课程。最初，梅在服装厂的工作让她有很多听、说英语的机会。梅说，加拿大的生活方式让学英语变得容易了，因为"在这里生活，我需要上班。所以上班时我能见到人。他们都说英语"。但是，在第四章中我会阐述，当工人遭到解雇时，情况会发生巨变。梅说，她最终还是希望能回到大学读个学位。

虽然梅在移民加拿大的最初两年遭遇了许多挑战，但她还是很高兴能到加拿大。她写道：

> 加拿大人非常友好，乐于助人。这个国家很大，有很多公司、工厂和农场，有很多工作岗位不需要太多英语知识或经验。人们来加拿大不用费太大功夫就能找到工作。而且，加拿大政府也很关心移民的生活，资助人们上 6 个月的学。如果有人失业，他们可以去加拿大就业与移民机构求助。在那里，或多或少会得到一些帮助来渡过难关。

梅认为，加拿大人一直对她很友好，乐于帮助她。因为她有缝纫技能，所以找工作不成问题。但是与伊娃的情况不同，这类工作并不要她掌握多少英语。另外，加拿大政府提供的社会服务也让梅很惊喜。但尽管对加拿大人和加拿大政府的评价都很积极，她还是感觉自己像移民。除了口音外，梅说自己没有加拿大白人的相貌，陌生人马上就能看出她的与众不同。由于这些原因，梅写道，她永远也不会被看作加拿大主流社会的一员：

> 我在加拿大是移民，即使我一辈子都生活在这里。因为我有许多（跟别人）完全不一样的东西（特点），比如口音、习俗。人们对我不太熟悉时，有时甚至会问我：你是中国人吗？这让我更感觉到自己是移民或华裔加拿大公民。

提到她的英语学习时，梅自信地说她的英语水平比刚来加拿大时有了很大的提高："我现在能读、能写，也能说英语了。人们对我说的话很多我都能理解。不管我需要什么，我都可以跟他们说。"她还说，让她在学英语方面受益最多的是"参加社区活动、工作、看电视、读书或看报"。像伊娃一样，梅跟朋友或讲英语的家人说英语感觉很自在，但跟陌生人或者她认为是上司的人（如工厂老板）说英语就会感觉不自在。然而，值得注意的是，梅也说，当涉及个人的家庭问题时，用英语会让她觉得不舒服：

> 大多数时候我感觉用英语很舒服——除了我遇到一些问题时，因为那个时候我脑子里想的都是问题，用英语让我感觉不舒服。

### 3.3.3　卡塔瑞娜

卡塔瑞娜 1955 年生于波兰，1989 年 4 月与丈夫和女儿玛丽亚来到加拿大，女儿当时 6 岁。全家受到天主教会的资助以难民身份移民加拿大。来加拿大之前，一家人在奥地利住过一年。除了母语波兰语之外，卡塔瑞娜来加拿大时还懂一点德语和俄语，但很有限。虽然卡塔瑞娜对英语一点都不懂，但她丈夫英语讲得还算流利，因为他在波兰时做国际贸易，工作中需要使用英语。刚到纽教时，全家人暂住在资助者家里，后来搬到伊娃住的那栋楼里一套两居室的公寓。在波兰时，卡塔瑞娜是教师。她的学历是生命科学专业的文科硕士，丈夫的学历跟她相当。刚到加拿大时，她在一家餐馆做全职，在厨房里帮忙，在那里她干了 8 个月；学完 ESL 课程后，她又找到一份兼职，给一个叫"社区服务"的组织做管家。这份工作使她能够有机会经常讲英语。1990 年 9 月，她上了一个 ESL 提高班，这样她可以有更多的机会练习英语，但 1991 年初她又转到了 ESL 12 级班。拿到了 ESL 12 级的学分后，她开始了为期 18 个月的计算机课程学习，1992 年 12 月修完了这门课。她对未来的规划就是找一份薪水高的好工作。

卡塔瑞娜写道，很多人在加拿大感觉很好，这里是个人口多元的地方：

> 很多人在加拿大感觉很好。许多人是二战后来这里的，但也有许多人是近年来的。他们中的大多数人都曾在奥地利、德国、希腊或意大利住过一两年。奥地利是个美丽的国家，去观光很好，但还是不要住在那里。外国人在那个国家感觉不好，因为那里大多数人都是土生土长的人。移民在加拿大感觉会很好，因为他们知道这里有来自不同国家的人。加拿大的生活水平比较高；政府会给人们提供学习的机会；单身母亲可以获得政府的帮助；没有能力工作或找不到工作的人可以领到社会福利。我认为加拿大"对移民来说是个好国家"。

尽管加拿大的生活水平高，政府还给予移民支持，卡塔瑞娜还是对自己的移民身份怀有矛盾的心理，她不太确定自己是否被接纳，是否已经融入加拿大的主流社会。在加拿大她感觉自己处于很大的劣势，因为尽管她受过良好的教育，英语却讲得不流利，她也没有足够的经济基础能在英语学习上投入全部的时间："在我出生的国家，我是老师。我上了 17 年学。我没有办法讲好英语，因为我需要 5—7 年的时间学习英语，而我又缺钱。"⑥ 她还提到，好的教育和英语能给人们多种生活选择——例如可以做各种各样的工作，"受过良好的教育，英语讲得不错，就可以和其他人交流了，当他／她能够准确地表达自己的想法时，就有选择另一份工作的自由，生活就会变得容易很多"。

尽管困难重重，卡塔瑞娜还是很高兴能够在英语学习方面取得很大进步，能跟加拿大人交谈、读报、听广播、看电视。她最初就笃信正规语言学习能帮助她把英语讲好。1990 年 12 月，她表示，对她的英语学习帮助最大的是老师，还有教材："老师非常重要，其次是教材。"但一年后，卡塔瑞娜的观点又发生了一些改变。尽管她依然认可 ESL 课程的价值，但她也强调与人交谈，参加非

---

⑥　尽管卡塔瑞娜和丈夫没有太多闲钱，但考虑到将来需要继续从事技术性的工作，他们还是将手头的资金用在提高她的职业技能上了。（参见第五章）

语言学习的课程也很有价值。像伊娃和梅一样，卡塔瑞娜在跟朋友讲英语时很自在，但是与专业人员讲英语时感觉就不那么自在了，比如"我的老师，还有医生"。她补充道："当与一个人对话或在一个小组里发言时说英语我感觉自在，在一大群人中说英语我就感觉不自在了。"

### 3.3.4　玛蒂娜

玛蒂娜 1952 年出生在捷克斯洛伐克，1989 年 3 月来到加拿大，那年她 37 岁。跟她一起来加拿大的还有丈夫彼得和三个孩子（那年亚纳 17 岁，埃尔斯贝特 14 岁，米洛什 11 岁）。她来加拿大是为了"孩子们生活得更好"。来加拿大之前，玛蒂娜在奥地利住过 19 个月，在南斯拉夫住过 1 个月。尽管她的母语是捷克语，她在学校也学过斯洛伐克语和俄语。在奥地利等待签证期间，她还学了德语。来加拿大之前，她和丈夫都不懂英语，但是孩子们在奥地利接受过一些英语培训。玛蒂娜全家受到天主教会的资助以难民身份来到加拿大。之所以来到纽敦是因为资助者在这里给他们找了一所公寓。公寓在地下，环境吵闹，价格昂贵。一年后，玛蒂娜和家人在伊娃和卡塔瑞娜住的那栋公寓楼里找到一套两居室。全家人在这个公寓住了一年，又在 1991 年 7 月搬到温切斯特，彼得在那里找到了一份工作。

此前在捷克斯洛伐克，玛蒂娜有测量员的专业学位。刚来纽敦时，她在快餐厅做帮厨，但开始上 ESL 课程时，她就辞去了餐厅的工作。ESL 课程结束后，玛蒂娜又上了 10 个月的英语技能课，在这之后，全家就搬到了温切斯特。在温切斯特，她在当地一所社区大学找到了一份出纳员的工作，同时兼修报税员课程。拿到资格证书时她是班上成绩最好的。玛蒂娜说她将来想找一个有挑战性的工作，但对就业前景她不是很确定。

在 12 月的日记中，玛蒂娜表示，她的英语技能有限，所以想找到一份好工作并不容易。"我不担心找不到工作，如果我的英语能更好，也许我会幸运地找到一份好工作。"然而一年后，玛蒂娜开始觉得光有英语方面的知识还不能保证找到一份她想要的工作。她强调说，雇主都想要在加拿大有工作经验的人："我想做测量员或其他需要很多数学（知识）的工作。我以前觉得要找到这样一份工作需要更多的英语（技能或知识），但现在我拿不准了，因为每个人都要求（应聘人员）有加拿大（的工作）经验和推荐信。"玛蒂娜的丈夫彼得是水管工，他也很难找到与自己专业对口的工作。彼得还曾多次被解雇。这对玛蒂娜全家人是个不小的打击，因为在捷克斯洛伐克他们从不需要面对失业的风险："太不一样了，因为一切都有不同的规则。在我的祖国，一切都归国家所有，每份申请都是提交给政府的。只要努力工作，就不怕失业。"玛蒂娜在家几乎不讲英语，她做过的几份工作也没有机会练英语。另外，在她居住的社区里也找不到几个讲英语的人。"对我来说讲（英语）是个大问题。如果纽敦的移民很多，那么讲英语的机会就很少，更没有可能纠正句子中的错误了。"但她还是表示自己在英语学习方面取得了进步，她已经能用英语完成很多任务了。

玛蒂娜对全家人移民加拿大的决定也怀有矛盾的心理。她写道，在这个国家有过愉快的经历，也有过不愉快的经历。"有人很友好，乐于助人，但也有人占我们的便宜。"尽管在加拿大有些不愉快的经历，工作也没有安全感，但玛蒂娜依然认为加拿大对移民来说是个好国家。只要有"能力和勇气"，努力工作的人应该都能在加拿大过上如愿以偿的生活：

> 尽管现在全世界的经济形势都不好，我仍然认为加拿大对移民来说是个好国家，特别是对那些努力工作的人来说。加拿大是个非常大的国家，如果你还年轻，可以从一个地方搬到另外一个地方，最后找到你想象中的地方。首先你必须学习英语才能明白（别人的话），才能与人交谈。如果你没有找到跟自己专业相符的工作，你可以修几门课，然后靠自己的能力和勇气找到更好的工作。

玛蒂娜说她在加拿大依然觉得自己是移民，没有像其他加拿大人那样受到应有的尊重。"因为我的发音，一些人对我不够尊重（尤其是找工作时）。"她写道。玛蒂娜认为，如果她的英语讲得好，人们会对她另眼相看，因为"有些加拿大人对不能用英语交流的人极其厌烦"。她说自己讲英语从来没感觉很自在，因为她用英语不能像用母语那样把事情解释得清楚明白。她又补充说："在母语是英语的一群人中说英语我感觉不自在，因为他们英语讲得很流利，没有任何问题，我感觉低人一等。"

### 3.3.5 菲丽西亚

　　菲丽西亚 1945 年出生在秘鲁的利马，在 5 位女性中年龄最大。1989 年 3 月，她以落地移民的身份与丈夫和 3 个孩子一起来到加拿大，丈夫拿的是专业签证，当时两个儿子一个 16 岁，另一个 14 岁，女儿 6 岁。他们来加拿大是因为"秘鲁当时恐怖主义盛行"。在 5 位女性当中，菲丽西亚在来加拿大之前日子过得最富足，她也是唯一一位移民之前就懂一点英语，并曾来北美旅游过的女性。在利马，菲丽西亚的家住在高档住宅区，在海边还有周末度假的小木屋。他们抵达加拿大后搬到纽敦是因为"这里很像他们以前住的地方"。她家住在中产街区的一套三居室的公寓中，这个街区住的大多是上了年纪的人，英语是他们的母语。1992 年，他们在纽敦买了房。

　　菲丽西亚的母语是西班牙语，但她懂一些意大利语和葡萄牙语。丈夫和两个儿子来加拿大之前英语就讲得很好，因为他们在秘鲁上的是用英语教学的私立学校，她的丈夫在工作中使用英语。女儿玛丽亚也很快在公立小学学会了英语。但家里使用的语言还是西班牙语。菲丽西亚在秘鲁接受过小学教师培训，尽管有了孩子后她辞去了小学教师的工作。在加拿大，她只做过几份兼职：送过报纸，在费尔劳恩康乐中心看过孩子。她希望将来能"学一门职业技能"。

　　菲丽西亚及其家人心理压力和经济压力都很大，因为她的丈夫在加拿大找不到专业对口的工作。虽然他提交过无数份工作申请，也参加过很多次工作面试，还是很难找到合适的工作。菲丽西亚把他们的艰难处境归因于加拿大人对移民的歧视。菲丽西亚是 5 位女性中唯一一位毫无隐晦地说出她不愿意举家移民到加拿大来的。1990 年 6 月，她这样写道：

　　　　现在我觉得这里的生活很安静，有条不紊。但是在这个国家我们还没找到自己的出路。有时候，我能感觉到有些加拿大人看不起移民。我不知道为什么——尽管全加拿大人都是从其他国家来的。加拿大就是移民建的国家。我觉得加拿大领事馆的官员们应该讲实话，告诉那些做了精心准备，也有本专业工作经验的人在加拿大找工作会遇到很多困难。加拿大人认为这里没有歧视，但我不这么认为。我希望将来我能改变这一看法。

一年半以后，菲丽西亚的看法仍未发生改变。1991 年 12 月她又写道，有专业技能的人比那些过去生活贫困的移民日子要难过得多。"他们做什么工作都行。"菲丽西亚这样说。她认为富人很难在加拿大保持其在故国的生活方式；一旦孩子在这里安顿下来，他们也很难再回到原来的国家。在菲丽西亚看来，加拿大唯一的优点就是相对安全、公民守法：

> 加拿大对某些移民来说是个好国家；那些过去生活在相对贫穷的国家的人们在这里很开心，过去在自己国家一无所有的人也会很开心。在这里，他们做什么工作都行，都能赚钱。但拥有专业技能和财富的人来加拿大损失会很大。他们在这里不受欢迎，根本不像加拿大领事馆的人说的那样。他们在这儿花了很多钱，当他们放手让孩子们寻找自己的生活方式之后，就很难再回到原来的国家了。对他们来说机会很少，生活平淡无奇。我觉得这里唯一的好处就是没有恐怖主义，小偷也不多。

菲丽西亚对移民经历的失望让她拒绝任何与加拿大相关的认同。她强烈地抗拒自己被贴上移民的标签，竭力让自己躲在作为秘鲁人的认同里。居住在加拿大的秘鲁富人是她的参照群体，她认为自己"只是偶然住在这里的外国人"：

> 我在加拿大从未觉得自己是移民，我只是偶然住在这里的外国人。我永远不会觉得自己是加拿大人，因为我认为加拿大不是一个待人友好的国家。加拿大把人们弄到这里来只是为了自己的需要，而不是为了帮助他们。

但菲丽西亚也表示，来加拿大后她的英语水平提高了。认识到自己所说的"练习，练习，再练习"的必要性之后，她在家里跟一个想学西班牙语的加拿大女性定期会面。她说，工作中的听说让她的英语水平有了提高。她这样写道："我每天都能听到那些跟我一起工作的女人讲话，这对我的英语提升很有益。"但是像梅一样，她说有时学英语对她来说有些困难，"因为我在这里生活压力很大。我有太多的事情要做，没有足够的时间学英语。"像伊娃、梅和卡塔瑞娜一样，菲丽西亚跟母语是英语的朋友讲英语比较自在，但跟陌生人说英语就不同了："我跟熟悉的人在一起觉得很自在，或比较自在。跟陌生人在一起我就不自在了。"她又补充说，讲英语时自信很重要。当有英语讲得好的秘鲁人在场时，她就缺乏这样的自信：

> 我跟熟悉的人讲英语时觉得很自在，和他们在一起也有自信，尤其是每周跟我结对练习英语和西班牙语的那个女伴。跟陌生人在一起我就感觉不自在，在英语讲得好的秘鲁人面前我从不说英语。

## 3.4 评论

需要指出的是，本研究中 5 位女性都是优秀的语言学习者。她们能抓住机会参与日记研究，表明她们愿意经常接触英语、练习英语。虽然她们与人交流的动机都很强，但材料表明，对她们来说，在被边缘化的情况下说话都比较困难。倘若她们感觉低人一等，说起话来就会不自在。这并不能说明这些学习者个性拘谨或者害怕犯错误（Rubin，1975）。大多数情况下，这些女性之所以感觉被边缘化了，是因为自己被定位为移民，而不是因为自己不变的性格。她们感觉自己跟加拿大同事没什么不同，但实际上却并不平等；用玛蒂娜的话说，她们常常感到不像加拿大人那样受尊重。所以，在日常交往中，这些女性对社会权力关系很敏感，只有跟她们熟悉的朋友在一起时讲话才比较自在。

贯穿这些叙述的共同主题是（暂且不考虑菲丽西亚的叙述）：加拿大政府对待移民是慷慨的，在她们遇到困难时为她们提供了必要的社会保障。伊娃、梅、卡塔瑞娜和玛蒂娜都对政府的政策和她们与加拿大人的日常交往作了区分。正像玛蒂娜所说："尽管现在全世界的经济形势都不好，我仍然认为加拿大对移民来说是个好国家，特别是对那些努力工作的人来说。"她们都承认，加拿大政府有着健全的医疗保障和社会福利制度，并对某些面向移民的语言培训投入不菲。此外，这些女性在加拿大的不愉快经历大多与经济状况有关：伊娃很难找到工作；梅的工厂裁员；卡塔瑞娜和丈夫找不到专业对口的工作；玛蒂娜也找不到跟自己专业相关的工作，她的丈夫又被解雇；菲丽西亚和她的丈夫都找不到专业对口的工作。鉴于上述原因，这些女性带到加拿大的象征资源在她们找工作的地方发挥不了作用。倘若她们找到了与自己专业对口的工作（而且对于年龄大一些的女性尤其如此），她们可能更容易进入英语社交网络，也会因此拥有更多说英语和练习英语的机会。

在第四章和第五章，我会分别对伊娃和梅这两位年轻的参与者，以及卡塔瑞娜、玛蒂娜和菲丽西亚这三位略微年长的参与者的叙述进行深入的分析。尽管我承认，每个女性都有着多种认同，但我尽力去捕捉的是和每位女性对英语学习的"投资"相关的最为显著的认同。还有一点值得注意，这些女性讲的故事都是**她们**的故事。我认真对待她们对事件的诠释及其对加拿大社会文化习俗的理解。我也尽力做到按照她们的方式去理解这个世界，并没有质疑她们对事件的诠释是否准确或真实。既然我致力于对认同与语言学习的理解，我便有必要按照语言学习者的方式去理解这个世界。

# 第四章　伊娃与梅——年轻的躯体、守旧的头脑

> 我们的子孙，没能出生在这片被白人攫取的土地上，因而不得不在狭小的空间里寻求歇息之地，在安全的处所靠自己的双手创造家园。
>
> (Yee, 1993: 19)

　　伊娃和梅都在英语学习方面取得了很大的进步，但是方式不同，原因各异。在本章，我将根据自己对两个女孩生活和经历的了解来讨论学习"投资"、认同和语言学习的关系，尤其是认同建构如何在不同场域（家庭和工作场所）中相互交织。就伊娃在曼彻斯的经历而言，我阐述了她到曼彻斯之初由于其象征资源和物质资源得不到重视而被边缘化，且在别人的谈话中保持沉默。这种边缘化可以结合她所从事的工作、有限的英语水平和工作场所里民族中心主义的权力关系来解释。直到几个月后，伊娃才渐渐得到了同事的认可和尊重，并开始有了越来越多的机会去接触当地的英语社交网络，使用英语交流。我会详细地解释这些变化及其背后的原因。关于梅的情况，我描述了她的家庭环境中的语言使用模式，并阐明如何根据她生活在其中的父权制社会结构、物质结构和种族社会结构更好地解读这些模式。对于梅在英语学习方面的"投资"，我认为应当联系她反抗家长制社会结构以及她在个人生活中对自我认同的重新定义来解释。梅的工作场所是如何为她提供语言学习机会的，其原因是什么？梅在工作场所练习英语的机会多了，她的语言练习过程有了变化，她的权力话语也发生了变化。这些变化又如何威胁到她在家庭里和在工作场所的认同，如何影响她对英语学习的"投资"呢？本章将回答这些问题。

## 4.1 伊娃

> "我和加拿大本地人有同样的机会。"

结合伊娃来到加拿大的原因、她对未来的规划和她变化了的身份认同来考虑，就不难理解她对英语学习的"投资"程度了。当初她是为了谋求更好的经济发展而来到加拿大，并希望最终能在一所大学申请攻读商业管理学位。伊娃十分清楚，只有具备较好的英语能力才能获得理想的工作、进入心仪的大学学习并最终摆脱移民身份。换言之，她把学习英语当作通往"主流社会"——用她自己的话说"外部世界"的通道。伊娃没有小孩，也没有太多的家庭责任，因此在加拿大她能将时间投入对事业的追求中。

### 4.1.1 伊娃的家：一处避难所

一方面伊娃对英语学习的"投资"很多，另一方面，她在个人生活中希望继续做一个波兰人。如第三章所述，伊娃选择和一位波兰裔的男友生活在一起，因为她觉得与加拿大人相比，这位波兰裔男友更了解她。她的很多朋友都是波兰人，她自称生活在一个"波兰人社区"里。虽然她在家也会收看英文电视节目、阅读英文报纸，但是和男友在一起时，使用的却是波兰语。正如她自己所言，"你不能同一个波兰人去讲英语。即便你尝试这样做，最终也会改变想法，因为你会发现，这种情况下说波兰语更容易些。"她那位于波兰人社区的家于她而言是一处避难所，在那里她受到别人的尊重和喜爱，并过着相对独立的生活。

### 4.1.2 伊娃的工作场所——从外来移民到备受尊敬的同事

伊娃的工作场所——曼彻斯，是她唯一能够经常接触到英语并练习说英语的地方。她是这里唯一一个母语为非英语者，也是唯一的前不久才移民到加拿大的员工。其他所有雇员，包括店员和管理人员，毫无例外都是讲英语的加拿大人。曼彻斯是一家快餐店，店内主要的工作是：店员从顾客那里获取订单，把订单交给其他店员，从顾客那里收取现金，准备食物，打扫店面（清洁餐桌和地板），保证餐品供应和与管理人员沟通。除了打扫店面、准备食物和饮品不需要口头交际，其他每一项工作都需要员工具备良好的英语水平。

伊娃当初选择离开那家舒适又安稳的意大利商店来到这里，就是为了寻找机会练习说英语。然而，当伊娃开始在曼彻斯工作的时候，她被分派做那里的"粗活儿"，如清理地板和餐桌，清除垃圾和准备饮品。这些工作都是她独自完成，因而几乎没有什么机会接触讲英语的人。（"我经常是自己一个人干活，其他员工都在做自己的事——我能跟谁说话呢？"）而且伊娃认为，只有"愚蠢的人"才被指派去干这些粗活。虽然伊娃的周围都是讲英语的人，伊娃接触的也都是讲英语的人，但是她既没有机会进入店内的社交网络，也没有机会接触说英语的顾客。她真正进入英语社交网络并接触讲英语的顾客，是经历了长期、艰苦的过程之后才实现的，这与社会权力关系存在着复杂的关联。接下来，我会谈到伊娃在加拿大工作时被同事们的社交网络排斥，没有机会接触来店里用餐的顾客，到后来她逐渐融入这个圈子，并由此带来了种种好处。我会结合伊娃练习说英语的各种机会来分析这些细节。

## 4.1.2.1 被工作场所讲英语的人所排斥

伊娃很清楚，为了练习说英语，她必须成为工作场所社交网络的一部分——与她的同事建立社交关系和亲密联系。然而，那里的社交网络比较看重员工个人的物质资源和象征资源。具备这些资源的人被分派从事那里的"优等"工作，并且能够说一口流利的英语。无论是上述哪一种资源，伊娃都比较匮乏。她干着"劣等"的活——没人愿意干的、地位很低下的活。因此，她觉得同事们都不太尊重她，也不愿意跟她交流。

**E**[①]：*我想因为我不和同事们攀谈，他们也不和我说话，可能他们认为我就是那样——因为我在那儿只能干些粗活儿。他们这样想也是正常的。*

---

① 在所有访谈中，B 代表 Bonny，E 代表伊娃，M 代表梅或玛蒂娜（依情境而定），K 代表卡塔瑞娜，F 代表菲丽西亚。破折号"——"表示停顿，方括号"[ ]"表示澄清性话语。

**B**：伊娃，为什么这么说呢？

**E**：我刚开始工作时，负责做冰淇淋，还有，我不得不清理垃圾。因为没有人愿意干这些活儿。

伊娃所从事的工作和她在工作团队中的地位之间存在某种关联，伊娃对此深有体会。她觉得自己只是个清理垃圾的，做着店里最劣等的活儿，根本没有资格跟同事讲话。对此，她解释说一个只配干粗活儿的人肯定也是个"愚蠢"之人，对团队的贡献少得不值一提。

**B**：我曾经写信询问你，为什么你觉得他们［伊娃的同事］的尊重对你很重要？为什么你总是担心他们不尊重你呢？

**E**：因为我不愿意让别人把我当成一个愚蠢的人，一个来了就只知道清理地板，别的都不会干的——

伊娃的这段话很清楚地表明了她和同事的关系与语言学习的关联：

当我发现每件事都得我自己去做，而且没有人关心我，因为——我哪有勇气去和他们攀谈呢？我听说他们都不关心我，我不愿意在他们面前微笑，也不愿意和他们说话。

伊娃想当然地认为，因为她只配做最劣等的工作，所以她的同事都不愿意跟她说话。在他们眼里，她是个"愚蠢"的人，"什么都不懂"。正如伊娃所言，她的同事看上去并不关心她，她自己也就没了主动"微笑和交谈"的信心。在伊娃的工作环境中，社会权力关系剥夺了那些技术上不熟练、教育程度不高的人在工作场合练习语言的机会，使得这部分人很少有机会讲英语。然而，实际情况要复杂得多。在研究材料收集的后期，伊娃提供了一个重要信息，一名曼彻斯的员工说："我只喜欢和加拿大人共事。"伊娃"从事最劣等工作"的移民身份加剧了她最初在曼彻斯被边缘化的境遇。此外，重要的是，伊娃被边缘化的遭遇影响了她对自我认同的建构，限制了她练习说英语的机会。伊娃对自己在曼彻斯所从事的工作、自己的境遇以及她和同事的关系都没有信心，因此，她无法与同事进行正常的谈话——没错，她在那个社交网络里并不受欢迎。重要的是，伊娃的"情感过滤"（Krashen，1981，1982）程度很高，但这并不是她与生俱来的性格特点，而缘自工作场所不平等的权力关系。另外，伊娃的英语表达能力很有限，经常表述不清楚。如她所言：

> [曼彻斯] 是一个必须使用英语进行交流的地方。当时，我不敢说话，不会跟别人攀谈，也听不懂别人讲的话。有很多次，我和同事们工间休息，他们在一起交谈。大多数时候我听不懂他们谈论的话题，偶尔听懂了，却不知道怎样使用正确的表达方式来参与讨论。我不敢讲话，因为别人听不懂我说的话；我不会跟别人攀谈，因为我的词汇量太小，连提出一个话题都不够用的。

正如本书第三章提到的，伊娃陷入"第22条军规"的境地。为了能够进入快餐店的社交网络，她需要提高英语水平；进不了这个圈子，她就没有办法提高英语水平。因此，她有限的语言能力决定了她练习英语的机会少之又少。需要指出的是，伊娃被社交网络所排斥的状态导致了她在工作场所被盘剥。

> 白天工作的时候，我有半个小时的休息时间。这时我和同事会谈及一些需要做的工作以及这一天的日程安排。如果再有多余的时间，我们还会讨论其他事情。但是，通常我的话不多，因为我不懂他们在讲什么，或者他们讲的内容很没意思，我不愿意参与。有件事我想说一下。有一个跟我一起工作的19岁的女孩有点不正常。她总是不停地说话，我如果能把她说的话写下来，都是些很愚蠢的事。她说话的时候，其他人都饶有兴致地听着，然后同她一起大笑。即使她手里有活儿要干，嘴里也是一刻不停地说，跟每一个人一遍又一遍地重复她的话。我和她不一样，所有的活儿都由我来干。他们利用我，因为知道我不会说出去的……过了一阵子，我开始对自己的英语水平有了自信，可没有人注意到这一点。我想，他们压根儿就没打算注意我。当他们一起聊天的时候，需要一个干活儿的人。我总是被他们支得团团转。

伊娃被排斥在社交网络之外并遭到同事的盘剥，部分原因在于她无法使用英语来捍卫自己的权利。她非常清醒地意识到"他们利用我，因为知道我不会说出去的"。即使后来伊娃的英语水平有了显著提高，同事们对此也是无动于衷。社交网络代表的是地位。通过边缘化，社交网络里的成员可以确保将大家都不愿意做的事留给那些接触不到工作中优势资源和优势语言的人。在这种情况下，伊娃的权利得不到应有的尊重。尤其让她感到沮丧的是，另一位与她年纪相仿（或许还小她几岁）的同事吉尔也和其他同事一起欺负她。吉尔和伊娃的岗位职责相似，而她俩却未能建立起亲密的同事关系。其他的同事对吉尔表示出更多的尊重，这使伊娃感到雪上加霜，让她非常气恼。像Rockhill（1987a，1987b）的研究中所描述的女性一样，伊娃尽了最大努力，却在店里做着最劣等的工作。这让她感到很糟糕。另外，她也为自己蹩脚的英语深感羞愧。

最初，伊娃和说英语的顾客以及同事的接触都很有限。曼彻斯的管理人员认为，和顾客打交道，她还不够格，不到万不得已是不会让她接待顾客的。偶尔，当伊娃有机会做收银的工作时，她的经理总会在旁边踱来踱去。这让她焦虑不已，并导致她在工作中出错。再者，伊娃的情感过滤程度比较高并非性格使然，而是由权力关系不对等导致的，这转而又限制了她的语言能力。

**E**：我坐在收银台后面，有顾客来点菜，我记录下订单，可这时经理走过来，她在仔细地听我说话——我觉得她在挑我的错，于是我刚一张嘴就说错了话。

**B**：你是说这时情况更糟糕了？使你很紧张？

**E**：嗯，是的。

然而，伊娃的焦虑也因为她无法同时做好口头表达和书面记录。换言之，她无法一边和顾客说话一边记下菜单。而曼彻斯则要求员工能同时做好这两件事。Norton Peirce，Swain 和 Hart（1993）解释说，这是一项富有挑战性的任务。

他们［管理者］担心我可能——做不好这项工作。我不跟顾客说话，因为我觉得我跟顾客说话的时候很不自信，我没有足够的时间跟他们交谈。吉尔却常常说些"嗨！你好！"之类的话。她就是这样，跟谁都能说上几句。可是，我没有说话的时间——

重要的是，尽管伊娃缺乏自信、高度焦虑，但这并没有影响到她对英语学习的"投资"。她仍然有学习的动机。虽然处境尴尬，但她并没有打算回到那家意大利商店，即便那里的人们尊重她，使她感到舒服和自信。

> 我在那家［意大利］商店的时候，并不担心自己的感受。我有自己的工作，而且是被委以重任。我觉得自己干得很好。然而，在这里［曼彻斯］，忙的时候，我得负责准备饮品，一个人准备。他们总是让我一个人干活，只有在别无选择的时候才让我和别人一起工作。

#### 4.1.2.2 在工作场所接触讲英语的人

几个月以后，伊娃终于打破了工作场合社交网络的界限，并可以自信地和顾客打交道了。这与员工们参加工作环境内外举办的活动以及伊娃在社交网络里与被边缘化的行为所作的斗争有关。正如 Walsh（1991）研究中的学生，Willis（1977）研究中的男孩和 Morgan（1997）研究中的女性一样，伊娃不满足于向被边缘化的处境缴械投降，她无法忍受被人贴上"没文化的移民"的标签，也无法接受自己对同事来说毫无用处的处境。

在曼彻斯的工作环境**之外**的活动，是指根据公司的政策，每个月由管理者发起并组织员工参与的一次户外活动。正是在这些工作环境以外的活动中，伊娃这个只配干粗活儿的"愚蠢"的人终于有机会展示自己优势的象征资源——青春与活力。也是在此时，伊娃的男友有机会为她的同事提供交通上的便利。曼彻斯的工作环境中存在机构性限制：员工的人际关系在很大程度上取决于工作性质建立起来的社会权力关系，而在工作场所以外，情况就不同了。在伊娃同事的眼里，她的身份变得复杂了，他们之间的关系也发生了变化。伊娃也因此获得了更多参与社交活动的机会。

> **B**：你曾经说起过，和你相比，这里的人更尊重吉尔。现在的情况还是这样吗？
>
> **E**：现在我不这样想了。可能有时候会吧，以前这种感觉会更强烈。
>
> **B**：为什么呢？伊娃，为什么会这样？
>
> **E**：我也说不出原因，只是一种感觉。

**B**：是因为你过去所干的活儿吗，清扫地板以及类似的活儿？

**E**：比如，昨天我和同事们外出了。经理只比我大一岁，她对我说："你不工作的时候跟工作的时候很不一样。"我干起活儿来，尤其是那些粗活儿的时候，不知为什么感觉很不一样。

Toohey（2000）在她针对小学里的语言学习者的研究中提到一个名叫朱莉的小女孩。为了获得更强有力的学习者认同，她在幼儿园课堂上结交小朋友甚至成年人。Toohey 指出，朱莉在校外的认同可能会影响到她与说英语的同龄人之间的交往。每天下午，朱莉在操场上和表妹阿加莎一起玩耍，阿加莎的英语很好。虽然阿加莎并不参与朱莉上午在幼儿园的课堂活动，但是 Toohey 认为，朱莉与阿加莎这样一个英语很好的人建立起来的长期的、稳固的亲密关系，无疑会影响到朱莉的同学，甚至老师对她的印象。同理，当伊娃的同事们发现她在工作环境以外具有良好的社会关系时，便开始对伊娃有了新的认识。他们意识到，事实上，伊娃的身份比之前想象的要复杂，也更积极地对她作出回应。

在伊娃工作的**店内**，她逐渐被委派更多重要的工作，并赢得了更高的地位和更多的尊重，在工作场所使用英语时也更自如了。

形势的变化让我吃惊，尤其是今天发生的事。通常，经理会在早上告诉我这一天要做的事。然后，（我提到过的）那个女孩假装一天到晚都十分忙碌的样子。这样，所有的活儿都得由我来干。可是在今天，经理为我俩分别安排了工作任务。这让我很惊讶，那个女孩比我更惊讶。后来，我手头的活儿都干完了，经理又叫我去订购快餐店需要的蔬菜。这让我感觉更好了。当我感觉良好时，我就能自如地和别人讲话。今天，我说的话比往常都要多。

伊娃解释说，她并不是想跟同事抢好活儿干，而是希望和其他人地位平等，这样大家才有交流的可能性。

**B**：你的意思是，当你做一些不那么劣等的工作时，就更愿意和别人说话了吗？

**E**：和工作的好坏关系不大。好工作人人都想做，我并不是想一直霸占着收银的工作，也不可能这样做。但是，像吉尔和我，地位都差不多，干的活儿也应该是一样的。

　　B：我明白了。换句话说，当你俩都在干活时，你感觉更好，也愿意说话；但是，当你自己在做一个其他人都不愿干的活儿时，你就不愿意讲话了。

　　E：是。

当我追问伊娃请她再谈谈自己对工作性质和练习说英语的机会这两者关系的看法时，她非常明确地道出了自己的看法。

　　B：伊娃，我一直想搞清楚这件事——你所承担工作的性质真的对你是否说英语以及你说英语时的感受有很大的影响吗？换句话说，当上司赋予你更多的职责，同事给予你更多的尊重，你在同他们讲英语时就会感到更加自如吗？

　　E：是的。比如说，她［经理］知道我什么都会做——比如备菜，我可以做一切准备工作。她愿意跟我说话，我就感到非常高兴。有时，大家一起休息的时候，她说应该把洋葱准备好。其实我早就想到了，但是她可能还不知道我这么细心，因为她无法关注所有细节。

　　B：这么说，你的经理非常尊重你的付出。

　　E：是的，我能帮她做好多事呢，她知道这一点。

然而，伊娃并不仅是被动地等待工作环境中的结构关系发生变化，以便获得更多练习说英语的机会，而是积极主动地与环境发生互动，利用各种机会倾听同事和顾客说话的方式，参加各种场合的社交谈话（这让她的同事十分意外），以令人意想不到的方式为快餐店的整体运营作出自己的贡献。以下片段说明了伊娃密切地关注了她的同事与顾客的说话方式。

　　E：我开始为顾客点餐。例如，培根三明治用字母缩写 BLT 来代表——

　　B：好的，BLT 的意思是培根、莴苣和西红柿。

　　E：是的。一开始顾客不知道这些字母代表什么，然后，我一一解释给他们听。这对我来说很难。换作一个英语很流利的人来说，这并不难。而且我无法做到边说边写。午餐期间，我必须尽快处理顾客的订单，这有点难办。但是，事情进展还好。我学着跟顾客解释——我听到同事就是这样解释的，我也学着她的样子。她是加拿大人，我知道她的做法是正确的。

在与同事谈话时，伊娃会为自己争取更多的说话机会，目的是向同事们介绍自己的过去和经历，希望她的象征资源能够得到同事的认可。这让同事们非常惊讶。

**B**：伊娃，你说过，你开始同别人讲话了？那些工作场所的人？

**E**：是啊，但是以前——

**B**：那里的人都是加拿大人吗？

**E**：是的。他们都是加拿大人，他们之间互相交流，但不和我说话——因为——我总是被指派干其他的活儿，我觉得很难受。现在，情况仍然如此，但我不只是在干活儿，我还试着多练习讲英语。

**B**：你是怎么做到的呢？

**E**：比如说，我有半小时的休息时间。有时——我就试着说一说。我的同事们谈论加拿大，谈论这里他们喜欢的东西，他们喜欢去的地方——

**B**：他们喜欢去的地方？是指度假吗？

**E**：是的。然后我就趁机跟他们讲欧洲的生活是怎样的，然后他们就开始问我更多有关欧洲的问题。但是，我没办法解释得特别清楚，回答这些问题对我来说还是挺困难的，比如——

**B**：你是怎么找到机会介入同事们的谈话的？是打断他们吗？

**E**：不是。

**B**：你是等待时机介入的，你是怎么说的？

**E**：不，我并不是等到他们完全安静下来，而是在我能就他们谈论的内容插上话时才开口的。

**B**：你开口介入他们的谈话时，他们是不是感到很惊讶？

**E**：有点儿。

显然，伊娃是想成为人们心目中的，用 Bourdieu（1977）的话说就是英语的"合法讲话者"。Bourdieu 指出，一句话要成为"合法话语"，必须具备 4 个条件。首先，必须由符合身份的主体说出（而不是冒名顶替者）。例如，宗教用语只能出自牧师之口。第二，必须在合法的语境下使用。婚礼誓词只有在婚礼上使用才有效力。第三，必须具备合法的听众。比如，儿童就不能作为学术报告的合法听众。第四，必须具备合乎语音和句法规则的形式。在伊娃的这次介入中，她敏锐地判断出插话的时机，使自己的谈话能够为同事们关于度假的讨论献计献策。既然她无法大谈特谈在加拿大度假的经历（这些不是她的长项），她选择了向同事们介绍欧洲，那里是很多加拿大人向往的旅游胜地。在这次谈话中，她断定她的同事们都是话语的合法听众，语境也是合法化的语境，她谨慎地选择了"介入谈话的时机"。虽然她的英语在合乎语音和句法规则方面还有些问题，她还是成功地表达了自己的意图。这里，我们不好断定她是否是一名"合法讲话者"。她的同事对她提供的信息感到十分意外。然而，他们还是邀请她加入谈话，并询问了许多有关在欧洲生活的问题。

伊娃表明自己可以在很多方面为同事的生活提供积极的帮助，从而进入工作环境的社交网络。她讲述了自己是如何帮助一位经理学习意大利语的，而后者则是为了给丈夫一个惊喜。

> **B**：当你告诉他们关于欧洲的一些事情之后，他们又继续向你提问了吗？他们的反应如何？
>
> **E**：他们又问了更多的问题，然后我们谈到了语言。我的经理嫁给了一个意大利人，于是我帮助她学意大利语——
>
> **B**：别忘了在曼彻斯你可是不能讲意大利语的！记住啊！
>
> **E**：（大笑）不会的，我的经理是英国人，她丈夫也说英语。她只不过想给她丈夫一个惊喜。
>
> **B**：人们知道你会讲意大利语之后，是不是很钦佩你？
>
> **E**：嗯，他们之前就知道我会意大利语。也许是的。因为他们问我是不是还会别的语言，我说我还懂俄语、捷克语，我还学过德语，而且意大利语说得很好。我看他们听到这些很吃惊。

正如本书第三章所讨论的那样，Bremer 等人（1993，1996）曾认为，只有目的语使用者和学习者都积极地促成语言的交际和理解，双方的交流才是最有效的。本研究的数据似乎也表明，在对话中，目的语使用者的"投资"越多，就越有可能促成双方的相互理解。一旦伊娃确定她所拥有的资源（了解欧洲，熟悉多种语言）在工作环境中受到欢迎，她开始逐渐打破以往与同事们的权力不对等的关系，更加自信地使用英语交流。伊娃也在吉尔工作进度落后的情况下帮助过她。根据 Kress（1989）第一章的描述，正是机构话语中的权力促使人们学会快速辨别好同事、好帮手和好员工。好帮手的品质在工作环境中颇受欢迎，能够帮助伊娃克服英语水平欠佳带来的局限。

> 午餐时间过后，我除了清理餐桌之外，没有什么其他的事情要做，也不需要备餐。她（吉尔）那时在洗盘子和其他餐具。如果她需要洗的盘子很多，而我手头的工作也忙完了，我会去帮她一把。这一切她也看在眼里。

### 4.1.2.3 在工作场所接触讲英语人的特权

一段时间之后，伊娃逐渐融入了曼彻斯的社交网络。在她来到这里几个月以后，有一次她无意中听到别人的谈话。一位同事从她身边走过时对另一位同事说："我只喜欢和加拿大人共事。"当后者回答说"伊娃除外"时，前者也重复了一遍"伊娃除外"。我们可以非常肯定地说，虽然伊娃在曼彻斯最初的几个月里被同事们边缘化，但她在后来的日子里成功地改变了自己的处境。[②] 正如她在一次采访中说："我想，他们现在应该明白了，我选择来曼彻斯工作，是因为我没有工作，因为经济不景气而没有工作，因为我不太会说英语。"伊娃认为，从那以后，同事们不再把她当作"愚蠢"的人，而是一个迫于大环境的压力而谋生的人。伊娃有限的英语水平不再被视为无知的代名词，她也不再为此遭到被边缘化的待遇。相反，她的劣势很好地解释了她为何被迫去做那些劣等的工作。换句话说，从前，人们把她所从事的工作归结为她的无能，而今却归因于环境。

伊娃和同事相处时，感到越来越自在，也越来越自信，她开始更多地说

---

② 然而需要注意的是，她未能改变在某些同事心中普遍存在的对移民的民族中心主义观点。

英语。她说得越多，就越感到自在和自信。自信程度和英语的使用是密切相关的。

　　**B**：我猜想，如今，你在曼彻斯讲英语的机会更多了吧？

　　**E**：是的。

　　**B**：为什么？

　　**E**：首先，我练习得多了。说话时不再害怕了，而是感到自信。以前，我不确定我说的对不对，别人听没听懂——因为有时别人听不懂我说的话。

　　**B**：你觉得是因为你的英语变好了，你才感到自信的？还是你感到自信了以后，英语也说得越来越好了？

　　**E**：嗯，都有，都有。

　　伊娃不仅关注自己是不是听懂了同事说的话，而且也在意别人是否能听懂自己说话。这一点非常重要。第三章提到，Bremer 等人（1993，1996）关于英语作为第二语言的研究主要发现之一是，在不同族群之间的交流交往中，语言学习者一方对确保双方相互理解负有主要责任。原因之一是双方在交谈时的"投资"是不对等的。此例中，在和同事的交际中，为了进入同事的社交网络，伊娃投入非常多，否则她很难提高英语水平并创造一个良好的工作环境，因而陷入"第 22 条军规"式的尴尬境地。虽然伊娃曾经帮助一名同事学意大利语，但是，至少在她进入工作环境的最初阶段，她的同事们似乎在和她的交际中没有任何"投资"。

　　一旦进入了社交网络，伊娃就能够参与很多以前没有机会介入的社交活动了。她在工作环境中不再是无足轻重的人。在下面这段访谈中，伊娃指出，她现在已经可以提醒她的同事吉尔按时做好上司分配的工作了，在以前，伊娃都是自己干完所有的活儿。这样，伊娃就可以抵制同事对她的盘剥了。有趣的是，伊娃用来伸张自己权益的途径竟然是使用幽默。她并没有直接要求吉尔做好自己分内的工作，而是通过玩笑的方式，用一种轻松愉快的语气表达了自己的意思。Heller 和 Barker（1988），Rampton（1995）都描述了学生如何使用双关语和语码转换来打破社交障碍。同样，伊娃使用幽默作为话语策略来表达自己的意图。

　　现在她［吉尔］有了变化。例如，我对她说："吉尔，我们今天要为周末做很多准备工作。""是吗？为什么不早点告诉我？"我说："这都是我们的例行工作，又到周末了呀！"然后她就帮我把事情一样一样地做好。现在，我感觉我俩的距离近了，有时可以直接告诉她："吉尔，咱们得干活儿了！"但是，如果我跟她没这么熟悉的话，就不会这样跟她说话。

　　伊娃和吉尔之间的亲密关系发展得很顺利，两个人甚至一起谈论加薪的事情。在这方面，Goldstein（1996）在其著作的第三章中指出，要进入社交网络，不仅要有象征资源，还得有物质资源。

　　B：你跟同事谈论过自己的薪水吗？你知道吉尔赚多少钱吗？

　　E：嗯，吉尔很可能和我挣的一样多。只是，我不方便直接问经理吉尔挣了多少钱。

　　B：但是，你怎么知道你跟吉尔的薪水一样多呢？

　　E：吉尔问过我——我们一同去要求加薪。

　　B：真的吗？

　　E：是的，我们去找经理要求加薪。经理说，现在还不行，她还不能去找店主说这件事，等到夏天再说。

　　B：真的呀！吉尔也建议你要求加薪吗？

　　E：嗯，嗯。

### 4.1.3　讨论

　　根据二语习得理论，本研究所收集的材料清楚地表明，学习者练习英语机会的多少与自然的或非正式条件下语言学习者所处的社会权力关系有密切关联。虽然伊娃在工作环境中能够接触到说英语的人，但是起初她并没有融入那里的社交网络，也没有机会接触那些让饭店赖以生存的顾客。在这一点上，学习者不仅应该与占主导地位的群体保持联系（Bremer et al.，1996），而且需要接近该群体的交际圈。伊娃刚到曼彻斯工作时，她的物质资源和象征资源都没有引起同事的关注。她被指派做一些低级的工作，也无法自如地使用英语进行交流。而且，她工作的地方排斥非加拿大本土的外来移民，使得双方在社交上的"投资"并不对等。由于伊娃被边缘化，她无法参与工作环境中的各种能够提高英语水平的活动，并遭受同事的盘剥。她缺乏自信、时时焦虑的状态并不是她的本性，而是社会环境中不对等的权力关系使然。直到几个月以后，伊娃才逐渐融入当地的社交网络并赢得了用英语交流的权利和机会。情况的改善一方面是由于伊娃主动出击、拒绝被孤立，另一方面是因为伊娃工作的饭店组织员工参与了一些工作以外的活动，使得伊娃有机会展示生活中的自己，从而逐渐摆脱"非技术移民"的身份认同。

在一次日记讨论会上，我问伊娃是否能感觉到自己已经成为加拿大社会的一员。她回答说，在加拿大生活令她感到很愉快，因为人们能够喜欢并接受她。问题的关键在于，只有在工作环境中，伊娃才能接触到加拿大当地人。从很多方面来看，伊娃的工作场所**就是**加拿大社会的一个缩影。由于伊娃逐渐融入了工作环境的社交网络，她能够经常练习说英语并使用英语流利地与人交流。事实上，以她当时英语流利的程度，完全可以在纽敦的另一家餐厅找一份服务员的工作，那里对员工的英语水平有较高的要求。在那里，她不仅收入更高，而且能够和顾客密切接触，有更多机会说英语。也许伊娃还没有成为名副其实的"加拿大人"，但她现在已经摆脱了被边缘化的状态，也有了一定的社会地位。正如她自己所言，"我感觉现在我已经和加拿大人有同等的机会了。"

值得讨论的是，伊娃是一个典型的具有多元文化背景的公民。她说过，作为一个在加拿大的波兰人让她感到很舒服。她在生活中使用波兰语，工作中则使用英语。而且，如果偶尔有人用怪异的眼光去看她，她会认为那是他们有问题，而不是她自己有问题。但她刚来到加拿大时，假如有人对她表现出不尊重，她就会认为自己做得不够好。伊娃说她所学习的英语课程帮助她顺利地适应了环境。假如没上过这门课，"我肯定要花更长的时间"（来适应环境）。然而，对伊娃来说，最好的老师是"现实生活"。而且，她所从事的工作帮了她，不仅有大量接触和练习英语的机会，而且可以观察加拿大本地人在交流时使用的语言和行为——加拿大人的"处世"方式。在曼彻斯，伊娃的身份就是一个与其他员工有所不同但地位平等的人。由于她后来摆脱了被边缘化的状态，开始为同事所接受和尊重，她能够开始和他们讲话，练习说英语，并成为流利的英语使用者。同时，伊娃不仅希望被人们所接受，也希望她的"与众不同"得到人们的尊重。她在日记中写道："刚来到这里时，我的同事们不明白这一点，对于我来说，要想弄清楚这儿的一切，了解那些他们早已十分熟悉的事情是多么困难。"这种情绪可以在伊娃的另外一段话中得到验证。她说同事们都"无法理解在一个语言不通的国家生活和工作会有多艰难"。伊娃想要她的同事试着去了解她，原谅她不能立刻搞清楚那些人们早已想当然的事情。然而，她宁愿人们不了解她，也不希望被边缘化。

在日记研究结束以后，再看到伊娃时，我了解到她仍然在为了赢得同事的尊重而抗争，还有相当一部分加拿大人因为她的英语不够好而不愿意接受她，这令我感到十分不安。她还给我讲了一段经历。一位男性顾客曾质问她："你以为你说话带点口音就可以多拿小费吗？"伊娃对此感到非常气愤，但她还是对他说："我倒是希望我说的英语没有口音，那样的话我就不会听到这样的评价了。"此后，每当伊娃听到类似的民族歧视性言论时，她都不再保持沉默，而是变得非常愤慨。她的身份认同发生了变化，随之而来的是她越来越多地在公共场合说英语。

## 4.2 梅

*"我为我的父母和侄子们感到很难过，他们之间几乎无法交流……而我总是夹在他们中间。"*

为了谋求未来发展，梅对英语学习的"投资"很多。她不仅要进入加拿大主流社会（这一点和伊娃是相同的），而且还要提高自己在家庭中的地位。在家里，她是家人之间交流的"媒介"，并一直在寻求各种途径来反抗她兄长的父权地位。梅不得不在家里和工作场所利用各种机会来练习英语，而这些机会却受制于高度复杂、富于变化的社会关系。我会在适当的时候对比梅和伊娃各自的经历，读者会发现两人既有相似点，也有不同之处。两人年纪相仿，几乎在同一时间来到加拿大，都是单身，刚来时一点英语也不会说，她们也是我所关注的 5 位女性中在短时间内得到全职工作机会的。同时，她们也有很多不同之处。在加拿大，梅一眼看上去就是少数族裔，她来到这里后生活在三代同堂的大家庭里，这种状态一直持续到她结婚。她的家人在日常生活中都说英语，而她自己有裁缝的手艺，这在加拿大是个收入不错的行当。

## 4.2.1 梅的家：巴别塔

梅的兄长明，在梅来加拿大之前已经在这里生活了十多年。他比梅大十几岁，娶了越南姑娘檀，两人养育了三个儿子：14 岁的特朗出生在越南，另外两个儿子分别是马克（12 岁）和凯文（8 岁），出生在加拿大。一家人住在纽敦的一个富人区，这里宽敞的新房子被精心分隔成数个居住区域。梅的兄长供职于一个政府部门，收入可观。而她的嫂嫂檀则拥有自己的服装生意。最开始，梅和年迈的父母都住在兄长家里。于是家里有祖父母、父母、三个孩子和梅。就在梅刚刚来到这里的时候，房子里还住着她的一个弟弟，不久弟弟就搬到了另一所房子。与伊娃不同的是，梅在自己的住处必须面对复杂的家庭关系：她是父母的女儿、兄嫂的妹妹以及三个侄子的姑姑。

值得关注的是，梅与伊娃的情况不同。梅的家人在日常交流中使用的语言包括越南语、汉语和英语。梅的父母会说越南语和汉语，但不会英语。兄嫂会说越南语和汉语；她兄长的英语非常好，而嫂嫂只会说一点英语，她的三个侄子只说英语。这就意味着梅的侄子和她的父母无法直接交流，三个孩子和他们的母亲之间的交流也很有限。正如梅所写的那样：

> 一想到我的家人，就感到好笑。虽然人并不算多，却使用了三种语言。我父母不会英语，我和他们交流时必须使用越南语或者汉语。多伦多的朋友来我家拜访时我得使用汉语和他们交流，因为他们都是中国人。和哥哥、嫂嫂在一起时，我用越南语，他俩平时交谈就用越南语。我的侄子们除了英语就不会别的语言了。所以和侄子在一起时我就说英语。无论别人用哪种语言跟我交谈，越南语、汉语还是英语，我都无所谓；只是我的父母和我的侄子们无法直接交流，这让我感到很难过。这是家里最大的不

幸。如果将来我有了自己的孩子，我绝不会让这样的事再次发生。

梅的家人使用语言的模式与整个家庭乃至整个加拿大社会的权力关系有着复杂的关联。这些关系有其特定的父权制、种族和经济方面的背景，最终导致这个大家庭的解体。这反过来影响了梅身份认同的建构、英语在家庭中的地位和梅练习说英语的机会。我首先来分析梅的侄子们和他们的母亲之间的关系。以下对话说明檀和儿子们之间的交流十分有限。

> **B**：你在家的时候可以听到很多英语的谈话，对吗？
>
> **M**：是的，我的三个侄子都说英语，所以我也跟他们说英语。
>
> **B**：他们三个会说越南语或者汉语③吗？
>
> **M**：不会。
>
> **B**：一点儿也不会吗？
>
> **M**：一点儿也不会。
>
> **B**：为什么会这样？你的嫂嫂在家里跟她的儿子们说汉语或者越南语吗？
>
> **M**：不。因为她有自己的生意，所以必须说英语。在家时她也不跟孩子们说汉语，担心长此以往她自己的英语就渐渐生疏了，所以她尽可能地说英语。我的三个侄子英语比她好，因为他们就出生在加拿大，在这里上学——
>
> **B**：但是，你嫂嫂不跟孩子们说越南语吗？
>
> **M**：不，从来不。

我问梅，如果这几个孩子不跟檀说越南语，而檀的英语水平又非常有限，那么檀是如何跟孩子们交流的呢？梅的回答是，檀很少和孩子说话。每次她试着跟孩子说英语，都是费了好大劲儿让人明白自己的意思，孩子们因此取笑她。梅说她的兄嫂整天都在忙着赚钱，侄子们甚至不叫檀"妈妈"（Mummy），而戏称她为"钞票"（money）。由于檀不懂英语，这几个孩子不尊重她，经常命令她："闭嘴，钞票！"

---

③ 在本研究中，我将忽略中国各种语言变体之间存在的差异。

　　显然，檀在家里刻意地不说越南语，因为她认为如果经常和孩子们说英语，她的英语水平就会进步很快。她的学习动机部分来自于经济方面的考虑。然而，孩子们从小就在加拿大本地接受教育，英语进步飞快，很快超过了檀。于是，檀在家里开始失去了作为家长的威望。事实上，孩子们似乎把英语当成了武器，在家中对他们的妈妈"舞枪弄棒"。男孩们对妈妈的不敬可以部分归咎于他们的爸爸明在家中对待妻子檀和妹妹梅的态度。有一次，明因为男孩们对妈妈不敬而责备他们，二儿子马克站出来说道："你自己不也是这样对待祖母和姑姑的吗？"梅的家庭中的父权制思想影响了家人的语言使用模式，也最终导致了家庭中代际关系的瓦解。

　　然而，还有一点非常重要。在一次日记讨论会结束后回家的路上，梅提到，家庭结构的瓦解与家中英语的使用情况以及她的兄长对生活在加拿大的越南人和中国人的态度有很大关系。她觉得兄长总是把越南人和中国人当作"劣等"人，而把加拿大人当作"优等"人。虽然他自己是越中混血儿，他的妻子也是越南人，但是他不喜欢越南人和中国人，认为他们都是"坏人"。梅的几个侄子从小被当作加拿大人养，没人鼓励他们学越南语——只有老大懂一点越南语。他们对越南人和越南语没有任何兴趣，并表示很讨厌越南人的长相。梅的兄长总是试图把自己想象成一个加拿大人，但是他周围的人并不这样看。他试图结交加拿大朋友，对待加拿大朋友和越南朋友的态度截然不同。看来加拿大社会中的种族歧视——无论是显性的还是隐性的——对梅的家庭成员的身份认同产生了负面影响。北美地区的学者诸如 Wong Fillmore（1991）与 McKay 和 Wong（1996）都对这一现象进行了广泛的研究，本书第六章也将进一步关注这一现象。

　　梅和父母刚来到加拿大时，她就意识到自己在家庭中的处境了：英语是家里的权力语言，男性掌握权威，在这个家里加拿大人比越南人和中国人地位高。但是，梅反对兄长的父权倾向和种族主义倾向。21 岁的梅来到加拿大时，对自己身上的越南和中国文化传统是非常自信的。看到哥哥那么希望摆脱越南人的身份，以及侄子们对祖先的传统毫不在意时，梅感到十分痛心。看到哥哥像变了一个人似的，对自己的父母也缺乏应有的尊重，她甚至感到震惊："祖祖辈辈传下来的东西，怎么能说扔就扔了呢？"与此同时，梅也知道她父母在加拿大的这个家庭里一点发言权都没有。因此，梅不得不屈从于她兄长的权威。虽然梅可以跟檀交流，但后者似乎在帮助丈夫树立他在家中的权威。我曾指出，正是梅和她的侄子们建立的特殊关系使得她有机会在家里练习说英语，抵制兄长的权威并重新定义自己的性别认同。

梅来到加拿大是为了追求理想中的"未来生活"，然而，她的兄嫂对于她的未来却有着不同的看法。梅向往独立的生活，学英语，学驾驶，学习会计课程。在这一点上她和兄长的父权制思想发生了冲突。兄嫂二人在很多方面限制了她要求独立的想法。其中有言语上的施压，比如，两人说她是个"证书狂"，对于她想要考取的驾驶证、英语水平证和会计从业资格证予以无情的嘲讽。而且，还有经济上的限制，兄长要求她将每月的薪水如数上交。此外，梅的闲暇时间也被挤占了。每天下班回家后，她就到地下室帮助檀完成一批又一批的服装订单。最后，连她的单身状态也成了他们贬损的对象，像她这样一个"小女孩"根本不需要去上学，只需"寻个有钱人嫁了"。实际上，从梅来到加拿大的那一刻起，明和檀已经在为她物色结婚对象了。第一个对象是檀的亲戚，他亲自去机场接梅。在一段访谈中梅是这样描述他的。

> 我到加拿大时已经是夜晚了。他来机场接我，这是第一次见面。第二次见到他时，他买了一些东西送给我，并要求做我的男朋友。嗯，可是，当我了解这个人以后，我不愿意答应他。这人倒也不傻，只是不适合我。嗯，我只是直接告诉他："咱们做兄妹还挺合适，但是，做男女朋友不合适。"后来，他说："好吧，就当我是你哥哥好了。"

对于家庭带给她的种种压力，梅的感受是复杂的。有时她会试图去和兄长争辩，说她希望过上独立的生活；有时，她说"至少我没做任何伤害别人的事"，以此来为自己的行为辩护；有时，梅保持沉默，什么也不想说。对比前面提到伊娃的案例，伊娃常常在工作环境里保持缄默；而梅则一直在为赢得家人的尊重而抗争。有一点很重要，梅从未直接去挑战她兄长的权威。虽然她不赞成兄长的很多做法，但从来不去质疑他左右自己生活的权利；梅从来不去挑战父权制度，而试图去适应现有的制度，同时也积极地寻求独立自主。而伊娃则是对工作环境中的各种歧视和侵权行为深感沮丧却无能为力。可见，梅和伊娃面对生活中的压迫采取了不同的态度。与 Rockhill 的研究中所提到的很多女性相似，梅并不认为独立自主是她应得的权利，而是隐忍之余可能享有的特权。

由于这个三代同堂的大家庭的解体，以及曾经给予她支持的物质和情感体系的瓦解，梅不得不重新定义她与这个家庭的关系。梅的父母不能给她提供支持。她的父亲不懂英语，早就失去了家长的地位，到了加拿大以后，在家里也没有什么发言权。她母亲则终日打扫屋子、为家人准备三餐，余下的时间就独自待在房间里，和家人十分疏远。嫂嫂在家中也没有权威可言，跟自己的孩子关系淡漠，整日整夜待在地下室，为客户加工服装和窗帘。在某种意义上，梅必须重新定义自己在家中的身份，除此别无选择。在家中，她可以像檀一样，成为一个经济上的囚徒，没有多少家庭成员的认同和权威；她可以接受自己被边缘化的角色，就像她母亲那样；她也可以要求获得一个完全不同的身份，从而使自己的生活具有更多的可能性。在上述可能性中，梅选择了最后一种，尽管兄长打算让她像嫂嫂那样去干活或者尽快嫁掉了事。

梅的对策分两步走。首先，她在外面找了一份工作。这使她能够在经济上为家庭做一些贡献，同时为自己赢得更多说英语的机会。然后，随着英语能力的提高，尤其是在参加了为期半年的 ESL 课程以后，她能够在家人相互交流时充当翻译的角色。这个角色在一定程度上提高了她在家里的地位和权威，除了她的兄长，还没有一个人能做到这一点。在一次日记讨论会上，她提到自己经常在父母和侄子之间，偶尔也在侄子和他们的母亲之间充当翻译的角色。这使梅在她的侄子眼中成为一个受尊重、有威信的人。这几个孩子也在后来梅抵制父权的斗争中成为她的盟友。前面曾提到过，就是这几个孩子在梅与兄长发生冲突时挺身而出，质问他们的父亲为何不好好待梅。梅刚来加拿大不久，英语水平却比他们在这儿生活了十多年的母亲还要好，这使他们对梅刮目相看。正如梅所写的那样，"有一次，特朗告诉我：'我希望你不要像那些只关心赚钱而忘了讲好英语的人一样，这样对将来没什么好处。'我明白他的意思。"梅的理解是，侄子们对他们的母亲那种终日为钱而操劳，丝毫不注重象征资源的做法十分不满。他们非常希望梅不要步檀的后尘。正是梅与侄子们建立的友谊以及在家中作为翻译的角色让她在日常生活中获得了很多练习说英语的机会。

虽然梅的兄长对于她和男孩们的密切联系非常警觉，他仍然把梅看作是这个家庭的财产，而不只是个"小女孩"。她为家庭带来收入，在家人交流时充当翻译，照顾孩子们，让年迈的父母有机会去旅行。尽管梅的兄长内心十分矛盾，在他远赴越南的那一个月里，他还是让梅而不是祖父母来照顾三个孩子。这时，梅已经和孩子们建立了一种互助的关系。正如梅所叙述的那样，他们教她英语，她来照顾他们。

> 哥哥和嫂嫂四周前去了越南。从那时起，我开始照看三个侄子。父母都离开了，他们一定很难过，所以我尽量像他们父母在家的时候那样，维持正常的家庭生活。我一直在琢磨弄些他们最爱吃的食物。晚上睡觉前，我会去看看两个年幼的孩子，确保他俩都没事儿。最令人高兴的是，他们一直特别友善、特别听话。如果想要外出或做点什么事情，都会事先征得我的允许。对我和我的学习帮助最大的是凯文。他8岁半了，是三个侄子中最小的。每当我要求他帮我听写或者做点别的什么事情，他总是乐于帮助我。他帮我最多。他念英语，帮我完成听写。特朗是老大，在读高中，没有多少空余时间，老二马克也是。我知道他俩都很忙。所以我也不去打搅他们。但是，每当我学英语遇到困难，凯文又解释不清时，我就得去问特朗或马克了，他们也很愿意帮助我，把问题也解释得很清楚。

我发现梅在家里作为语言"中介"的身份和她对学习的"投资"之间存在有趣的关联。对于梅来说，英语是她用来对抗兄长父权的武器，同时也是她在家庭和社会环境中身份地位的象征。梅是个十分勤奋的学习者——她会利用一切机会练习英语。她白天工作，并克服了各种困难利用晚上的时间学习，修完了一门又一门的课程。在家里，她和侄子们练习说英语，定期参加日记讨论会，大量撰写日记。梅与父母在加拿大居住一年以后，她的父母遭到兄长的驱逐，她却可以选择继续留在兄长家居住。这都是她运用上述策略的结果。梅是这样描述这次变故的：

> 现在，我很难过，很孤独。今晚是我和母亲住在一起的最后一个晚上了。明天，她就得搬到别人的房子里，然后一直待在那儿，照顾一个6个月大的孩子。我从出生到来加拿大就一直和父母一起生活。哪怕只有10天的时间看不到他们我就会非常想念。但是现在，他们就要离开我了，我

却无能为力。一想到这些我就很伤心。以前在越南的时候，总是想着能来加拿大，见到久违的兄长和家人，然后一大家人快快乐乐地生活在一起。可是现在，我们的境况多么糟糕！我的父母也难过极了，他俩做梦也没想到有一天会发生这样的事，他们再也不想在我哥哥家待下去了……我不知道今后等待我们的是什么。我也不知道自己是否足够坚强，能否挺过这场暴风雨般的变故。

考察了梅在家中学习英语的情况以及她的学习条件如何受到社会结构的影响，接下来我们考察梅在工作环境中使用英语的情况如何受到社会结构的影响以及这两者与梅对英语学习的"投资"之间的关联。

## 4.2.2　梅的工作场所：从局内人到局外人

学完 ESL 课程以后，梅开始在纽敦纺织厂做裁缝。在那里，她是年纪最小的工人，也是唯一具有越南和中国血统的人。除了梅，还有其他 7 名工人，全部是外来女性移民，"没有一个是加拿大本地人"。梅刚来这里时，大家都用英语交流。这些工人包括四名意大利人、两名葡萄牙人、一名印度人。偶尔才会有人说一点自己的家乡话，"可能有些事不想让我们听到。他们不由自主地说话速度很快。"本书第三章提到，Goldstein（1996）在自己的研究中详细地描述了移民工人如何在工作场所建立亲密友好的关系，他们亲切地称彼此为兄弟、姐妹和女儿。Goldstein 认为，这种情况下，工作关系被表征为家庭关系和社群关系。例如，员工对上司的不满会被视为家庭问题。这种工作关系会对语言的产出模式产生重要影响：葡萄牙语成为亲密关系以及员工身份的象征。语言与社群成员对彼此的权利、义务和期待联系在一起，其中包括成员互助以及帮助那些效率不高的工人顺利完成任务。

梅来到纺织厂以后所经历的正是这样的人际关系，只是在这里，亲密关系是通过英语建立起来的。与伊娃不同的是，梅来这里以后，在融入工作环境和找到英语练习机会这两方面没有遇到任何麻烦；她也没有被指派去做最累的活儿。相反，梅的工作能力非常出色，很快就赢得了管理者和同事的尊重。另外，与伊娃不同的是，这里的工作不分好坏，工作的分配也和员工的英语水平没有任何关系。大家都做着同样的工作，工作好不好和英语好坏没有关系。梅以及她的同事们全部是外来移民。与伊娃不同，梅是她所在集体的一员。而且，由于她年纪最小，她被亲切地称为"小姑娘"。在某种意义上，有经验的年长一些的人把她当女儿来看待。事实上，梅也把工厂里最有经验的员工称为"我们大家的母亲"。与伊娃的情况类似的是，梅的工作环境就是大的社会环境的缩影。然而，对于梅来说，工厂不仅给她接触英语、练习英语的机会，更是为她提供了精神上和物质上的支持，缓解家庭生活给她带来的焦虑。

我第一次采访梅是在 1990 年的 12 月，那时她对工厂的环境非常满意。她有很多机会说英语，上司支持她，同事喜爱她。

> **B**：在你工作的时候，英语说得多吗？
>
> **M**：非常多。（大笑）有时候说得太多了，他们不得不叫我停下来。工作的时候，如果不说说话，就要睡着了。听着机器运转的声音，就会——
>
> **B**：就会感到困倦？
>
> **M**：我还好，但是有的人会感到昏昏欲睡，于是我试图让她们保持清醒。刚来的时候我很安静，后来就习惯了这里的环境、这里的人，所以试着多开口说话。因为我特别想找机会练习说英语。即便对我的上司也是一样，我告诉她，我不太会讲英语，希望她有机会能教我一些阅读、写作和口头表达，她听了，非常爽快地说"好"，因此——
>
> **B**：你的上司，她是加拿大人吗？
>
> **M**：她是意大利人，她很年轻的时候就来加拿大了。
>
> **B**：她英语很好吗？
>
> **M**：是，非常好。
>
> **B**：她跟你说话多吗？你们一起工作的时候？
>
> **M**：说得很多。
>
> **B**：人也很友好？很友善？
>
> **M**：非常友善。有一次我在工作中出了点事故，她非常担心我。

　　**B**：哦，是嘛。

　　**M**：嗯，我非常喜欢工厂，同事们都很喜欢我。

　　上面这段话非常重要，它说明梅的工作环境在很大程度上给了她自尊。大家都关心她，她就很高兴；她一高兴，就爱多讲话。与本研究中提到的年纪稍长、在家庭中寻求慰藉的两位女士以及有生活伴侣的伊娃不同的是，梅在三代同堂的大家庭中很少能获得慰藉。相反，正是在工作环境里，她才感到满足，这里有喜爱她的朋友，有很多练习英语的机会。在家中，她自己的母亲一点发言权也没有；而在工厂里，被称为"我们大家的母亲"的丽塔则享有很高的威望。

　　当大家都有事情做，工厂里的气氛也好，梅就可以毫不费力地把英语学好。然而，情况发生了变化。工厂的管理者察觉到经济衰退带来的影响，开始裁掉部分女工。梅因工作能力出色而免遭裁员。但是，那些不幸被裁的人却对工厂基层的人际关系、语言使用的模式以及梅的英语学习产生了深远的影响。

　　　　工厂出事了。我非常难过和不安。今天午饭后，艾米莉亚告诉两个女工明天不用来上班了，厂里的活儿不够分。老板决定只留下一部分熟悉整体业务流程的人，还说经验并不重要。几乎每个人都干了至少8个月，我还是时间最短的一个。但是老板让我留下来了。我知道这会让有些人很不开心，但是我也没办法，这不是我的错，尽管她们很难过。她们当着我的面谈论这件事。一个说"这不公平，我在这儿工作时间比她久，凭什么要辞掉我呢？"另一个说"有的人啥也不会干，为什么还留下了呢？"然后，她们开始用自己的母语意大利语和葡萄牙语来交谈。她们用一种奇怪的眼神看着留下来继续工作的人。她们还说了很多我听不懂的话，我不知道她们是怎么评论我的，我只是按老板的交代去做事。

　　工厂裁员过后，女工之间原有的亲密关系荡然无存，随之而来的语言使用模式也发生了变化。除了梅，其余留下来的女工都是意大利人：艾米莉亚（监工）、丽塔（经验最丰富的女工）和伊尔萨。这几位不再讲英语了，全讲意大利语。因为女工不需要直接和顾客交流，工厂里对讲意大利语也没有限制。她们劝梅也学习意大利语。梅不愿意这样，她坚持说英语，但是同事们都说学点意大利语有好处。需要指出的是，此时梅感到自己被孤立了，不是因为自己说不好加拿大的官方语言，而是因为不懂一种非官方的语言：

> 自从上个礼拜二开始，我的工作环境就变得非常安静了。除了监工，只有三个人干活：丽塔、我、伊尔萨。我们没有像以往一样打开收音机。她们几个都是意大利人，一直说意大利语。有时我感到很孤独，就好像我一个人在干活儿一样。她们都劝我学一点意大利语。一开始我还挺愿意学的，丽塔教我说"谢谢""早上好""明白"以及从一数到十。我发现意大利语比英语难多了，尤其是发音。终于，有一次我对丽塔说"我不想再学意大利语了，我还是想学英语。"在厂里我最小，大伙儿都喜欢拿我打趣，用各种方式称呼我。丽塔说："得了吧，小姑娘，多学几种语言对你有好处。"每当她让我做某件事情或者去拿某件东西，都用意大利语。一开始我还听不懂，傻傻地站在那儿，表情一定很滑稽。艾米莉亚看到了我，问道："小姑娘这是怎么了？"伊尔萨解释了原委，艾米莉亚忍不住哈哈大笑。丽塔这个人喜怒无常，她可能刚刚还很愉快，转眼间就暴跳如雷，像是变了一个人。但在工厂的日子里，她对我很好。有时，她教我用她的方法来干活，比起我自己的方法更简单快捷。

裁员风波过后，英语在工厂里不再是权力的象征，取而代之的是意大利语。这让梅陷入一种尴尬的境地。如果忽视了英语学习，就会失去作为家庭交流"中介"的身份；如果坚持下来，又可能失去同事的友谊。事实上，不仅会失去同事的友谊，还将失去学习她们的经验和技能的机会，而后者正是可以帮助她成长为一名出色员工的象征资源。正如梅自己说的那样，丽塔教她用简单快捷的方式做事，如果梅放弃学习目前工作场所使用的主流语言——意大利语，她得到的帮助也将大打折扣。需要指出的是，曾经有两个被辞退的女工再次回到厂里时见到了梅，却没有跟梅打招呼。梅讲述了其中一个人看到自己，很不情愿地把脸转向她，告诉梅她没有被辞退的原因是梅还单身。被辞退者都不愿意承认，梅能够留下来是由于她工作出色且很勤奋。她们的话暗示了梅是因为没有丈夫为她提供生活保障，才免于被裁的。

这番话的社会含义需要结合梅的性别认同的建构来理解。在家里，她同一个坚持认为"女孩不需要上学、只需要找个有钱人嫁了"的兄长及其家长作风抗争；在工厂，她被看成"小女孩"，一个因为自己是单身而免遭辞退的人。和伊娃一样，梅并不想做高人一等的工作，也不想受到优待，她只想和别人平等。可是，她却被看作一个"因为自己的性别而受到优待"的人。过了不到一年，梅嫁人了。她丈夫"挽救"了她，使她从父权以及工厂里由于单身而被边缘化的压力中得以解脱。丈夫给了她一个加拿大人妻子的身份。这一点如何影响梅的英语学习还不得而知。梅说她丈夫不愿意让她出去工作，至多"允许"她继续学习。

## 4.3 评论

对于伊娃和梅来说，她俩各自的工作场所都是加拿大社会的缩影，但是两人的经历和学习英语的机会却有很大差异。在伊娃的案例里，她的认同经历了从受教育程度不高的女性移民到备受关注的同事。而在梅的案例里，她的认同经历了从能力出色、精力充沛的同事到一个被孤立的未婚女性。Lave 和Wenger（1991）对于情境学习的研究可以给伊娃和梅在工作场所最初的定位以及后来发生的变化提供一个分析视角。Lave 和 Wenger（1991）在人类学的研究框架下，主要关注语言学习与学习所发生的社会情境之间的关联。通过一个所谓"合法化外围参与"的过程，特定群体中新加入的学员与原有成员发生互动，并在实践中不断积累经验。这样的一个视角在二语习得研究（例如 Toohey，1998，2000）中非常有用，因为它聚焦群体的局部分析，并坚持认为学习者应该被视为社会和历史中的一员，而不是孤立的个体。而且，Lave 和 Wenger（1991）呼吁学者们承认任何群体中都存在社会结构对成员参与程度的制约或促进作用，进而更细致地考察语言学习所发生的条件和参与者的实际活动。

在伊娃的工作场所，最先对她的学习活动产生制约的因素值得推敲，原因是这违背了新来者进入一个实践共同体之初的期待，即：新来者希望能够以各种方式接触到这个实践共同体的核心活动。正如 Lave 和 Wenger（1991：

100）所述：

> "合法化外围参与"的关键在于新来者能够参与到共同体的实践以及其他与该共同体有关的活动当中。虽然新来者的加入给共同体注入了新鲜的血液，但同时也会存在问题。为了真正融入实践共同体中，新来者必须广泛参与相关活动，结识老前辈和其他共同体成员，获得各种信息、资源和参与活动的机会。

值得一提的是，在伊娃的案例中，她是经过了艰苦的抗争才最终获得一切的，随着她逐步获得工作场所内部的信息、资源和参与实践活动的机会，她的认同才有了变化。

至于梅，她在很多方面都像是一个新的实践共同体中的老前辈。她是纺织厂里经验丰富的裁缝，一开始就被看好，被当作能为该实践共同体作出积极贡献的人。而这个共同体也充分满足了她的期待，因而梅对自己的工作能力有十足的自信心，经常参与同事们的谈话。然而，在工厂里发生了裁员风波以后，梅出色的工作能力却对她的同事构成了威胁，有些人渐渐与她疏远了。梅遭遇了孤立，她的象征资源和物质资源都受到了影响。她的朋友变少了，能学到的手艺也不如以前多了。这种截然相反的新老员工之间的关系在 Lave 和 Wenger（1991）的研究中鲜有讨论。但是，正如我在 Norton（2001）中所说的那样，实践共同体视角和 Wenger (1998) 近期有关认同话题的讨论都为课堂上和社群内的二语习得理论研究提供了广阔的前景。在本书第五章中，我们将通过观察卡塔瑞娜、玛蒂娜和菲丽西亚在工作场所的实践活动，深化对这一问题的认识。

# 第五章  母亲、移民和语言学习

"我希望你说英语，【西班牙语】如果你想找一份好工作，英语必须流利。如果你的英语带口音，那你接受教育的价值又何在呢？"我妈妈会这样说，她觉得我说话总带有墨西哥口音，这真叫我难过。

(Anzaldúa，1990：203)

探讨语言学习与性别之间关系的理论研究和实证研究都具有一定的复杂性。Freedman（1997）在一篇探讨语言使用中的性别问题的综述性文章里，区分了语言与性别研究领域内两个不同的研究传统。第一个传统与社会语言学领域关系密切，以 Lakoff（1975）和 Tannen（1990）的研究为代表，主要关注男性和女性在社交场合使用语言的方式。如，Lakoff 认为女性比男性更加倾向于使用试探性的表达方式，更多地使用疑问附加语和模糊表达。Tannen 承认上述现象的存在，但在解释其背后的**原因**时，不像 Lakoff 那样强调男女之间权力地位的差异。Freedman 所说的第二个传统与针对语言社会化的人类学研究有关，如 Ochs（1992）认为性别角色都具有一定文化偏好，都是由特定语境下的语言表达来实现的；应该通过这些表达中所体现的行为、立场和活动来研究性别的建构。她还特别指出，不同文化背景下交际行为的差异在婴儿和幼儿的社会化过程中扮演着重要角色，他们通过这些行为建立起各自对女性的认知，尤其是对母亲角色的认知。

应当说上述两个研究传统都为性别与语言的研究提供了丰富的视角，本章将基于语言学习研究提出一个理论框架，以此来思考性别在语言学习中的重要意义。在此，我关注的问题不再是"女性是怎样使用语言的"或者"哪些交际行为与特定文化背景下的性别角色相关"，而是"女性在什么样的**情形**下使用语言"。具体来讲，我将一位女性移民作为研究对象，考察她作为母亲的性别认同与她对目的语学习的"投资"以及与目的语使用者之间的互动这三者之间

133

错综的关联。在本书前几章内容里，我们可以发现，伊娃和梅作为有伴侣的年轻女性和无伴侣年轻女性的性别认同已经影响到她们在各自的工作环境中所接触的目的语使用者。伊娃的男朋友能够开车把她的同事们载到聚会地点，这为伊娃赢得了更多的尊重，并增加了她使用英语交流的机会。至于梅，她的同事对于她年轻、单身的身份则充满了矛盾的心态。一方面，有些同事对她持保护的态度，亲切地称她为"小姑娘"，并邀请她参与谈话。另一些人，尤其是遭遇裁员的女工，则认为她并不能胜任所从事的工作，能够免遭裁员完全是由于她的单身状态。"你家里没有男人。"她们说完便转身走了，在这两种情形下，梅都没有被当作一个独立的人来看待，也没有得到应有的尊重。

现在，我将聚焦本研究中三位年纪稍长的女性：卡塔瑞娜（来到加拿大时34岁）、玛蒂娜（37岁）和菲丽西亚（44岁）。卡塔瑞娜是三位女性中年纪最小的，家里有一个还在读小学的孩子。玛蒂娜和菲丽西亚的家中各有三个孩子：其中两个是青少年，还有一个即将进入青春期。三位女性都在来加拿大之前就在本国接受过高等教育、结婚生子，也都在本国工作了相当长一段时间，但移民到加拿大后都没有再从事此前的工作了。另外，三位女性之间也有很多不同之处，首先是她们移民加拿大的原因不同。卡塔瑞娜和她的家人来自波兰，他们到加拿大是因为向往资本主义制度和基督教传统。玛蒂娜来自捷克斯洛伐克，为了让子女将来过上更好的生活而来到加拿大。菲丽西亚则是因为"恐怖主义在秘鲁日益猖獗"。同时，三位女性此前的生活方式也有所不同。卡塔瑞娜接受过良好的教育，从事教育事业长达17年。玛蒂娜是一名专业检测员，自完成学业后一直供职于同一家机构。菲丽西亚从事小学教育，曾住在秘鲁的一个高级住宅区，过着奢侈的生活，每逢周末就到海滨的小别墅度假。在本章，我要说明以下几个问题。首先，这几位女性作为母亲和妻子的性别认同影响了她们对语言学习的"投资"和练习英语的机会。第二，她们在本国拥有的象征资源与加拿大本地人的价值观、民族中心主义的社会习俗并不完全相符。我依次来分析每一位女性的经历，并在适当的时候指出她们之间的异同。

## 5.1 卡塔瑞娜

> "我选修了计算机课程，不是因为我必须学会语言，而是因为我必须学会思考。"

卡塔瑞娜和她的丈夫育有一个女儿玛丽亚。全家移居到加拿大时，玛丽亚才 6 岁。从来到这里的第一天起，卡塔瑞娜就担心女儿会渐渐地忘记自己的母语——波兰语。她刚到加拿大时，每天都忍不住哭泣，就是因为她意识到女儿将在一个英语环境里长大。当被问及原因，卡塔瑞娜解释说，女儿今后将使用一种自己并不擅长的语言，这样，母女之间就会失去交流的基础。在卡塔瑞娜做礼拜的教堂里有一位波兰籍牧师，他的话证实了卡塔瑞娜的担心。这位牧师强烈要求教区居民在祷告时使用波兰语，这样做"不是出于对祖国的热爱，也不是出于对母语的热爱，而是为了我们的父母。"当孩子长大以后，父母会告诉孩子一些对于他们来说非常重要的事情，这时候用英语远不如用母语更让父母感到自如。为了维系父母与子女之间的亲密关系，这位牧师强烈建议教区居民在家中使用母语。至于子女，他们总会说一口流利的英语，父母不必担心孩子融入加拿大社会的问题。

因此，对于卡塔瑞娜来说，波兰语不仅维系着她的过去，更关涉到她的未来：她和女儿的关系和她作为母亲的认同。在第一次日记讨论会上，卡塔瑞娜详细讲述了她的女儿正打算参加第一次圣餐仪式的事情，她希望女儿的首次圣餐仪式使用波兰语，原因是"我自己当初就是这么做的，我还清楚地记得当时身穿白色长袍的情景"。如果"天父"和"十条戒命"是用波兰语撰写的，她还可以帮助女儿来研读；但如果这些都是英语的，她读起来就没那么容易了。现在，玛丽亚已经学会了波兰语的经文。卡塔瑞娜在她的日记中写道，母亲的身份对于她来说太重要了，她不赞成海湾战争中很多女性奔赴战场，把年幼的子女留给父亲的做法："我真搞不懂，'战争'和'子女'哪个更重要呢？显然是后者。"

卡塔瑞娜非常支持当地学校董事会主办的传统语言课程，并在每周六早上把玛丽亚送去学波兰语。她是本研究涉及的三位母亲中唯一一位表明自己强烈支持子女在课堂上学习母语的人。然而，很多时候，她发现玛丽亚对波兰语渐渐生疏了，对此，她尤为关切："我开始给她念波兰语，她已经忘记了这些词汇。过一阵子，她的阅读能力有所提高……"由于卡塔瑞娜十分关心自己和女儿的关系，她家里的主导语言是波兰语，在家里她从不和女儿及丈夫说英语。这一点伊娃却很难做到。

假如把卡塔瑞娜家庭中的语言使用模式跟梅的相比较，我们会发现有趣的现象。从开启去往加拿大的行程那一天起，卡塔瑞娜就认识到使用英语对她的家庭来说是不利的，并且有可能造成她和女儿之间的隔阂。有几次，我在她家中进行访谈时，看得出，在女儿面前讲英语让她感到很不自在。有一次，卡塔瑞娜在朗读一段英语，并用录音机记录下来，玛丽亚碰巧经过，她说妈妈的样子就像个小孩。这让卡塔瑞娜深感不安。对于她来说，女儿的评价有其社会意义，这得联系她对母亲这一身份认同的"投资"以及她和女儿之间的关系来理解。一方面，她可以跟女儿一起高高兴兴地看英语电视节目，读英语报纸，听英语新闻，另一方面，她也坚持使用波兰语和家人交流。

鉴于本章随后的内容将讨论玛蒂娜和菲丽西亚的经历，此处有必要指出，卡塔瑞娜的丈夫在移居加拿大以前就具备了很好的英语能力。他此前做过国际贸易，这让他有机会接触说英语的人。刚到加拿大时，都是她丈夫负责和外界打交道：接电话，与教师们交谈，等等。虽然卡塔瑞娜的英语水平进步飞快，但她的英语仍然是家里最差的。她女儿的英语很流利，她丈夫的英语更好。与 Rockhill 研究中提到的很多女性不同，卡塔瑞娜的丈夫非常支持她学英语。他有足够的收入来满足家庭目前的开支，使卡塔瑞娜可以在学校里学习英语，后来还选修了计算机课程，自己靠做兼职来补贴家用。如下所述：

> 从 1990 年 9 月开始，我参加了学校开设的技能课程。因为我丈夫有工作，我才有可能重新回到学校里学习，同时，我不必为衣食担忧。我女儿每天上午 9 点上学，下午 3:30 放学。这期间我在学校上英语课——从上午 9 点到 12 点。目前我在社区服务中心做家政服务，每周工作 9 个小时。现阶段对我来说，这算是个不错的活儿。

　　然而，由于年龄偏大又有家庭责任，卡塔瑞娜常常发现，学习并不是件容易的事情。正如她所言，"对于一个三十几岁、有家庭的人来说，学习并非易事。学习英语时会遇到很多困难"。

　　虽然卡塔瑞娜不愿在家里使用英语，她却在英语学习方面投入很多。她认为英语能够帮助她重新获得因为离开波兰而失去的职业地位。"我希望能重新过上正常的生活，就像在波兰一样。"当被问及将来的打算时，她提到了在波兰生活的日子，尤其是她的教育背景。"在波兰，我是一名教师，教过17年的书。"卡塔瑞娜希望自己的英语足够好，以便能在加拿大找到一个不错的职位，重新过上移民之前的"正常"生活。但是，她不愿意做家政服务类的工作。像洗盘子、帮厨这样的差事让她感到很"别扭"。她理想中的职位是一份需要良好的教育背景，又能够提供体面收入的工作。此外，工作还要具有一定挑战性；更重要的是，能够进入加拿大受过良好教育的阶层的社交网络。于是，她选择学习计算机课程来提升自己，以便有机会接触和自己有同样想法的人。她在另一个场合也说过："我选修了计算机课程，不是因为我必须学会语言，而是因为我必须学会思考。"

　　正是在她寻找技术性岗位的过程中，卡塔瑞娜才意识到自己被加拿大本地人边缘化了。不是因为她是波兰人，而是因为她的移民身份。鉴于她此前在波兰为了获得一定的职业地位所作出的"投资"，到了加拿大以后，无论是技术还是教育背景，她都没有以前的优势，这让卡塔瑞娜深感痛苦。与伊娃的经历类似，卡塔瑞娜刚到加拿大时，唯一能找到的工作是在一个带有"族群"色彩的工作环境———家德国餐馆，在这里，她主要使用德语。在一次日记讨论会上，她说移民官都认为"来到这儿的移民，头十年都应该去洗盘子"，因为"你是移民"。当卡塔瑞娜在社区服务站找到一份家政工作时，她只把它当作权宜之计，一项"目前"看来还不错的工作。然而，具有讽刺意味的是，这样一项工作居然给她提供了很多说英语的机会。在工作中，她认识了一些年纪较大的孤寡老人，他们对卡塔瑞娜和她所在的社区服务中心提供的帮助十分感激。卡塔瑞娜的工作方式是一对一服务，因而不需要花费心思跻身某个社交网络就有机会说英语。她的顾客都乐于跟她聊天。

> 我还在社区服务中心的同一个站点工作。昨天我为一对老年夫妇做家政服务。他们都已经年过八旬了，看起来真的很孤独啊！像很多人一样，以前我从来没想过这个问题。人在年轻的时候什么都可以自己来做，老了以后就什么也做不了了。他们独自度过余生，这可真让人难过。家里面只有儿孙们的照片挂在墙上。

相对于她服务的老年人来说，卡塔瑞娜似乎拥有更多的权力，而且从未感到被疏远或力不从心。相反，她非常同情这些毫无防卫能力的孤寡老人。时间久了，她渐渐摆脱了说英语时的焦虑（紧张）状态，即便有时老人问她"既然你英语讲不好，为何还要来加拿大"这样的问题，她也不会介意。

> 从 1990 年 9 月开始，我在工作中接触到加拿大本地人。一个月工作下来，我感觉自己在说英语时没有那么紧张了。这期间我见识了很多种不同的英语变体。有的人说英语我完全听得懂，也有的人说英语我得仔细听才勉强能听懂。他们的语速都很快，吐字不清。大约在一个月以前，我遇到一位加拿大女士，她今年 84 岁。通常，跟我一起工作的人会向我解释那些我搞不懂的问题。

因此，卡塔瑞娜有很多机会练习说英语。她把这一点归功于她平时能接触到很多人，并指出这份工作帮她提高了英语水平："我接触了加拿大本地人并和他们交谈。有时我会打电话给我的上司。我得仔细听清楚加拿大人说的英语并给予适当的反馈。"在修完 ESL 课程之后，她认为，自己的英语口语仍然很差："我知道所有的时态规则，但是用起来却很困难。"1991 年 2 月 17 日这天，卡塔瑞娜对比了过去半年的两次访谈，她说自己的英语有了很大进步。

> 星期三，我在纽敦的安大略学院接受了一次访谈。我将要选修［技能课］计算机程序员课程。我不需要通过数学考试，只需通过英语考试。我可以把这次访谈和 6 个月之前的一次访谈作一个对比。那一次访谈的地点是在社区服务中心。那时我刚刚学完 ESL 课程，还不能自如地用英语表达自己。而在星期三的这次访谈里，我能够用英语提出问题，并且很好地理解我选修的课程、其他课程以及相关课程的要求。

　　总之，虽然卡塔瑞娜认为英语对她和女儿的关系构成了威胁，并对它怀有一种矛盾的心态，但她仍然急切地希望能学好英语，这样就能够接触那些重视她之前在波兰取得的职业地位的人——进入跟她有同样想法的人组成的社交网络。她想重新过上正常的生活，得到有良好教育背景人士的尊重。为了改变她的职业现状，卡塔瑞娜做了很大的努力。她需要在工作中找到动力，需要结识志同道合的人士。与 Rockhill 研究中提到的那个想要极力离开工厂找一份"体面工作"的人不同，卡塔瑞娜过去做的就是"体面的工作"，只是现在想要回到过去的状态中。卡塔瑞娜的经历表明，语言学习者对目的语学习的"投资"必须联系阶层结构、性别和种族这些因素来考虑。综合前面讨论过的几个案例，读者可以看出，伊娃的经历表明了民族中心主义和语言学习的关系，梅的经历体现了语言学习与父权制之间的关系，而卡塔瑞娜的经历则反映了语言学习和社会阶层的关系。

　　在波兰，卡塔瑞娜和她的丈夫属于职业精英阶层，他们获得了一定的社会地位，受到人们尊重。同时，他们也具有很强的社会责任感，享有高度独立性。在这种情况下，权力和特权来自良好的教育背景。当他们移居到加拿大以后，最关注的是如何重新获得他们在波兰享有的社会地位，并希望通过接受教育来实现这一目标。卡塔瑞娜的英语还不够流利，她认为自己无法在加拿大谋得一份教职，转而学习计算机专业，以此来逐步提高自己的英语水平。她决定放弃那些没有技术含量的全职工作，利用家里能够提供的资源来支付为期 18 个月的计算机课程费用，通过自我提升来获得一份令人满意的长期的工作。在这一点上，她和丈夫达成了共识。对于卡塔瑞娜来说，英语是一种能够确保她获得良好教育培训的资源，并能最终帮助她找到一份称心的工作。她对为了"考查 72 个定义"而学习不感兴趣，也不仅仅是为了能讲一口流利的英语。她热衷于学英语，是为了获得一份具有挑战性的工作，并与具有同样职业背景的人士建立联系。

　　在 ESL 课堂上，卡塔瑞娜与曾经也是一名教师的菲丽西亚成为朋友。我想这并非出于偶然。事实上，有时我会觉得卡塔瑞娜和我之间存在一种相互矛盾的关系：她是和我一起做研究的伙伴，是一位女性，也是一位母亲；同时，她也是一位移民，希望借助语言的优势来实现自己职业追求。例如，有一次在电话中她对我说："假如我在波兰或者俄罗斯洗盘子、做家政，我不会遇到语言问题，不需要因为语言不通而纠结"。然而，卡塔瑞娜也非常乐于接受我主动为她提供的资源。我帮助她和她的丈夫准备求职简历，和她讨论如何为她的女儿提供适当的教育，并试图帮助她在计算机行业找工作。在收集材料的过程中，我感觉到卡塔瑞娜有这样一种想法：似乎每件事都被搁浅了。她在加拿大所做的每一件事都暂时偏离了她原有的生活轨迹。具有讽刺意味的是，卡塔瑞娜的英语水平有所提高，竟然要归功于她接触到的那些并不是职业精英的人。和教师、医生这样的职业人士谈话会让她感到非常紧张，而与她做家政服务的对象交谈却让她感到很放松。这让她有很多机会在工作期间的非正式学习环境下练习英语。我将在本书第七章详细讨论卡塔瑞娜对自己职业认同的"投资"如何干扰了她在学校正式的教学环境下的英语学习。

## 5.2 玛蒂娜

"如果我想学习，只能依靠自己。"

玛蒂娜和家人刚移居到加拿大时，她和丈夫彼得都不会英语。然而，他们的孩子在奥地利等待加拿大签证的过程中，倒是学了一些英语。起初，玛蒂娜主要依靠孩子们的语言优势与外界联络处理家庭事务，以便在加拿大安顿下来。与卡塔瑞娜不同，玛蒂娜在这方面指望不上她的丈夫，因为他的英语和她一样差。玛蒂娜出去求职的时候，就带上最大的女儿；虽然她女儿会因妈妈屡遭拒绝而伤心哭泣。最后玛蒂娜在一家快餐店找了一份服务员的工作，她让女儿教她怎样跟顾客交流。随着玛蒂娜的英语水平日益提高，她越来越多地承担起对外联络和处理家庭事务的责任。根据玛蒂娜日记的记录，她用英语处理了很多家庭和社区事务。在家里，玛蒂娜代替彼得去寻找住处、安装电话、采购电器，为孩子们寻找学校。她在很多方面成了孩子们的帮手。儿子米洛什生病了，她就接管送报纸的任务，陪女儿参加托福考试，为孩子们买文具。玛蒂娜还用英语帮丈夫处理外联事务。在彼得待业期间，玛蒂娜帮他申请失业保险、把有关的英文资料翻译成波兰语，为他准备水管工执照。

我认为玛蒂娜对英语学习的"投资"在很大程度上取决于她在家庭事务中的主导地位。她学好英语，就可以从孩子们手中接过处理外联和家庭事务的责任。玛蒂娜和彼得移居加拿大就是为了给孩子们创造更好的生活条件。玛蒂娜非常担心孩子们因为承担不必要的家庭内外事务而影响了他们的发展。同时，由于她承担了家庭的对外联络工作，她也迫切需要了解加拿大人的生活方式。与卡塔瑞娜不同的是，她无法依靠丈夫来做这一切；事实上，很多时候玛蒂娜的丈夫还得指望她的英语。玛蒂娜和卡塔瑞娜一样，希望学好英语，以便在加拿大为自己谋求一份体面的工作。然而，如我所言，玛蒂娜在这个过程中遭遇了比卡塔瑞娜还要多的限制。

在玛蒂娜居住的社区，仅有少数几个当地人可以和她说英语。正如在一次访谈中她所说的那样：

> **M**：在我住的地方，我从未听到有人说英语。
>
> **B**：哦，是吗？
>
> **M**：这里住着几个中国人，他们来加拿大可能有9年了。可是，每次他们都在讲汉语或者越南语，我听不懂。还有的时候，我听见洗衣房里有人说波兰语，有时是斯拉夫语、葡萄牙语或是我听不懂的什么语言。总之，不是英语。附近也许还住着一两户英国人，但我没见过。
>
> **B**：是的，玛蒂娜，这里应该住着很多移民。
>
> **M**：是的。因为这儿的房租很便宜，移民很多，常常有人搬进搬出。

虽然玛蒂娜居住的社区里很少有讲英语的本地人，但是她可以利用家庭内部的资源来帮助自己学习英语，这一点和梅很相似。玛蒂娜的女儿教她如何跟顾客交流，她也会拿孩子们在学校学习的课本来读。此外，孩子们也带回一些从图书馆借来的书，玛蒂娜偶尔也考考孩子们自己在技能课上学到的东西。玛蒂娜还通过电话交流来练习英语。例如，她的丈夫彼得申请在温切斯特的英语课程时，玛蒂娜决定打电话咨询学校董事会成员，以锻炼用英语问询的技巧。对此，她这样说：

大约两个礼拜以前，我给温切斯特的校董事会打电话索要他们的课程计划。后来我拿到了，并打算为彼得选择一门晚间的 ESL 课程。董事会的人让我星期三晚上 6 点再打过去。为了练习口语，之后我又试着给纽敦的其他几个学院打电话。

由于玛蒂娜承担首要家庭责任，她必须尽力克服和加拿大人打交道时的紧张、焦虑情绪。她坚持这样做。虽然受到"情感过滤"的影响，她还是坚持开口讲话。和她作为移民的认同相比，作为母亲的认同占了上风。

第一次打电话时，我非常紧张，不敢说话。电话铃响的时候，大家都很忙，我女儿去接电话。记得那是在上完 ESL 课程以后，我们刚刚搬进新的住处。房东试图说服我预付一整年的房租，我很沮丧，于是我通过电话和他交谈了一个多小时，这期间我都没顾上考虑英语的时态规则。当时，我知道我不能轻易放弃。孩子们听到我打电话时，都很惊讶。

和卡塔瑞娜一样，玛蒂娜也想要成为一位好母亲，只是她对母亲角色的定义有所不同。玛蒂娜并不认为英语会颠覆她和子女的关系，例如，孩子们在学校时都不说捷克语，对此她毫不介意："妈妈说，我们在家的时候学一点捷克语就够了。"对此，我们可以这样解释：玛蒂娜的子女比卡塔瑞娜的女儿年龄大些，他们的捷克语在来加拿大前就已经很好了。他们即将步入成年，已经在父母的影响下经历了最初的社会化阶段。而且，由于玛蒂娜接管了家庭内外绝大多数事务，她比丈夫具有更强的组织能力和处事能力，因而，她在家中享有令卡塔瑞娜以及梅的嫂嫂檀望尘莫及的权威和尊重。

作为承担家庭主要责任的人，玛蒂娜不仅喜欢练习英语，而且十分关注加拿大人在社会交往中的处事方式。玛蒂娜和家人在加拿大有过一些不幸的经历，遇到过无良的房东和电器商。然而，她并没有被动地接受盘剥，而是积极地寻找各种途径来了解加拿大人的生活方式。既然在生活中很少有机会和加拿大本地人打交道，她就通过看肥皂剧来寻求帮助，如下文所述：

为什么选择《只此一生》这部剧？这说来话长。我们刚到奥地利时，大家都说不喜欢移民，但是我遇到了很多像我们一样的人。人和人是不一样的。我们到奥地利的第一个月就赶上一个"免费不锈钢器具"日，<sup>①</sup>我们得到了一台洗衣机、一个熨斗和其他一些器具。虽说不是新的，但都可以用。而在加拿大的第一个月，生活是艰难的。因为我们无法与人交流，也听不懂别人说话。我们买了一台冰箱——无法制冷，只能加热。每隔一个礼拜，就会有一位维修工人上门来修理，可用了不到一个礼拜又坏了。于是我们决定把它退回去，并要求换台小一点儿的冰箱，但是供货商那里没有这样的冰箱。经理告诉我女儿，她必须等上一段时间，并且每个月都要打电话去问问。这让我非常失望，也促使我去了解加拿大人。我第一次看《成长没烦恼》或者《考斯比一家》，感到很有趣，但我是想通过看肥皂剧来了解更多的东西。学习完 ESL 课程后，我们再做访谈时，调查者问了一些在学校没学过的问题，我非常意外。然后我又开始看《我的孩子们》和《只此一生》。这两部剧中都有一些真实人物的经历，工作场景很少。剧中有各色人物，他们的生活里不乏爱情、仇恨、危险和谎言。我给孩子们讲这些故事时使用一些英文的短语——别管我，怎么啦，等等。这些表达方式用英语说更顺口。

玛蒂娜解释说，她对加拿大的肥皂剧非常着迷，因为这和她在捷克斯洛伐克看到的截然不同。国内的电视剧都是在描写人们为了祖国的经济发展而辛勤工作。她调侃地告诉我，彼得看这样的国产电视剧，看得自己的手都疼了。反之，在加拿大的肥皂剧中，工作只是剧中人物家庭生活的背景——那种充满了爱情、仇恨、危险和谎言的家庭生活。这些肥皂剧在某种程度上帮助玛蒂娜理解她本人在加拿大的生活经历。而且，电视剧让她接触到很多浅显易懂的英语口语。

和卡塔瑞娜一样，玛蒂娜特别希望能够找到一份检测员的工作，既能够经常练习英语，又能够利用她移民之前掌握的技能。可是，她的希望落空了。她把这一切归因于加拿大社会存在的民族中心主义。"因为我说话有口音，人们认为我的能力不如他们（尤其是在找工作的时候）。"她在日记中这样写道。虽

---

① 玛蒂娜解释说"免费不锈钢器具日"指的是人们把不再使用的钢铁器具用品摆在门外供有需要的人随时取用的日子。

然玛蒂娜意识到自己被边缘化了，但她并未试图去抵抗。事实上，玛蒂娜对加拿大本地人无法忍受不会说英语的人的做法似乎还表示理解。英语不好、缺少在加拿大生活的经验都妨碍了她找到一份理想的工作。重要的是，玛蒂娜认为她求职屡屡失利的原因是她不了解加拿大的文化习俗和当地人的做事方式。正如她在一段访谈中所讲的那样：

> **M**：我听说，在加拿大你不得不——推销自己。
>
> **B**：是的，是这样的。
>
> **M**：但是，我不是这样的人。我在国内的时候不费吹灰之力就找好了工作。大学毕业后，在学校填写了求职申请，学校便为我推荐了一家公司。我在那里一干就是 16 年，这期间只是换过几次部门。

玛蒂娜说她不懂得怎样正确地推销自己。在这一点上，她说之前在捷克斯洛伐克找工作时用到的面试技能，现在在加拿大用不上了。

> 面试进行了约两个小时，面试官把我问了个仔仔细细，各种各样的问题，我听都没听过。有些问题是这样的："假如你的老板朝你大喊大叫，你怎么办？"这令我非常意外。我心想："我的老板从来都不会这样对待我。"我有些不知所措，我说："如果真是这样，我下一次就努力做得更好，并且向老板道歉。"实际上，我真是从来都没想过会遇到这样的老板。

玛蒂娜对加拿大的文化习俗和当地人做事的方式了解不多，因而不大可能找到一份自己既能胜任又能有机会跟同事说英语的工作。正如伊娃和梅的经历表明，一个人的工作能力可以为他带来象征资本，而这些资本又赋予他在工作环境中讲话和交谈的权力。

由于玛蒂娜无法找到一份与自身技能相匹配的工作，她只能去做那些不需要专业技能的工作（如帮厨、收银），在工作中尽量去提高自己的英语水平。她不像卡塔瑞娜那样抵触这类工作，原因很简单：她的选择不如卡塔瑞娜多——她丈夫彼得是一个水管工，时常担心自己会失业。事实上，一家人刚搬到温切斯特时，彼得就失业了。而且，玛蒂娜认为自己的年龄也不允许她像年轻人那样随意跳槽，更何况她的第二语言技能较差，又缺乏在加拿大生活的经验。她最关注的不是跻身加拿大的职业精英阶层，而是保证一家人眼下的生存。

虽然玛蒂娜有时候非常沮丧，她可能"一辈子都得跟保洁工作打交道"，但是这样总比待在家里什么也不干、整日郁闷要好得多。虽然在家里可以通过看电视和读报纸来接触英语，但是这些活动不能让她练习口语。她所从事的工作基本接触不到几个加拿大当地人。在快餐店里帮厨时，她仅能接触到经理和几个年轻的临时工。经理和其他工人有自己的社交网络，但玛蒂娜不在其中。和伊娃一样，她没有进入工作场所社交网络的象征资本，而只能通过自己的努力接触一些顾客。但是，需要指出的是，玛蒂娜主动采取了积极的措施——她没有被动接受被边缘化的地位。

> 和加拿大年轻人打交道的经历非常不愉快，也许是我自己不走运。在我工作的地方，我通常只和经理打交道，但是，如果赶上了学生放假的日子或者其他假日，经理就会待在自己的办公室，我就得和一些学生一起工作。我经常和一对姐妹——珍妮弗（12 岁）和维奇（15 岁）以及负责收银的副经理一起工作。姐妹俩非常健谈，但从来不和我说话。即便是我非常忙碌的时候，她们也只顾着和年轻的顾客聊天，大笑，有时还一边笑一边看着我。这时，我也拿不准她们是不是在嘲笑我。没有顾客的时候，她们就去经理的办公室里，在电脑上玩儿"抓阄转轮"的游戏。后来有顾客来了，我招呼她们干活儿。她们去干活儿时向我做了个鬼脸。这让我感觉糟糕极了，我想避免这种情形。晚上回家后，我问女儿，在这种情况下我应该如何招呼顾客呢？ 她告诉我，应该说："您好! 请问有什么可以效劳的？"或者"对不起!"以及其他的一些话。当我第一次独自跟顾客用英语交流时，她们用一种奇怪的眼神看着我，但是我并不灰心。我把顾客需要的东西拿给他们，然后走过去，像往常一样，对两个女孩儿说："只收现金"。看得出，她们非常吃惊，但是什么也没说。这样的情形并不多，因为我很少有机会直接跟顾客交流。

和同事相比，玛蒂娜年龄偏大，这也许加剧了她被边缘化的境遇。如她所言：

在快餐店里，我和一群孩子共事。可是，她们把我当成了——我也拿不准——也许是扫帚或别的什么工具。她们总是对我说："去，把起居室打扫干净。"盘子都是我来洗，她们什么也不干，只顾一起聊天，并认为所有的活儿都应该由我来干。我说："不。"这孩子才 12 岁，比我儿子还小呢。我对她说："不，你什么都没干。你应该去擦擦桌子或干点儿别的活儿。"

玛蒂娜的这一段独白非常重要。它清楚地表明，作为一个学习者的认同不仅是由社会交往建构的，它本身也构成了社会交往的一部分。玛蒂娜在家中作为母亲的认同，使她把工作领域里年轻同事的言行置于一个家庭关系的框架下。她把年轻的同事看成比她子女年纪还小的孩子，并认为这些孩子无权对自己下命令。玛蒂娜给这些孩子的言行赋予的社会意义需要联系她在不同场合的认同建构来理解。在本书第六章我将深入讨论这个问题。

虽然玛蒂娜在这家快餐店勤勤恳恳、尽职尽责地工作了 8 个月之久，她还是没能引起任何人的注意。有时，为了租房，她需要快餐店开具证明。这时，她发现几乎没人承认她的存在。在一次访谈中，玛蒂娜是这样说的：

**M**：搬进新住处时，房东要求我出示一些证明材料。于是我问道，"我工作的快餐店可以为我出具证明吗？"我在那儿工作 8 个月了。每天早上六点半到下午两三点——如果那些学生不来上班的话。房东问我："你下班后可以在快餐店再待上一两个小时吗？"对于这样的安排我没有问题，因为孩子们回家以后——通常我是（头一天）晚上把饭准备好，他们回家后稍微加热一下就可以吃了。我说："可以。"为了顺利租到房子，我决定在申请表上写上快餐店的名字。后来，房东给快餐店打电话确认时，对方竟然一口否认。房东在电话里说："你撒谎了。"我说："我没撒谎，我真的在这家快餐店工作。"我把快餐店给我的三张支票拿了出来，他们这才相信我。但是，这件事真的是——

**B**：糟糕。

**M**：太糟糕了，我说："噢，我该怎么办呀！"

**B**：玛蒂娜，为什么快餐店的人不承认你是那里的员工？

　　**M**：因为快餐店经常接到这样的电话，询问在那里做兼职的学生的情况，可能有的学生做了一阵子就离开了。所以再有人打电话问这类事情的时候，接电话的人也懒得去调查，直接就回复说："不，不，你问的这个人不在这里工作，我从来没见过这个人。再见！"我知道，如果快餐店不给我出具证明，我就没办法租到房子——因为房东需要了解我们是不是有工作以及我们能做些什么。

　　在加拿大社会，人们通常是借助证明信来找工作、找住处或从银行贷款的。但是，玛蒂娜和家人作为新面孔还没有建立任何社会关系，以证明他们的存在是"对他人有用的"。即使是在玛蒂娜工作了 8 个月之久的快餐店，无论是经理还是同事，都不愿遵守这套文化习俗。这种被边缘化的现象必须联系加拿大社会不平等的权力关系来理解，而移民在这种权力关系下有时被看作失声和隐身的。事实上，有一家公司曾问过玛蒂娜，她在加拿大是否有朋友，她唯一能想到的朋友竟然是我。玛蒂娜仍然相信，时间、辛勤工作和勇气终究会改变生活的现状。

　　总的来说，玛蒂娜对英语学习的"投资"首先是为了维系家庭的生存和子女的未来。她作为母亲和家庭责任承担者的认同决定了她与家人的关系以及她与同事的关系。此外，这样一种认同还影响了她在工作场所寻求机会用英语交流。作为家庭责任的主要承担者，玛蒂娜很快意识到在加拿大"只能依靠自己"。例如，她的孩子们在学校里从未上过正规的语法课。"他们都是用书本自学。如果我想学习，只能依靠自己。"正是靠着极大的决心，玛蒂娜毅然决定自己创造机会练习英语并了解加拿大社会。从参加 ESL 课程，到练习给别人打电话，再到看肥皂剧，玛蒂娜一直坚持不懈。即使被边缘化也没有使她消沉，她知道自己绝不能放弃努力。

　　虽然玛蒂娜在英语学习中表现出色，进步也很快，但她还是经常说自己很愚蠢，低人一等。她说自己愚蠢，是因为来家里安装电话的工人要使用卫生间，她却把人带到了厨房；她以时薪 4 美元的低价给快餐店帮厨，还得在工作之余免费帮经理干活。她低人一等，因为英语总是说得不够流利。虽然被边缘化，玛蒂娜并没有就此消沉。然而，她似乎也毫无异议地接受了作为外来移民的地位。事实上，她对加拿大当地人的说法也表示赞同。她说："有些加拿大人对不能用英语交流的人极其厌烦。"至于玛蒂娜的立场，我的理解是，她认为生活中取得的进步和成功都应归功于个人的能力和勇气，而不是更宏观的、社会阶层方面的因素。成功人士都有很强的主动性并且能够"自力更生"。同样，失败应归因于个人能力的不足。我想，正是出于这种想法，玛蒂娜虽然身处被边缘化的境地，可是她一点也不怨恨加拿大人和加拿大的社会制度，相反，她认为加拿大是外来移民的理想选择。作为移民，想要成功，就必须努力工作，要有足够的耐心和勇气。出于这种想法，一旦现实跟她对加拿大的印象相矛盾，她便会深感困惑。她没想到房东会盘剥她，电器经营商会欺骗她，同事和上司会忽视她，丈夫的老板会解雇他。尽管很主动、很努力地学习并练习英语，加拿大当地人还是不愿意接受她、尊重她。事实上，她曾经想放弃举家移民的想法，但最终还是没有放弃。根据玛蒂娜传来的最新消息，她目前修完了税收预备课程，并在班上名列前茅。她的大女儿申请攻读专业学位并被一所大学录取，另外两个孩子也在学校里表现出色。她当年所付出的勇气终于有了回报。

## 5.3 菲丽西亚

> "我在加拿大从未觉得自己是移民，我只是偶然住在这里的外国人。"

在秘鲁，菲丽西亚的身份是一位成功商人的妻子，过着舒适的生活。他们生活在城市里的高档社区，拥有一座海滨别墅，经常旅行，孩子在私立学校读书。然而，因为丈夫的工作性质，他经常遭受死亡威胁，生活在恐惧当中。正是因为"恐怖主义日益猖獗"，全家决定离开秘鲁，移民到加拿大。对于菲丽西亚来说，从秘鲁到加拿大这段过渡期是极其艰难的，令她非常不开心。她说自己和丈夫是被加拿大驻秘鲁的政府人员骗到加拿大的。让这次移民更艰难的是，菲丽西亚的丈夫没能找到一份理想的工作，这让全家人的生活质量发生了重大变化。正如菲丽西亚在日记里写的：

我们在加拿大的生活水平一落千丈。在秘鲁时，我们生活得非常轻松，我先生有一份好工作。加拿大却不能给他提供这样的职位。我一直不明白政府为什么要给他颁发工作签证。

在秘鲁过惯了奢华的生活，而如今，菲丽西亚必须在很多方面作出调整，她说在加拿大生活很艰难。"除了工作、工作，还是工作"。在秘鲁，全家周末去海滨小别墅度假；如今，却不得不在大街上分发传单。菲丽西亚的社会地位转变对她在英语学习和练习方面的"投资"有怎样的影响呢？这是个复杂的问题，必须结合她对自己的认同建构来判断。如本书第三章中指出得那样，菲丽西亚把移民分成两类：移民前在自己国家一无所有的人，和拥有专业技能和财富的人。菲丽西亚认为，那些原本一无所有的人在移民以后会感到很快乐，在找工作时不会挑挑拣拣，并且很快就积累起自己的财富。而此前具有一定专业技术背景的人移民到加拿大以后是"亏"了，而不是"赚"了，因为在这里他们没有像自己预想的那样受欢迎。在菲丽西亚看来，加拿大政府鼓励移民消费，但又不提供任何补偿措施。菲丽西亚和家人在秘鲁享有的象征资源和物质资源在加拿大变得一文不值，这一点让她十分愤恨。正如 Connel 等人（1982）指出的那样，要理解社会阶层关系，一个人是谁和拥有什么资源并不重要，重要的是可以用这些资源**做**些什么。菲丽西亚非常痛恨的是，尽管她和家人拥有象征资源——专业技术和教育背景，在加拿大却不得不奋力争取他们在秘鲁轻而易举就能得到的社会地位。为了找到一份工作，菲丽西亚的丈夫向潜在的雇主投递了几百份简历，联络猎头公司，向朋友寻求帮助。例如，我就曾帮他修改简历、推荐猎头公司。我也帮菲丽西亚在当地一家学校找了一份保育员的差事。有趣的是，在我调查的对象中，只有卡塔瑞娜和菲丽西亚把我当作一项资源（而不仅是证明人）。而她们曾经都在职业阶层关系中属于特权阶层。

在秘鲁，菲丽西亚的社会地位、自尊和物质财富都和她的丈夫的职业与收入密切相关。15 年前在他们尚未移民加拿大时，菲丽西亚的孩子们出生了，从那以后，她没有继续从事教育行业，而是做了一名全职主妇。移民到加拿大以后，她唯一能做的工作就是发传单和做保育员。在加拿大，她的丈夫没有工作，她也无法帮助改善家人的生活，同时，在组织家庭活动方面，菲丽西亚能做的也很少。有一次，她甚至十分伤感地对家人说，除了自己（英语水平很差），家里每个人都是天才，都创造了非凡的成就。和卡塔瑞娜的丈夫相似的是，菲丽西亚的丈夫在来加拿大前就具备了良好的英语水平。他在秘鲁读书时，所在学校就使用英语授课，他在自己的商业圈里也接触过不少母语为英语者。菲丽西亚在秘鲁长大，当地社会普遍认为女性没有必要学英语，于是她去了一家女修道院，那里用西班牙语授课。对于英语，她仅仅知道动词 to be，此外就一概不知了。菲丽西亚认为，受电视传媒、国际交流和商业发展的影响，在秘鲁，英语的地位越来越重要了。她的几个孩子就在秘鲁的一所英文授课的学校读书。因此，菲丽西亚的丈夫和孩子在移民之前英语就已经说得非常好了。所以，一家人到了加拿大以后，她丈夫负责和外界打交道。与玛蒂娜一家不同的是，菲丽西亚一家并没有指望依靠她的英语能力来维持生活。对于菲丽西亚一家来说，英语不像玛蒂娜一家那样关涉到整个家庭的外联工作以及维持整个家庭的正常生活。但与玛蒂娜相同的是，菲丽西亚并不认为英语会威胁到自己和子女的关系，这一点就和卡塔瑞娜有所不同了。在菲丽西亚家里，西班牙语一直为家人交流所用。除了父母，两个年长一些的儿子和小女儿也经常说西班牙语。菲丽西亚一点也不担心女儿会渐渐忘了母语，她相信全家人都会帮她学习西班牙语的。因此，和玛蒂娜一样，菲丽西亚并不认为孩子应该在学校学习母语，也不认为英语会威胁到她和孩子的关系。

虽然加拿大社会"没有恐怖主义，也没有窃贼"，但是菲丽西亚无法跻身加拿大的职业精英阶层，也不满足于较低的生活水平。她认为这一切不幸都是因为加拿大是一个不友好的国家。事实上，菲丽西亚渐渐得出这样一个结论：在加拿大，她就是移民，一个她深恶痛绝的身份。

> 有时候，我能感觉到有些加拿大人看不起移民。我不知道为什么——尽管全加拿大人都是从其他国家来的。加拿大就是移民建的国家。……加拿大人认为这里没有歧视，但我不这么认为。我希望将来我能改变这一看法。

正如在故国为获得一定阶层地位"投资"很多的卡塔瑞娜一样，菲丽西亚强烈反对在加拿大被当作移民来对待。两位女性都认识到，如果被当作移民来看待，她们就接触不到与自身教育背景（卡塔瑞娜）和经济地位（菲丽西亚）匹配的社交网络。卡塔瑞娜通过接受再教育来抵制贴在自己身上的移民标签。菲丽西亚比卡塔瑞娜大10岁，对于她来说，开始新的职业生涯很难。出于这样一种考虑，菲丽西亚总是坚持她作为家境富裕的秘鲁人的认同，拒不接受自己作为外来移民的身份。她曾经尖刻地说："我在加拿大从未觉得自己是移民，我只是偶然住在这里的外国人。""外国人"，比如游客，不受东道主国家所奉行的社会权力关系制约，作为暂时的旅居者，享有移民没有的独立和自由。和东道国居民相比，外国人通常会占据相对的优势而不是劣势。菲丽西亚经营着她的秘鲁人身份，结交了很多秘鲁的朋友，希望别人把她当作来自秘鲁的朋友。

这样的认同是如何影响菲丽西亚对英语学习的"投资"呢？这一点很重要。在她的秘鲁人身份得到承认的情况下，她说英语时就感到信心十足。相反，她被当作移民对待时，就选择保持沉默。因此，和熟识的人谈话她感到最舒服。这些人了解她的过去和她作为秘鲁人的认同，并且不会把她当作移民来看待。让菲丽西亚感到最舒服的是在家里和另外一个外语学习者的一对一交流。她俩每周定期见面，互相练习对方的母语：

> 和往常一样，和她交谈让我非常愉快，因为她能够激发我学习英语的动机，她很有耐心，对我告诉她的一切都很感兴趣。她学西班牙语时也遇到了和我一样的问题，所以我俩交流起来特别自如。

可是，跟陌生人在一起时，菲丽西亚就不那么自在了。例如，她避免和公寓楼里的人讲话。她看上去宁可被人当作是一个胆小或者不友好的人，也不愿意被当作移民：

> 在我居住的公寓里住着很多老年人，每次在电梯里见面，他们都跟我谈论天气或者其他话题。但是，我从不多说，因为我的英语不流利，语速也慢。我猜，他们可能会把我当成一个胆小或者不友好的人。

根据菲丽西亚对她作为秘鲁人的认同的"投资"，我认为她下面所说的这句话应该引起重视："和不熟悉的人说话让我感到很不自在，我也从不在英语流利的秘鲁人面前开口讲英语。"菲丽西亚特别痛恨别人把她和秘鲁上层社会的人作比较，这种比较对她不利。这种现象我将在下一章里专门讨论。正如 Connel 等人（1982）所说的，阶层不是一套范畴体系，而是人与人之间的关系构成。

在菲丽西亚工作的位于富人区的费尔劳斯娱乐中心，她成功地建构了一个秘鲁富人的认同。她的同事就住在这个富人区，他们知道菲丽西亚在秘鲁有地产，并打算在纽敦购买自己的房产，家中有三个出色的孩子和一位事业有成的丈夫。

> 我和同事们说起我打算卖掉秘鲁一处地产的事。上个月，有位买家对这块地很感兴趣。我的一个亲戚花了多天和买家谈这笔交易，她给我打对方付费的电话，在电话中我告诉她可以成交。可是，买家到了最后却不买了。光是电话费我就花了六百美元。

菲丽西亚在娱乐中心似乎颇受同事欢迎，在这里，她被当成游客，而非移民。她们邀请菲丽西亚到家里就餐，和她讨论秘鲁发生的新闻，并对于她的英语表现出极大的耐心。事实上，菲丽西亚把自己英语学习取得的进步归功于她在中心认识的女同事们。从表面看，菲丽西亚成功地建构了自己作为一个秘鲁人的认同，至少她借此得到不少练习说英语的机会。然而，虽然她在工作中与同事互动很多，练习说英语的机会也不少，可是她仍然是一个相对被动的角色。在和同事的交流中，她听得多，说得少。她不想让人听出来她英语说得并不流利，因而被当成一个无趣的人。就这样，虽然在工作场所她总算没有被当作一个外来移民来对待，但是她明显感觉到英语说得不够流利使她在别人眼中成了一个无趣的人。

> 在工作场所，英语我听得多，说得少。有时，那里的女同事会问我一些关于我的国家和我的家庭之类的问题，我想，我仍然是个无趣的人，因为我的英语水平太有限了。我总是先想清楚了才开口说话。和这些同事在一起我感到很自在，那是因为我们在一起工作 8 个月了，每天都见面。对

于我的英语，她们表现出极大的耐心和友善。大多数时候我可以听懂她们的谈话，有时也听不懂，只能靠猜测。

在育儿所，菲丽西亚也利用各种机会和幼童交谈，虽然这些幼童还太小并且在育儿所待不了多久。但她却非常不情愿和这些幼童的母亲们说话："我尽量避免和她们讲话，因为英语不好，和陌生人说话让我很不自在。"其实，我有好多话要告诉这些孩子妈妈，但我选择了沉默："只有必须说话的情况下，我才说两句。"菲丽西亚宁愿保持缄默，也不愿被人置于加拿大外来移民的地位。而且陌生人根本不了解她在秘鲁时的社会背景。由于担心自己因移民身份暴露而被边缘化，菲丽西亚练习说英语的机会受到了限制。

经过比较，菲丽西亚接受了另一份兼职工作，为学校做课后托管服务。可是，仅仅几天后她就辞掉了这份工作，原因是她觉得自己无法胜任并被同事孤立。在这里，她必须和大一些的孩子打交道，需要更高级的语言技能并努力达到项目的要求。由于她的西班牙语背景，大一些的孩子不太尊重她，把她视为异类。而且，菲丽西亚是这个项目中唯一的成年人，对于她作为秘鲁人的认同，她从孩子那里无法获得其他成年人给予的理解和支持，也无法和这些孩子交流。

星期三我开始上班了。这一天还好，共有 19 个孩子，我能够与孩子们和他们的前任教师进行交流。昨天，我和玛丽亚一起照看这些孩子，她跟我说了好几次西班牙语。班里的孩子和头一天的不一样，其中有两个非常活跃，不好管教。我不得不多次提醒他们注意纪律，我感觉自己英语说得不好。其中一个孩子就问我："你说话有口音，是不是呀？"我回答说："是。"他又问我的母语是不是法语，我说不是。后来他妈妈来接他的时候，我问她孩子叫什么名字，这时孩子说："我不想用西班牙语说我的名字。"我告诉他："你不需要用西班牙语说你的名字，用英语就行了"。昨天的这件事让我感到糟糕极了。

## 5.4 评论

在本章内容中，我认为研究中提到的三位较为年长的女性在英语学习方面的"投资"以及她们练习说英语的机会这两个问题，应该联系她们在不同时期、不同社会阶层中不断变化的认同来理解。在承认认同多样、复杂的前提下，考察她们各自作为母亲的认同可以帮助我们来做一个有趣的对照分析。我在本章开始提出这样一个问题：一个女性移民作为母亲的认同和她对目的语学习的"投资"以及她与目的语使用者之间的互动模式有什么样的关联呢？首先需要指出的是女性移民的子女都会或者将会成为目的语使用者。卡塔瑞娜只有一个孩子，她对此感触颇深。事实上，她脑子里不断地权衡着两件事：玛丽亚长大后说着一种她听不懂的语言，而她唯一**能够**懂得的语言却很快被玛丽亚给忘记。尽管卡塔瑞娜对待英语的心态是矛盾的，但她仍然十分清楚，要摆脱这样的两难境地，要么玛丽亚同时学好两种语言，要么自己快速有效地学好英语。然而，她对英语学习的"投资"和她的性别认同并不匹配：调查数据有力地说明，能够得到业界人士的认可对于卡塔瑞娜来说非常重要。而且，卡塔瑞娜对她的母语——波兰语的态度是明确的。这一点与梅的嫂嫂对越南语的态度，或者像本章开始引用的 Anzaldúa 的母亲对美国墨西哥裔讲西班牙语的态度是一样的。为什么某些少数族裔语言比另外一些更受重视呢？这是本书第六章将要探讨的一个话题。

虽然玛蒂娜和菲丽西亚都有 3 个孩子，这些孩子的母语和英语一样好，但是两位女性在各自家庭中的地位是不一样的。这直接影响了两人对英语学习的投入以及他们和目的语使用者的关系。在家里，玛蒂娜不仅是位母亲，还担负维持生计的主要责任。她丈夫没有工作，英语水平也有限。刚到加拿大时，最初是家里的孩子们负责与外界说英语的人打交道，玛蒂娜希望尽快学好英语，以便从孩子们的肩上接过这副担子。作为一位称职母亲的认同不仅体现在家中，而且延伸到了家庭以外的社交领域。因此，即使在社交领域屡遭挫折，玛蒂娜始终没有放弃努力，也不甘心保持沉默。与玛蒂娜不同，菲丽西亚有一位非常能干的丈夫，不仅精通英语，而且熟谙加拿大社会的文化习俗。还有一点不同，菲丽西亚并不担心她和孩子们的关系。这样，在家里，她是一位称职的母亲，而在社交领域，她唯一的身份就是富有的秘鲁人。当她以富有的秘鲁人的身份和朋友交谈时，就会感到十分自信；相反，如果被当作外来移民，她宁愿不说话。鉴于她在家中和在社交领域的认同的特殊性，她对待英语的矛盾心态就不难理解了。在第六章里，我关注的重点将从描述语言学习者的经历转移到对研究材料的分析和阐释上来。

# 第六章　第二语言习得理论再探

　　如今，研究者们都认为语言学习是学习者参与交际活动的结果。关于语言学习的本质，存在着不同意见，目前还没有明确的定义。

(Savignon, 1991: 271)

　　语言不仅仅是一种交际模式，也不仅仅是由规则、词汇和意义所构成的系统。它是一种积极的社交媒介，人与人借此在对话中建构意义，阐释意义，为意义而争论。由于语言存在于更为宏观的社会结构中，因此，这种交际活动应该被适当地置于社交个体之间权力关系的背景下来考虑。

(Walsh, 1991: 32)

　　1999 年在美国纽约举行的 TESOL 年会上，Julian Edge 和我（Edge & Norton, 1999）讨论了在二语习得理论研究中引进"权力"概念的有效性。当时我的观点是，如果在研究社会交际的过程中回避权力这个因素，我们就很难真正理解学生的语言学习经历。比如说，我们假定语言学习者和目的语使用者之间所有的关系都是平等的，那么，学习者在使用目的语时就会感到轻松自如，正如卡塔瑞娜在社区服务工作中可以与年长者自如地交流。然而，这样一种假设解释不了伊娃在曼彻斯工作时与她同事的关系，也解释不了梅在纺织厂和同事的关系，更解释不了玛蒂娜在快餐店打工时遇到的情形。二语习得研究中如果不考虑权力的因素（参见本书第一章），就无法对交际事件的本质作出合理的定义和解释。然而，有关权力因素的争论不仅存在于二语习得研究中，而且被延伸到了和应用语言学相关的更为广阔的领域。正如本书第五章中 Lakoff (1975) 和 Tannen (1990) 对于男性和女性的语言使用情况作出了截然不同的阐释一样，原因就在于二者对于权力的理解是不同的。Lakoff 认为，男性和女性各自的语言模式放在双方不对等的权力关系背景下可以得到很好的阐释，而 Tannen 则把男性和女性各自的语言模式看作两者区别的标志，并不考虑权力不平等的问题。这并不是无谓的争论。如何定义和阐释这种差异将直接影响到我们在理论层面和实践层面所采取的应对策略。假如男性和女性之间仅存在不同，而不存在权力不平等，那么社会变革的意义就不大了；相反，正因为存在不平等，社会才有了前进的动力。

　　基于本书前几章提供的材料，我认为当前二语习得研究中的一些理论模式忽视了权力因素，没有充分重视移民语言学习者的学习经历。而且，我在本研究中所采用的材料和欧洲科学基金会（Bremer et al., 1996）所采用的非常相似。这一点很重要。在本章里，我将再次讨论自然语言学习、二语习得的文化融入模式以及"情感过滤"假说这几个理论假设。在本章倒数第二部分，我将讨论后结构主义思潮下的"认同"以及 Bourdieu（1977）提出的"合法话语"概念，这两者在理论上都有助于阐释本研究的发现，对于第二语言习得理论本身，也具有重要的价值。在本章的最后一部分，我把这些思想进一步扩展到作为社会实践的语言学习研究中。

## 6.1　自然语言学习

　　作为二语习得研究的一部分，我的研究表明，Spolsky（1989）对于自然语言学习的描述并不能充分反映本研究中女性移民的学习经历，这一点我曾在第一章里简要提及。根据我所收集到的数据，我将逐个分析 Spolsky 列举的 5位语言学习者。需要说明的是，Spolsky 旨在介绍当前本研究领域的主要理论，而我的目的是表明自己在这个问题上的立场。

　　Spolsky 的第一个观点是：在自然语言学习环境中，目的语是真实交际中使用的媒介，而不是精心设计的课堂教学内容。在这种情况下，就有必要对意义进行讨论了，这里的意义是指一种有价值的交际实践。然而，本研究收集的材料表明：目的语使用者通常并不愿意和语言学习者就意义进行协商。只在极少数情形下，英语母语者才会花时间来纠正会话中的交际失误。大多数情形下，本族语者会通过副语言来表达对上述女性移民的厌烦态度，伊娃说："从他们的表情，我看得出他们的想法。"玛蒂娜评价和她一起工作的学生时，说她们脸上的表情比说出来的话更糟糕。

第二个观点是：在自然语言学习中，学习者周围全是英语流利的人。而本研究的 5 个研究对象中，伊娃、卡塔瑞娜和玛蒂娜这三名女性移民在自己居住的社区里，几乎很难见到说英语的人。这些社区由于房租低廉，聚集了不少经济条件有限、母语非英语的移民。在梅和菲丽西亚居住的社区里，英语是主要的语言，可是菲丽西亚却担心说英语会暴露自己的移民身份，被当地人边缘化。梅也从未说过她和身边那些富有的母语为英语者的接触经历。对于这几位女性移民来说，电视和广播是唯一可靠的语言输入媒介，但是她们无法通过这些输入来练习说英语。有几位被调查者甚至在公交车上、商店和购物中心等场所偷听他人谈话以此增加英语口语的输入。然而，正如玛蒂娜所言，有时在公共场合她试图和说英语的人交流，结果后者都"跑掉了"。只有在工作环境中，她们中的某些人才能接触到能用英语流利地交流的人。而这部分人通常都属于一个社交网络，有些女性移民尽力去结交这些人，却始终没能如愿。即便是像菲丽西亚这样，处在一个有利的学习环境里，但大部分时间也都是在听别人说话，自己很少有说话的机会。再说梅的经历，当工厂裁员，环境变得不利时，她自己无法再使用英语交流，甚至整个环境的交际语言都变了。梅因此陷入两难境地：要么放弃工作环境里的社交网络，要么放弃学习英语。

第三个观点是：外部世界是开放的，充满了各种刺激信号。有很多语境线索可以帮助我们理解使用中的语言。而对于本研究中提到的几位女性而言，外部世界却不是这样的，而是"冷漠的"（菲丽西亚），有时甚至是"风雨交加的"（梅）。我研究的几位女性移民，全都在陌生人面前变得胆怯——那些不认识她们，不了解她们的经历，不知道她们是具有良好教育背景和文化素养的移民的陌生人。她们能够获取语境线索的"开放的、充满各种刺激信号"的外部世界并不欢迎她们。玛蒂娜曾表示："她们把我当成了扫帚或别的什么工具。"伊娃说："她们在工作中盘剥我，因为知道我不会说出去。"几位女性都认为，让她们感到最自在的社交语境是和熟悉、友好、亲密的人在一起，是在别人对自己的英语表现出很有耐心的情况下。回顾整个研究过程，我惊讶地发现，让几位女性移民感到最放松的语言环境居然是在我的车里，在日记讨论会结束后我开车送她们回家的路上。车上气氛非常和谐，大家相依而坐，忘记了家里、工作环境和课堂上产生的种种焦虑；我们喜欢整夜畅谈，说说各自被边缘化的经历，并把这种现象归结为整个社会中个体之间权力关系的不平等，而不是个人能力的不足。我们身处一个不断运动着的封闭容器内，免受"开放的、充满各种刺激信号"的外部世界的影响。我们就这样滔滔不绝地聊着。

第四个观点是：在自然语言学习中，使用的语言是未经加工的、自然状态下的，而不是被精心修改和简化的。虽然周围人用正常的语速说话，但本研究中的几位女性移民却无法像自己希望的那样用英语表达自己的想法。例如，菲丽西亚总是希望能够把白天在育儿所里发生的事情告诉孩子们的母亲，可是她担心这样做会暴露自己的英语水平，显得能力不足，便放弃了。伊娃想要告诉曼彻斯的同事不要再盘剥她了，而当同事没有完成其分内的工作时，伊娃最终也只是以一个轻松的玩笑收场。梅想要告诉兄长，应该由她自己来决定自己的生活，而大多数情况下她却选择了沉默。女性参与的大多数社会交往中都带有性别主义和种族主义的印记，因此在这些场合中使用的语言很少是"未经加工和自然状态下的"，而是被社会关系操控的产物。

最后一个观点是：在自然语言学习中，学习者关注的是交际意义，"母语使用者关心的是语言的可理解性"（Spolsky，1989：173）。玛蒂娜的房东并没有跟她讲清楚，如果违背租约，她就得交付一年的租金；电器经销商也没向她说明，要更换那台只会发热的电冰箱要等上几个月的时间；移民官也没有告诉菲丽西亚，加拿大并不都是一片"流淌着奶和蜜"的沃土。研究表明，无论是理解对方的语言，还是让对方理解自己，全都是语言学习者一方的责任，而母语人士对此没有任何义务。每当出现交际错误时，学习者便感到惭愧，目的语使用者则会不耐烦和愤怒。正因为这样，这些女性渴望被理解的愿望比能够听懂对方的愿望还要强烈。梅在加拿大从事第一份工作时的同事后来对她说，她不得不放弃跟梅说话，因为她觉得跟梅说英语太累了。玛蒂娜也说，很多加拿大人无法忍受不会说英语的人。伊娃提到过，她的同事不愿意和外来移民共事，菲丽西亚也认为加拿大人非常歧视移民。

总之，自然语言学习本身不一定能为学习者提供一个开放的、充满各种刺激信号的学习环境。语言学习者的周围可能并不存在能够流利使用目的语的人：即便有这样的人，他们也无法保证学习者能够在交际中毫无障碍地理解自己所说的话，也无法以平等和支持性的姿态与学习者协商交际意义。研究表明，自然语言学习往往伴随着不对等的权力关系，学习者努力跻身目的语使用者的社交网络，以便在一个安全的支持性的环境里获得练习英语的机会。但大多数女性移民所面对的现实是，外部世界通常是充满敌意和排外的。母语为英语者和她们交流时往往表现得不耐烦，尽量避免和她们说话，也不肯就意义与她们进行协商。女性移民能够在交际语境中捕捉到的信息就是当地人不愿意与外来移民讲话，也不愿意与她们共事。

本书第一章曾经介绍过 Bourdieu 提出的"合法讲话者"概念，它可以帮助我们来解读本研究中女性移民的语言学习经历。Bourdieu 认为，当一个人在说话时，他不仅希望自己能被听话人理解，而且希望被"信任、服从、尊重和识别"（1977：648）。然而，Bourdieu 也坚持这样的立场：说话人要求听话人给予理解和尊重的权力因人而异，并且取决于双方的地位关系。同时，Bourdieu 认为，他的立场和很多二语习得研究者所谓的抽象的语言能力概念是不同的：

> 语言学家认为，语言交际活动成立的前提条件是毋庸置疑的。而在真实情景中，这正是问题之所在。他想当然地认为，相互交谈的［说话者］双方"达成了默契"：说话者认为听话者是值得自己去倾听的人，而听话者认为说话者是值得自己去交谈的人。（同上）

根据 Bourdieu 的上述观点，我认为，本研究中这些女性的自然语言学习经历大体来讲是一种被孤立的经历。作为说话人，她们无法吸引听话人的注意力，听话人也认为她们不配与自己交谈。因此我认为，与理解他人相比，这些女性更希望被人理解：如果不能得到对方的接纳，如果连说话的权利都没有，实际上她们就成了不值得别人去交往的人。语言学家所坚持的"语言能力"是个抽象的概念，它不考虑真实的交际语境（或者是二语习得研究者所说的"社会交际的自然场景"），因此 Bourdieu 认为，交际能力在广义上应该涵盖"说话的权利"（1977：648）。笔者将在本章的最后一个小节详细地讨论这个问题。

## 6.2 阿尔伯特与二语习得的文化融入模式

1973 年，哈佛大学的 Cazden，Cancino，Rosansky 和 Schumann (1975) 开展了一项研究。他们对 6 名母语为西班牙语的英语自学者的经历做了为期 10 个月的研究。这 6 名研究对象包括 2 名儿童、2 名青少年和 2 名成年人。研究主要关注他们对特殊疑问句、否定词和情态动词的习得情况。所收集的材料包括即时发言和实验诱导发言两部分。Schumann 的研究发现源于一名 33 岁的来自哥斯达黎加工人阶层的阿尔伯特。Schumann 希望通过研究阿尔伯特的学习经历来支持他的"皮钦语假说"（1976 b, 1978 a）和"二语习得的文化融入模式"理论（1978 b, 1986）。我之所以要深入讨论"二语习得的文化融入模式"，是出于以下几点考虑：首先，这个模式是专门用来解释成人移民语言习得的。Schumann（1978 b：47）指出，"该模式可以解释移民情境下的二语习得"。因此，它与我的研究目的特别契合。此外，这个模式是基于文化融入和二语习得之间的因果联系而建立的。"二语习得只是文化融入的一个方面，学习者融入目的语群体的程度决定着他习得目的语的程度"（1978b：34）。Schumann（1978b：48）还指出，这个模式"证明的是隐性的文化融入，而不是显性的知识传授"。换言之，假如语言习得中没有发生文化融入，那么目的语的讲授对于学习者而言就没有多少作用。这一发现对于成人移民的二语学习来说有重要意义。最后，这个模式在二语习得研究领域的应用十分广泛，并构成了该领域理论研究的主要文献来源（例如 H. D. Brown，1994；Ellis，1997；Larsen-Freeman & Long，1991；Spolsky，1989）

根据 Schumann 的记录，阿尔伯特在这 10 个月期间的语言学习进步并不大，事实上，他的进步远不及另外 5 位研究对象。阿尔伯特经常使用简化形式的英语，Schumann 称之为"皮钦语"。阿尔伯特在语言学习上进步不大，Schumann 认为可能有三个方面的因素：语言学习能力、年龄、阿尔伯特与目的语使用者之间的社会距离和心理距离。由于缺少足够的证据，他排除了前两个因素，最后的结论是，阿尔伯特和目的语群体之间的"社会距离和心理距离"导致了他使用皮钦语。在后来的著作中，Schumann（1978b）对早期的理论作了改进，提出了"二语习得的文化融入模式"，其核心依据是：

　　我认为社会因素和情感因素这两组变量可以合并为一组变量，作为二语习得研究的一个诱因变量。我把这个诱因变量称为文化融入。文化融入是学习者个体向目的语群体社会融合与心理融合的现象。同时，我认为社会距离和心理距离可以理解为一个连续体，任何一个语言学习者都处于这个连续体上的某一点，或者靠近疏远的一端，或者靠近亲密的一端。对于学习者而言，对目的语群体的文化融入程度决定了他能够在多大程度上习得目的语。(29)

　　关于文化融入模式的细节，本章提到的上述文献多有描述。但与本研究尤为相关的是 Schumann 得出结论的过程，以及该模式的理论充分性。下面我再简要地回顾一下 Schumann 文化融入模式的主要研究对象：33 岁的哥斯达黎加工人阿尔伯特和他使用的皮钦语。

　　Cazden 等人（1975）在 1973 年所做的一项研究中共有 6 名研究对象：2 名儿童、2 名青少年和 2 名成年人。2 名儿童和 2 名青少年都来自拉美中上阶层职业人士的移民家庭。阿尔伯特被 Schumann 划分为"下层拉美工人移民的社会团体成员"（1976b：400）。在为期 10 个月的语言学习中，阿尔伯特在使用英语否定句、疑问句和情态动词时总是出错，在此期间他没有显著的进步，而其他 5 名研究对象则在这些方面进步显著。Schumann 认为，拉美工人移民较职业人士而言，与美国本地人之间的社会距离和心理距离更大。因此，阿尔伯特使用皮钦英语以及交际功能十分有限的英语就在意料之中了。"这正是我们通过研究阿尔伯特的经历所得到的信息。"Schumann 说。为了评估阿尔伯特与当地美国人之间的心理距离，我们请他填写了一份态度和动机调查问卷。出人意料的是，阿尔伯特"对于目的语使用者群体似乎具有积极的态度和良好的动机，因此和他们的心理距离很近"（1976b：403）。对此，Schumann 认为，阿尔伯特可能并没有坦诚地说出自己真实的想法，因此，他放弃了这项证据。阿尔伯特的答案和 Schumann 的预期出入很大，所以他认为阿尔伯特没有说真话。

　　Schumann 在报告中批评阿尔伯特在问卷中说了"他认为研究者想听到的话"（1976 b：403）。然而，Schumann 没有考虑到另一种可能性，即：研究者只愿听到他想要证明的结论；而他想证明的结论就是：一个学习者既然使用皮钦英语，那么他一定缺乏学习动机，也不会对目的语使用者怀有积极的态度。对于收集到的材料，Schumann 忽略了另外两种可能的阐释：第一，阿尔伯特具有强烈的学习动机并对美国人怀有积极的态度，他讲的都是**真实的**想法；第二，阿尔伯特使用皮钦英语的原因很简单，母语为英语的主流群体对阿尔伯特的态度是矛盾的，给他练习讲英语的机会非常少。Schumann 发现阿尔伯特的英语学习进步不大，并把这归因于他和英语使用者之间存在的社会距离和心理距离；事实上，原因可能是社会中占主导地位的权力结构将阿尔伯特置于一个边缘化的境地，之后又谴责他没有能力融入当地文化。

文化融入模式的优点在于它重视语言学习的社会文化语境，没有忽视学习者个体在语言学习过程中的作用。而且，它还强调了语言学习者与目的语使用者频繁接触的重要性。然而，我认为文化融入模式的理论充分性值得商榷，而且，我对该模式所预设的成人移民语言学习者与目的语群体之间的关系也有不同的看法。为了说明我的立场，我进一步分析文化融入模式的三个研究假设：

**研究假设一**：如果一个第二语言学习者群体在地位上低于目的语使用者群体，那么学习者将会抵触第二语言学习。

首先，文化融入模式没有在理论上说明第二语言学习者群体与目的语使用者群体成员之间在权力关系上是不平等的，即在主流群体眼中，第二语言学习者群体在社会结构上处于低端位置。本研究中的材料表明，第二语言学习者并不是刚一来加拿大就感到被歧视，或如玛蒂娜所说"不如加拿大本地人那样受人尊重"。这种感受是在加拿大生活的过程中，被主流社会对待移民的种种行为所建构的。在加拿大，"移民"的意义是生活在那里的女性移民根据不同领域的日常生活经验所建构的。例如，卡塔瑞娜通过和移民官打交道，得出了这样的结论：移民官认为外来移民来加拿大以后"头十年都应该去洗盘子"。因此，在卡塔瑞娜心目中，移民就意味着工人阶层的地位。这一观点也被其他研究对象所证实，在她们眼里，移民只能干技术含量不高的活儿，或者如伊娃所言，他们受教育程度不高，也不怎么聪明，只配干些粗活儿。在菲丽西亚看来，移民会遭到当地人的鄙视。梅因为不会说英语，也不是白人而受到了歧视，不得不与加拿大当地人作斗争。玛蒂娜也说自己因为英语不好而深感自卑。对这些女性移民而言，移民的社会意义并非是独立自主、富有魄力的新来者，而是教育背景不好、技术不够娴熟的少数人群。在几位被调查者中，只有卡塔瑞娜在被边缘化的情况下坚持说英语，只有这样，她的家庭才能继续在加拿大生存。

第二，虽然几位女性移民都感受到加拿大人的排斥，但她们并没有因此对英语产生抵触情绪。相反，她们坚信较高的英语水平能够帮助她们摆脱移民的身份，从而获得她们想要从加拿大得到的各种机会。事实上，材料表明，抵触言语交际的不是外来移民，而是当地占主导地位的母语群体成员。对于阿尔伯特而言，情况很可能是这样的：一方面，像本研究提到的几位女性移民一样，他对自己的弱势地位深感恼怒；而另一方面，他也在积极地寻找机会同当地人练习说英语。至少，他投入了十个月的时间跟母语为英语的研究人员学习如何使用英语中的否定结构。

**研究假设二**：如果第二语言学习者群体成员放弃自己的生活方式和价值观，转而学习目的语群体成员的生活方式和价值观，那么他们将在最大程度上接触到目的语群体，并提高第二语言学习效果。

**研究假设三**：目的语群体成员与第二语言学习者群体成员之间的积极态度将有助于提高第二语言学习的效果。

在文化融入模式中，研究假设二可以理解为一种同化整合策略（Schumann，1978b）。该模式认为，虽然第二语言学习者不必完全放弃自身的生活方式和价值观，以此来提高二语习得效果，他们至少需要在较低程度上适应目的语使用者的生活方式和价值观，以便习得目的语，同时，仍然保留原来的生活方式和价值观，以保留其在原来群体内的身份。研究假设三中提到的两个群体之间的"积极态度"将有助于促进同化过程，进而提高第二语言学习者的学习效果。然而，研究假设二和研究假设三的问题是，两者都默认目的语使用者会乐于接受第二语言学习者提出的同化请求，并对后者的积极态度予以回应。文化融入模式没有考虑到的是，第二语言学习者虽然具有积极的态度，但是他们和目的语群体之间不平等的权力关系可能妨碍了学习者最大限度地接触目的语使用者。更重要的是，该模式没有考虑到，假如第二语言学习者果真放弃了原有的生活方式和价值观，转而采取目的语群体的生活方式和价值观，反而会妨碍其二语学习效果。这就与他们的研究假设三相互矛盾了。一个非常典型，甚至带有悲剧性的例子就是梅的经历，下面我将以梅在她的兄长家里学习语言的经历来说明这一点。

在本书第四章里，我曾提到过，梅住的地方有很多练习说英语的机会。她的侄子们都只说英语，不说他们的母语越南语。而且，梅在其兄长家里扮演着"语言中介"的角色，把侄子的话翻译给他们的祖母，偶尔也翻译给他们的母亲。梅的兄嫂在加拿大生活了十几年，而梅才刚来这儿不久，她的英语就比她嫂嫂的还要好。这一点让她的侄子们非常惊讶。这里的关键问题是梅的侄子们当时正经历一个 Lambert（1975）所谓的"消减式双语学习"（Subtractive bilingualism）的过程，即第二语言学习者以牺牲母语为代价来习得第二语言。这让梅的嫂嫂无法很好地用越南语或者英语和孩子们交流。根据研究假设二和假设三，梅的兄嫂都以积极态度寻求各种途径去融入加拿大本地人的语言群体，对加拿大人的态度十分友好。梅认为兄嫂的这种态度大错特错。这一切都让梅感到十分气恼。

在梅生活的大家庭里，几乎每个人都有可能成为双语使用者；而实际上，除了梅以外，每个人都只说一种语言。我认为，其根源是在加拿大国内以及梅的兄长明生活、旅行和工作过的其他国家奉行的种族主义话语机制，梅的家人正是受到了这种话语机制的影响。在第四章里我曾经提到过，梅刚到加拿大不久便发现明对加拿大人与对越南人和中国人的态度大相径庭：他认为加拿大人是优等人，而越南人和中国人是劣等人。对于兄长所发生的变化，梅也感到相当震惊：他既不尊重自己的过去，也不尊重自己的生活方式，甚至不尊重自己的父母，认为越南人和中国人都是劣等人，他（和妻子）不鼓励孩子们学习自己的母语。鉴于她的兄长明里暗里表现出来的种族主义倾向，我们不难理解他的儿子们为何会嫌恶自己的长相，拒绝承认自己的过去，并逐渐淡忘自己的母语越南语。而梅则清醒地意识到了兄长一家人的悲剧。虽然她也积极地学习作为第二语言的英语，但是她相信一个人无论如何都不能抛弃自己的过去。她发誓："我绝不会让这样的悲剧在我自己的孩子身上重演。"

文化融入模式并没有意识到，"附加性双语学习"[①] 和"消减性双语学习"

---

① 指一个人学习了第二语言之后，并未丢掉母语的情形（Lambert，1975）。

都必须结合语言学习者所处的更宏大的社会结构（此例是在加拿大社会语境下）来理解。本例中，主要指加拿大的社会阶层，这是越南裔的语言学习者所经历的，来自欧洲的语言学习者没有此类经历。以卡塔瑞娜为例，她对比了自己在奥地利和在加拿大的生活。在奥地利，波兰人被认为是"二等公民"，而在加拿大则不存在这个问题。梅的嫂嫂并不鼓励自己的孩子学习母语，而卡塔瑞娜则积极地寻求各种途径以确保女儿在学习英语的同时，不忘记自己的母语。文化融入模式也没有说清楚以下问题：作为移民的语言学习者对语言学习的"投资"远远大于目的语使用者。想要在语言学习上取得进步，学习者需要主动去结交目的语使用者。同时，学习者也更加在意对方的态度，而目的语使用者则不太在意学习者的态度。在我的研究中，几乎所有的女性移民都有被主流社会成员边缘化的经历，但是，只有菲丽西亚对加拿大人心怀不满，她认为加拿大人普遍不友好。即便如此，这也没有妨碍她积极地寻找各种机会在家中与一位同伴练习说英语。其他 4 位女性移民则常希望能接触到更多的加拿大本地人。

总之，文化融入模式对群体和个人都作了严格的分类。它把群体分为语言学习群体和目的语群体，把个人分为学习动机强的学习者和学习动机弱的学习者。该模式认为，成人移民应当调整自身并适应目的语群体的生活方式和价值观，增加与目的语使用者接触的机会，以此促进第二语言学习进程。如果学习者未能在语言学习上取得进步，那么一定是因为语言学习者抵制文化融入的进程。可见，语言学习者与目的语群体之间不平等的权力关系并未纳入文化融入模式的理论体系，而这种权力关系却在一定程度上阻碍了语言学习者接触目的语使用者，影响了第二语言学习的效果。事实上，在本研究中，梅的家庭是唯一有可能培养双语使用者的家庭。然而其家庭成员拒绝原有的价值观和生活方式，全盘接受了加拿大母语为英语者的价值观，最终摧毁了这个家庭原有的社会构成。这是一个具有讽刺意味的悲剧。

## 6.3 情感过滤

在本书第一章，我曾指出，当前大多数第二语言习得研究模式都强调情感过滤在第二语言学习中的重要性。Krashen（1981，1982）曾假定，具有较低情感过滤的可理解输入是第二语言学习研究的一个主要诱因变量。在 Krashen 看来，情感过滤包括学习者动机、自信和焦虑状态。这些都是个体的状态，而不是社会环境的变量。但是，我也曾指出，Krashen 的情感过滤理论，或者他对学习者情感因素与更大的社会环境之间互动效应的理解，与很多第二语言学习研究者并未完全达成一致。根据本研究收集的材料，我将重新思考动机、自信和焦虑这几个概念，并提出一个新的观点，即：语言学习者的情感过滤不能脱离他（她）所处的更宏观的、通常是不平等的社会结构去理解。

## 6.3.1 动机

本研究中，所有被调查的对象都表现出强烈的学习动机。她们参加专门的英语学习课程，参与日记讨论，希望能够与加拿大本地人有更多的交往。除玛蒂娜外，她们和自己的朋友在一起都会感到自在。然而，所有的女性移民都认为，与**那些拥有特定象征资源或物质资源的人**说英语，会让她们感到很不自在。伊娃来加拿大是为了获得经济上的优势，她渴望与说英语的人一起工作、练习说英语并找到更好的工作；可是，当她所依赖的客户对她的口音颇有微词时，她选择了沉默。梅来加拿大是为了过上更好的生活，得到一份有保障的工作并实现经济独立；可是，和老板讲话会让她感到很不自在。卡塔瑞娜为了自己的宗教信仰来到了加拿大，并努力建构自己作为职业人士的身份，但她在跟教师、医生和其他说英语的职业人士说话时会感到极为不安。玛蒂娜为了孩子们放弃了国内检测员的职位，来到加拿大。当她发现自己在社交场合无法维护孩子们的权利时，她深感沮丧和不安。菲丽西亚为了躲避本国的恐怖主义来到加拿大，她精心地为自己建构了一个秘鲁人的身份认同，却在遇到英语流利的秘鲁人时，感到非常尴尬。

虽然这些女性移民都有强烈的学习动机，但在特定情况下，她们都有感到不安和不愿意开口说话的时候。本书第一章曾指出，目前二语习得研究的文献中在谈到"动机"这个概念时，通常假定语言学习者具有一致的、连贯的认同，这一认同决定了语言学习者动机的类型和强度。根据我所收集的材料，动机比此前预想的要复杂得多。学习者说第二语言的动机由两部分因素共同决定。一部分是说第二语言的愿望——一种与学习者认同的动态建构以及对未来的期待密切相关的"投资"，另一部分是可能与此相互冲突的其他方面的"投资"。为了更好地说明不同力量如何相互作用并共同影响女性移民练习用英语交流的愿望，我分析了她们对英语学习的"投资"，而不是说英语的动机。通过分析这些女性对英语学习的"投资"，我们就有可能理解她们是如何创造说英语的机会，并在何种程度上利用这些机会的。下面我将依次讨论这几位女性的经历。

对伊娃而言，英语可以帮她在社会上实现经济独立并获得更好的教育。她对英语学习的"投资"需要结合以下几个因素来考虑：她是一名年轻的单身女性，移民加拿大是为了获得经济方面的优势，她对未来的计划是进入大学深造。没有繁重的家庭负担，也没有子女需要她照顾，伊娃能够寻求并获得一个全职工作，这为她提供了越来越多接触英语和练习说英语的机会。随着她逐渐认可自己是一名有价值的员工，一名具有多元文化背景的公民，她说英语的机会也越来越多了。

对于梅来说，英语有助于她在家庭中和社会上实现性别平等和经济独立。她作为单身女性的身份不断地遭到歧视，先是在家庭中，然后是在她工作的地方。梅出色的英语能力让她成为家庭成员相互交流的中介，也让她在社会上获得一份前景不错的职位。她对英语学习的"投资"必须联系她的家庭生活、她来加拿大的原因（"为了将来的生活"）以及她对未来的规划（"在一所大学里学习更高级的课程"）来考虑。她在寻求机会练习英语方面表现出过人的智慧，不断利用来自家庭、工作场所和社区的学习资源。然而，她最终踏入了男性占主导地位的婚姻，这可能会在一定程度上减少了她说英语和练习英语的机会。

对于卡塔瑞娜来说，英语不仅威胁到她作为母亲的性别认同，也挑战了她在家庭生活中的地位。她丈夫的英语能力比她好，刚到加拿大时，由他负责家庭内外的联络工作。然而，英语可以帮助卡塔瑞娜重获她在波兰时享有的职业优势。对于她来说，这才是正常的生活：同事们承认她所拥有的象征资源，她也可以与那些认可她的价值观和教育背景的加拿大人建立正常的社交关系。当她的象征资源得不到认可时，她就会选择回避社会交往，甚至放弃英语学习机会。这一点我将在第七章予以详述。

对玛蒂娜来说，英语可以给她的子女们带来更美好的未来，这也是她来加拿大的主要原因。她的丈夫无法负担家庭生活开支，也无法承担内外联络工作。在这种情况下，相对于家庭的生存需求，通过学习英语来找到更好的工作是次要需求。虽然玛蒂娜受过高等教育，她并没有像卡塔瑞娜一样要求别人尊重自己的教育背景。人们把她当作外来移民对待时，她也没有像卡塔瑞娜那样反应激烈。原因在于，她对英语学习的"投资"主要关系到子女未来的生活，而不是她自己未来的生活。被当地人边缘化并不能使她沉默：为了孩子的利益，她知道自己不能轻易放弃。她抓住一切机会练习英语，即便是和陌生人在电话中讨论具有争议的话题，即便别人对她不尊重，她也不会退缩。

对于菲丽西亚而言，掌握英语能够让她成为一个有趣的人，能够积极参与加拿大人的社交活动，而不只作为被动的旁观者。她的三个孩子中，有两个已经是青少年了，她并不需要像卡塔瑞娜那样，担心英语会威胁到她作为母亲的性别认同。此外，家人的英语能力都比她强，完全可以应付社交的需要，因此，她也没有必要像玛蒂娜那样。菲丽西亚知道，她必须"练习、练习、再练习"，才能提高自己的英语水平。但是，与玛蒂娜不同，她并没有利用一切机会练习英语。她害怕被人当作移民而被边缘化，这种恐惧甚至超过了她在社交场合说英语的愿望。因此，她选择躲在家里，与一位承认她的秘鲁人身份的语言学习者一起来练习英语。第七章将详细讨论菲丽西亚的经历，如果有人否认她的秘鲁人身份，她就会完全回避社交活动。

## 6.3.2　焦虑和自信

学者们对动机在二语习得过程中的作用认识相当混乱，他们对焦虑和自信在二语习得中的作用也是观点不一，[2] 例如，Spolsky（1989：115）认为，"很多学习者都表现出某种的焦虑情绪，这种焦虑对二语学习有一定的干扰"。他认

---

[2]　与 Gardner & MacIntyre（1993）的做法类似，我也将焦虑和自信一并讨论，因为它们彼此会产生相互影响。

为学习者焦虑的出现伴随着听说技能的训练。而另一位学者 Bailey (1983) 则区分了两类焦虑：促成性焦虑和削减性焦虑。焦虑不是学习者所固有的品质，它受语境制约。在 Krashen 的情感过滤假说中，焦虑和缺乏自信（以及动机不足）被视为低效能英语学习者的固有特征。本研究所收集的材料表明，学习者的焦虑和自信程度会影响他们创造和利用机会练习目的语，而这种影响的作用机制是多种多样的。在自然语言习得环境下，学习者的焦虑，如 Spolsky 所言，与其口语技能有关，而与书写技能无关。在本研究中，菲丽西亚说过："和听说相比，我觉得读写更容易一些"，玛蒂娜也指出："我可以对自己写下来的内容进行反思和修改，因此，对我来说读写不是问题；而我说话时，就没有足够的时间（来反思和修改）了。"就这个问题，伊娃也表达了类似的看法。和工作场所的加拿大本地人相比，她无法一边记录顾客的订单，一边跟他们讲话。"有时，顾客听不懂我说的话。于是，我就得把每句话都解释一遍。我无法做到一边书写一边说话，这对我来说太难了。但是，对英语流利的人来说，这根本不算什么。"伊娃认为，问题的关键在于"时间"，"我不愿意跟顾客说英语，是因为我跟他们说话时很不自信，我没有足够时间去跟他们说话。"

Norton Peirce, Swain 和 Hart (1993) 提出的交际活动中的"控制中心"（the locus of control），有助于解释上述女性移民在口语技能方面的不自信。基于采用沉浸式学习法的法语学习者的自我评价，Norton Peirce 等人认为，如果学习者能够在交际活动中控制信息的传输速度，那么控制中心就对他们有利。相比控制中心对自己不利的交际活动，这时学习者更容易建立起对自己的语言技能的信心。此处，问题的关键在于，特定的交际活动是否是即时性的。在即时性的交际活动中，学习者几乎没有足够的时间对信息进行加工，也没有足够的时间去激活大脑中对所听话语进行解码的必要图式。而在非即时性的交际活动中，学习者就可以有足够的时间去激活这些图式，直到完全理解为止。既然口头交际活动都是实时发生的，学习者无法控制交流信息的传输速度，因而加剧了焦虑的程度。

虽然"控制中心"的概念有助于解释语言学习者在社交场合练习口语时表现的焦虑情绪，但是，它没有说明学习者的生活经历对焦虑情绪和缺乏自信有多大影响。Rockhill 研究中的女性都对自己在英语学习方面取得的进步感到自豪，而本研究中的女性移民却由于自身的二语能力有限，更多地感到羞耻、自卑和无趣。这种自卑感和缺乏自信必须联系以下事实来考虑：她们不得不在社交场合与目的语使用者协商双方的权力关系；作为移民，她们被本地人边缘化了。从这一角度考虑问题，当被问及"什么情况下说英语最自在"时，伊娃的回答就很值得参考了："要看和我说话的人是谁，如果对方没有时不时地表现出自己在英语方面的优势，我就感到更加放松，我的英语也更加流利。但是，如果他对我说话的口音有所觉察，我就会感到特别紧张，甚至连最简单的语法规则也会忘记。"上述材料清楚地表明，焦虑并非语言学习者与生俱来的特性，而是在学习者的社会生活经验中建构的。

　　研究材料进一步说明，焦虑不仅是在社交互动中建构的，而且与语言学习者日复一日紧张的生活状况密切相关。例如，梅曾说过："大多数时候，我说英语都还算顺利；但是，一遇到麻烦的时候，我满脑子都在想怎样解决这个问题，这个时候再说英语就感觉很别扭了。"在所有接受调查的女性移民中，梅或许算得上是在加拿大生存最艰难的一个了。先是她的家庭，然后是工作环境，两者几乎无法为"风雨交加"的移民生活提供任何安慰和庇护。因为"脑子里总是"装满了各种问题，梅时不时地对自己的英语缺乏自信，无论身处何种社交场合都是这样。与之形成对比的是，梅说自己感到"舒适或开心时，说英语就变得容易多了"。菲丽西亚也有类似的观点，她说学习英语很难，"因为这让我感到很大压力"。

　　在对李维斯公司的研究中，Norton Peirce, Harper 和 Burnaby (1993) 发现，有些女性由于在第二语言课堂上感到紧张和焦虑而中途退出了。这种焦虑部分是由工作条件中的社会因素造成的。因为工人职位的稳定性取决于他们是否百分之百地实现既定目标，即在公司里保证不被辞退必须达到的最低生产力水平。因此，一些工人在第二语言学习课程中注意力不集中，总想着公司里要干的活儿，想着有哪些缝纫活需要改正。正如一名工人所言 (Norton Peirce, Harper & Burnaby, 1993：19)："问题是，有时我在工作中会出错，于是，我老想着这些出错的地方。我希望课程早点结束，这样我就可以回到公司去查看我那些活计了。"这些人的焦虑情绪不能被理解为他们固有的性格特点，这是糟糕的经济条件和有限的生存机会导致的。

## 6.4 认同概念的重构

在考虑重构第二语言学习环境中学习者个人与社会之间的关系时，我将借鉴以 Weedon（1997）为代表的后结构主义女性研究。同很多后结构主义的教育理论（Cherryholmes，1998；Giroux，1988；Simon，1992）一样，后结构主义女性研究的是个人、团体和社群之间占主导地位的权力关系对个人在特定时间和地点生存状况的影响。然而，后结构主义女性研究领域的著作与其他后结构主义理论著作有所不同。前者重视女性的生活经历，并以主体性理论为基调，积极充分地考虑了个人经历与社会权力的联系。主体性被定义为"个人所具备的有意识和无意识的思想、情感，对自我的感受，以及对自己和周围世界关系的认识"（Weedon，1997：32）。因此，后结构主义女性研究并不是一个正统学说，而是一个"无法一言以蔽之的批判性实践领域"（Butler & Scott，1992：xiii），它力求改进现有的社会学理论，以解释女性所关注的问题。如前文所言，对于本研究所收集的材料，自然语言学习理论、文化融入模式以及情感过滤等理论均暴露出各自的不足，而后结构主义女性研究却具有强大的解释力。尤其是主体性理论，帮我们构建了有关"认同"的概念。这一概念有助于理解女性移民的经历，也有利于发展二语习得研究领域内的新理论。从这个方面来看，主体性具有三个核心特征：主体是多样的、非单一的，主体是权力斗争的场所，主体因时而变。

### 6.4.1 认同与非单一性主体

根据 Weedon（1997）的理论，主体和主体性是关于个体的不同认识，这一点与在西方哲学中占主导地位的人类学关于个体的认识不同。人类学对个体的认识与二语习得研究领域很多对个体的定义非常相似，它们都预设个体是一个基本的、独特的、相对稳定和连贯的核心（内向型或外向型，动机强烈型或动机较弱型）。与之形成对比的是，后结构主义认为个体，即主体，是多样的、矛盾的、动态的、随时间和地点的变化而变化的，预设了主体的多样性而非单一性，离心性而非向心性。认同的非单一性和矛盾性可以用来解释以下现象。

伊娃希望同事们能平等地对待她，同时还要承认和尊重她的独特性。她说："我刚来的时候，需要下不少工夫才能搞清那些对于同事来说已经司空见惯的事情，而她们却无法理解这一点。"在家中，梅同家长制抗争，希望过上独立的生活，不再依靠兄长；而在工作环境中，她不愿意因为自己是单身而被边缘化，她希望能够被讲意大利语的同事接纳，但又不想以牺牲英语为代价去学意大利语。卡塔瑞娜想让女儿学好英语，但又不愿意让英语威胁到她和女儿的关系；她选修英语课程，还选修了能给她提供思考机会的计算机课程。玛蒂娜一说英语就感到不自在，但是为了孩子的利益，她拒绝保持沉默；她能够以优异的成绩完成税务专业的预备课程，却总是因为英语较差而自卑。菲丽西亚想要"练习，练习，再练习"说英语，但是她又不想在公共场合说英语；她特别希望丈夫能找到一份工作，但又不同意他去送比萨。

认同的非单一性和矛盾性可以帮助我们解读这些女性移民如何把握和创造机会去练习英语。为了说明这一点，我们来看看玛蒂娜认同构建的多重性：移民、母亲、妻子、语言学习者和员工。作为一名加拿大社会的女性移民，玛蒂娜从来不觉得说英语是件很自在的事情。她说："在母语是英语的人群里说英语，我感到很不自在，他们的英语都非常流利。这让我自惭形秽。"然而，更重要的是，自卑感和耻辱感并未阻止玛蒂娜坚持说英语。我认为，她拒绝沉默，原因在于她作为母亲和家庭事务主导者的认同。这一认同致使她违背了交际中合法讲话者（加拿大本地人）与不合法讲话者之间的协定（Bourdieu，1977）。玛蒂娜认同建构的多重性解释了研究材料中令人费解的地方，下列例子可以说明。

第一处是玛蒂娜给房东打了一个很长的电话说明她并没有违反租赁协议，这让房东、她自己和她的孩子们都大吃一惊。她写道：

> 记得那是在上完 ESL 课程以后，我们刚刚搬进新的住处。房东试图说服我预付一整年的房租，我很沮丧，于是我通过电话和他交谈了一个多小时，这期间我都没顾上考虑英语的时态规则。当时，我知道我不能轻易放弃。

还有一次，在快餐店里，其他员工都在经理办公室里玩游戏，玛蒂娜主动招呼顾客。这不仅让店里的顾客很惊讶，就连她的同事也意想不到。

> 当我第一次独自跟顾客用英语交流时，她们用一种奇怪的眼神看着我，但是我并不灰心。我把顾客需要的东西拿给他们，然后走过去，像往常一样，对两个女孩儿说"只收现金"。看得出，她们非常吃惊，但是什么也没说。

玛蒂娜坚持不懈地说英语（"我不能放弃。""我没有放弃。"），也敢于挑战那些制约她和家人发展的语言使用规则，这些都和她作为母亲的认同有关。作为家庭事务的主要承担者，她不能指望丈夫处理社交事务和维护家人的权利免受无良社会行为的侵害。尽管她对英语时态系统掌握得不好，尽管她从交谈者的脸上看到了奇怪的表情，尽管她时时感到自卑，她还是要独自承担这一切。同时，玛蒂娜也利用她作为母亲的象征资源来**重构**自己和同事之间的权力关系。通过这种重构，玛蒂娜把同事和她的关系从英语的合法讲话者与不合法讲话者之间的关系重新演绎为家庭中子女和母亲的关系。合法讲话者对不合法讲话者享有支配权，而家庭中的子女却不能凌驾于母亲之上。以下是玛蒂娜的一段话，此前在第五章也有所引用：

> 在快餐店里，我和一群孩子共事。可是，她们把我当成了——我也拿不准——也许是扫帚或别的什么工具。她们总是对我说："去，把起居室打扫干净。"盘子都是我来洗，她们什么也不干，只顾一起聊天，并认为所有的活儿都应该由我来干。我说："不。"这孩子才 12 岁，比我儿子还小呢。我对她说："不，你什么都没干。你应该去擦擦桌子或干点儿别的活儿。"

### 6.4.2 认同作为权力斗争的场所

在后结构主义女性理论研究中，主体性源自创造意义的实践活动，这些实践活动可能发生在家庭、工作场所、学校和社区；同时，主体性也创造意义。主体性产生在不同的社会场合里，在每个场合中，个人都扮演着不同的主体角色：教师、儿童、女性主义者、管理者、批评家，等等。所有这些角色都受到特定场合中权力关系的制约。因此，我们不能把主体看作被动的个体，无论从社群还是从整个社会来看，他/她既是特定场合权力关系的制约者，同时也是被制约者：他/她具有个人动因。因此，一个人在特定话语活动中所占有的主体地位不是一成不变的。在特定的话语活动中，当一个人被置于特定主体位置时，可能会抵制这种主体地位，甚至建立一个与之对立的话语活动，以便将自己置于拥有权力的一方，而不是被边缘化的一方。认同作为权力斗争的场所，从逻辑上讲，其根据就在于认同的多样性和矛盾性。假如认同是单一、固定和一成不变的，那么它就不可能因时空而变化，也就不可协商了。

认同是权力斗争的场所，这一概念有助于解释本研究中的女性移民是如何创造和把握机会练习说英语的。回顾刚刚提到的玛蒂娜的例子，在她工作的地方，她建立了一个与原有话语活动相对立的话语活动，抵制作为女性移民的主体地位，转而接受了作为母亲的主体地位。这样，她不仅为自己赢得了话语权，而且让那些习惯于盘剥她的同事闭上了嘴。伊娃曾经被同事们当作无知的人，后来她教同事学习意大利语等外语，这让同事们非常吃惊。她颠覆了同事们在各自的知识或权力方面的主体地位，也逐渐融入工作环境的社交网络，由此获得了更多说英语的机会。在家中，梅在经济上依赖兄长，却在家人交流中扮演了中介的角色。她并没有公开地挑战兄长的家长地位，而是建立了一个与家长制关系相对立的话语体系。本书第七章将详细讨论卡塔瑞娜和菲丽西亚在学校的正式环境里为认同所作的抗争。

## 6.4.3 认同因时而变

后结构主义女性研究把主体性看作是一个多样、充满矛盾和斗争的场所，并强调了个人认同的变化性。如 Weedon（1997）所言，"主张主体离心性且摈弃主体性是本质属性的信念有其政治含义，这使主体性成为一个可变的概念"（1997：32）。我对目前二语习得领域内学习者态度和动机的概念持批判态度，部分原因就在于此。认同的这些特征不仅是在社会中建构的，而且随着时间和社交场合的变化而变化。认清这一点对于第二语言教育者来说十分重要，因为它说明教育干预的前景是广阔的。第七章将全面讨论这个问题。认同的可变性可以帮助我们解释本研究中女性移民如何创造并抓住练习英语的机会。下面我以伊娃在工作环境的经历来说明这个问题。我主要想说明的是，伊娃对自己的认识发生了变化，从一个没有发言权的外来移民到一个能够被同事所接受的具有多元文化背景的公民，引发这一变化的关键因素是时间（Bourdieu, 1977）。

伊娃刚到曼彻斯上班时，她认为主动接近同事并和她们攀谈的做法不太合适：

> 我发现每件事都得我自己去做，并且没有人关心我，因为——这样我哪有勇气去和他们攀谈呢？我知道他们都不关心我，所以我不愿意在他们面前微笑，也不愿意和他们说话。

我们注意到，伊娃这段话里有一处没有说完，"没有人关心我，因为——"因为什么？我认为，因为伊娃的移民身份，没有人承认她的存在。她既不会说一口流利的英语，也不是加拿大本地人；她不怎么聪明，干着店里最低级的活儿。在这种情况下，伊娃如果主动和人攀谈，就构成了 Bourdieu（1977：672）所说的"不合法话语"。伊娃接受了自己作为移民的主体地位，认识到她并非英语的合法说话者，也明白她不能要求交谈者接受自己。正如她自己说的那样，刚到加拿大时，如果别人表现出对她不尊重，那一定是她自己的原因。她努力接受并适应工作场所中的规则，并视之为理所当然，"因为我不和同事们攀谈，他们也不和我说话，可能他们认为我就是那样——因为我在那儿只能干些粗活儿。他们这样想也是正常的。"

随着伊娃对自己认识的深入以及她与社会现实世界之间关系的变化，她开始挑战自己在工作环境中作为"不合法讲话者"的身份。重要的是，伊娃的同事们对她的行为深表意外。这就证明了伊娃当初在工作环境中遵循的语言使用规则其实是那里的权力关系的一部分。随着伊娃逐步构建起"具有多元文化背景的公民"的认同，她感觉自己渐渐有了话语权。这时，如果再有人对她表示不尊重，她会归咎于别人，而不是自己了。所以，当那位男性顾客质问她是不是为了多拿些小费才带着口音讲英语的时候，她感到愤怒，而不是羞愧。她没有保持沉默，而是勇敢地表达了自己的想法。她对那位顾客说，"我倒是希望自己说话不带口音，那样，我就用不着听到你这样的评价了。"她其实是在表明自己是多元文化背景的加拿大人。尽管伊娃在一次日记讨论会上表示，她不再感觉自己是加拿大的外来移民了，但时隔不到一年，她又有了这样的感觉，因为她总被人如此**定位**："别人一听我的口音，就知道我是个外来移民，所以我仍然感觉自己是个移民。"就这样，伊娃的认同历经变化，但她始终为认同问题而斗争。

## 6.5 作为社会实践的语言学习

在这部分论述中，我认为 Bourdieu 的"合法话语"概念和后结构主义理论关于认同的讨论有助于把语言学习看作一种复杂的社会实践，而不是一项抽象的、内化的技能。"社会实践"指的是 Lave 和 Wenger（1991：49-50）所述的设想：

> 与将语言学习视为内化过程的观点不同，语言学习的过程应该是一个不断参与社群实践，并实现人与世界互动的过程。把语言学习理解为一种参与实践的行为，我们就能注意到它是一个不断发展的、持续更新的一组关系……坚持动机和愿望的历时性本质，坚持认为实践中的个体可以接触到由社会和文化传递的各类经验，是发展一种实践理论的关键。

为了夯实这套理论的基础，我们仔细研究了伊娃日记中的一段话：

> 在这里和我共事的都是加拿大人。我刚到这儿的时候，他们都不明白为什么我无法理解那些对于他们而言再平常不过的东西。为了说得更清楚一点，我举个例子，这件事就发生在几天前。
>
> 跟我一起工作的女孩指着一个男的对我说：
>
> "看见他了吗？"
>
> 我说："看见了，怎么了？"
>
> "你不知道他是谁吗？"
>
> "不，我不知道。"

"你怎么连他都不认识呢？你不看电视吗？他就是巴特·辛普森啊！"

我感到沮丧极了，我没有回答她。直到现在我也不明白这个人为什么那么重要。

这个片段讲的是一个发生在伊娃工作场所③里的交际中断事件。伊娃的同事吉尔开启了一次对话，话题是北美流行文化偶像巴特·辛普森。当伊娃说自己对这个人一无所知时，吉尔的反应是责难她："你怎么连他都不认识呢？"对此，伊娃无言以对。虽然伊娃热切地希望与母语为英语的人交流，练习说英语，提高自己的英语水平，这一次她还是选择了保持沉默。在一次后继采访中，我问伊娃为什么上次和吉尔聊天时最后选择了沉默，她说当时吉尔的话让她觉得自己受到了羞辱："当吉尔说'你不看电视吗？'的时候，我在想，你知道自己在说什么吗？你这个古怪的女人。"这个例子有力地说明了语言、认同和语言学习的关系。语言不仅是一种中立的交际方式，更是一种在社会中构建的实践活动，这些事件、活动和过程构成了我们日常生活的主要内容，并为社会上占支配地位的阶层所接受。当伊娃承认自己不知道巴特·辛普森的时候，她就被置于一个与环境格格不入的境地，她被当成一个对工作环境中的文化常识和背景知识一无所知的人。而吉尔却知道这些知识，正是这一点常识让她有了社交上的权力和主体地位。因为伊娃并不了解这些常识，所以对话以她的沉默告终。

第四章提到过的 Bourdieu（1977）的"合法话语"概念有助于解释这种交际中断的现象。因为伊娃并不知道吉尔假定她应该知道的信息，因此她成为吉尔话语的不合法听众。重要的是，当吉尔认识到伊娃是不合法听众时，立刻就中断了双方的谈话。我们注意到，吉尔向伊娃发问时使用的是反问句——实际上她并没有打算，甚至并不希望从伊娃那儿得到任何答案。"你怎么连他都不认识呢？你不看电视吗？他就是巴特·辛普森啊！"我认为，伊娃感到非常难受的原因在于她被当作话语的不合法听众。她默认了自己作为不合法听众的主体地位后，就无权参与对话了。这样一来，虽然工作环境赋予伊娃参与社交活动和说英语的机会，她在自己与吉尔组成的话语体系中的主

③　伊娃后来解释说有一位顾客就穿着印有巴特·辛普森图案的 T 恤衫。

体地位却减少了这样的机会："我感到沮丧极了，我没有回答她。"我们不仅要依据这句话本身，而且要考虑到工作环境，以及整个社会更大范围的、不平等的社会结构来理解这句话的含义。在整个社会，移民经常被视为英语的"不合法讲话者"。我们也注意到，餐馆的人指派伊娃去干一些低级的工作，这样她们就可以甩掉她继续自己的谈话，从而剥夺了她用英语参与社交互动的机会。如伊娃所写的那样，"她们利用我，因为知道我不会说出去。有几次，我试着跟她们说话，但是最终还是被支走了，或是被派了别的差事。"Bourdieu（1977：648）指出，"最激进、最可靠和最隐蔽的审查制度莫过于把特定个体排斥在交际活动之外。"

考虑到更为宏观的社会语境，当吉尔因为巴特·辛普森这个话题而把伊娃当作无知者来对待时，伊娃保持沉默的反应也就不足为奇了。因为伊娃的身份被建构为移民，吉尔所说的那番话，其社会意义在伊娃看来，也是在这样一个语境中来理解的。假设伊娃是一个只看公共电视台而不看商业电视台的人，或是一个从来就不看电视的当地人，她就可以针对吉尔的话语来建立一个反话语，反对被吉尔置于潜在的不合法讲话者的地位。然而，由于吉尔和伊娃之间不平等的权力关系，话语的合法性是由吉尔来决定的。如果换了她的那位虚构的、住在邻省魁北克的同胞萨利哈，她就得等上更长的时间才能回答那一连串的问题了。

## 6.6 评论

在本章中，我提到了二语习得研究领域中回避权力问题的现象。我认为，如果对权力关系采取回避的态度，就无法全面理解语言学习者在不同时间、不同社会环境下的复杂经历。本研究所收集的材料表明，应该质疑当前的自然语言学习、文化融入模式和情感过滤这几个概念。参照后结构主义女性研究中的主体性概念以及 Bourdieu 的合法话语概念，我认为二语学习不仅仅是学习者通过努力和投入获得技能的过程，还是一种复杂的、影响语言学习者认同建构的社会实践。遗憾的是，这种影响的作用机制在二语习得领域并没有得到应有的重视。后结构主义有关认同的理论，Bourdieu（1977）有关话语权的概念，以及 Lave 和 Wenger（1991）将语言学习视为学习者在不同程度上参与特定团体实践活动的观点都对二语习得研究作出了贡献。在第七章，我将着重分析在语言学习课堂上所收集的材料，详细说明在课堂上说话的权利对语言学习和语言教学的重要意义。

# 第七章　在课堂和社区争取说话的权利

除了教材中时髦的术语和教师的讲稿，第二语言课堂里用来交流的东西实际上并不多。目前使用的课堂组织形式似乎无法激发学习者发言的欲望，也无助于引导他们表达自己的想法。

(Legutke & Thomas，1991：8-9)

记得那是在上完 ESL 课程以后，我们刚刚搬进新的住处。房东试图说服我预付一整年的房租，我很沮丧，于是我通过电话和他交谈了一个多小时，这期间我都没顾上考虑英语的时态规则。当时，我知道我不能轻易放弃。

(玛蒂娜——一位语言学习者)

一位中国教师在解释交际教学法在中国行不通的原因时指出，"中国教师和大多数西方教师的思维方式不一样，两者存在文化差异"(Burnaby & Sun，1989：229)。20 世纪 80 年代末，Burnaby 和 Sun 在中国做了一项研究。他们发现，中国传统的师生关系预设了特定的课堂行为和教学方法，假如教师在语言课堂上使用交际教学法，学生肯定会有很多抱怨。学生的这种抵触情绪不止出现在中国。在本章，我将讨论两个发生在加拿大语言课堂上的案例。首先，回顾一下伊娃、梅、卡塔瑞娜、玛蒂娜和菲丽西亚对正规语言课程的期待，然后以卡塔瑞娜和菲丽西亚在课堂上的抵触情绪为例，说明语言教师应该了解学生对目的语学习的"投资"和他们不断变化的认同。然而，根据梅的经历，我发现，把学习者个人经历融入课堂教学研究中存在问题，这样做可能导致对学习者认同的单一化认识。作为教学实践环节的日记讨论结束以后，我得出了这样的结论：基于课堂的社会性研究有助于把正式环境和自然环境下的语言学习结合起来，鼓励学习者以民族志研究者的身份，而非语言学习者的身份与目的语群体成员相处。通过重构语言学习者和目的语使用者的关系，学习者可以在语言课堂之外获得使用这种语言的机会。而且，根据 Legutke 和 Thomas（1991：8）的观点，基于课堂的社会性研究有助于"激发学习者在课堂上表达自己"的愿望。在本研究中，我采用的研究范式受到了上文提到的玛蒂娜的启发，她算得上是一位富有勇气和洞见的语言学习者。

## 7.1 正规语言学习和成人移民

在第六章里，基于收集的材料和对后结构主义相关理论的理解，我认为认同是一个斗争的场所，也是一个充满变化的场所。参加语言学习课程的移民为课堂带来的不仅是具有地方特色的经历，还有对故国生活经历的回忆和对未来在新国家生活的期望。此外，对于语言课程如何帮助自己适应新国家的生活，正式的语言训练如何能促进第二语言学习等问题，他们也都有各自的期待。为了调查参与者对正式语言学习课程的预期，以及这些预期和他们在课堂之外的学习经历存在哪些关联，我详细地考察了这些女性移民对以下问题的回应："在英语学习过程中，对你帮助最大的因素是什么？"在 1990 年 12 月以及 1991 年 12 月的两次调查问卷中，我都问到了这个问题。我还利用第一次问卷调查的材料来判断什么样的 ESL 课程对成人移民学习者帮助最大，以及如何调整课程设计来满足这类学习者的需要。

对于上面提到的问题"在英语学习过程中，对你帮助最大的因素是什么？"，1990 年 12 月和 1991 年 12 月这两次调查结果差异惊人。在 1990 年那次调查中，5 位女性中的 3 位（伊娃、卡塔瑞娜和玛蒂娜）都强调说对她们英语学习帮助最大的是为期半年的 ESL 课程。而且，在那次问卷调查中，除菲丽西亚以外，其他人都认为在学习英语语法、发音和词汇[①]时，教师的指导非常重要。卡塔瑞娜在 1990 年 12 月这次调查中总结了她对这个学习小组的印象：

> 如果想在加拿大混得好一点，就得会说英语。在我们选择的课程上，

---

① 菲丽西亚曾在秘鲁学过一点英语语法，但"仅限于'be'动词的用法"。

大部分时间都在学习英语语法、发音和词汇，这些是英语的基础。

然而，到了 1991 年 12 月，只有玛蒂娜认为语言教师对自己的学习帮助最大，其他 4 位都强调，经常与英语本族语者交流很重要，这也回应了菲丽西亚所说的"练习，练习，再练习"的观点。对此，伊娃的评价代表了所有女性移民的看法，"ESL 课程让我了解了英语的基本要素，后来，通过日常口语练习，我说得更流利了。"所有人都指出，她们希望与更多的加拿大人交往，能有更多机会在课堂以外的场所练习说英语。

我收集的自然语言学习方面的材料显示，这些学习者虽然能够通过电视、广播和报纸等媒介接触到英语，但他们真正在课堂之外练习说英语的机会却很大程度上来自于与英语本族语者的社会交往。对于很多女性移民来说，获得这样的机会并不容易。以伊娃为例，她费了很大的力气才进入工作场所的社交网络。即便如此，她能够进入社交网络，也并不是仰仗自己工作努力，而是管理方定期组织的短途旅行让她有机会和同事们接触并赢得了好感。再说梅，虽然一开始她就很轻松地融入了工作环境中的社交网络（也许是因为她的同事也都是移民），可是这种亲密关系随着其他人陆续遭到解雇也很快瓦解了。卡塔瑞娜在工作期间有机会与自己经常照料的加拿大人接触，这些人年纪较大，对她的英语表现出极大耐心；但除此之外她和别的加拿大人就没有接触了。玛蒂娜在快餐店兢兢业业地工作了 8 个月，却始终没有被那里的社交网络所接纳；即便如此，她还是利用一切机会来练习英语。菲丽西亚可以在工作中使用英语，可是她更喜欢听别人说，而非自己开口说。

这些自然语言习得领域的发现对第二语言的教学方法有哪些启示呢？实际上，所有学习者都希望在课堂上有更多机会练习英语，这样就可以将课堂上习得的技能运用到课堂以外的交际语境中。虽然大家都认为自己在这次由加拿大就业与移民机构资助的、为期半年的 ESL 学习项目中收获很多，但还是有少数人觉得该项目未能提供足够的机会让她们练习所学知识。例如，菲丽西亚对该课程的评价是比较负面的，她认为"应当少一点理论，多一点实践"。伊娃也表示，在课堂上练习英语的机会太少，因此在课堂之外的语境里使用英语去交流时会感到很不自信。

学习语言最好的方法就是练习。在学校里，可以获得很多说英语的机会；可是一到工作单位，需要说英语时，我就不敢开口了。因为在学校时只学习语言的结构，而很少练习使用语言。

虽然所有人都认为课堂上应该提供更多机会练习英语，但对于教师应当如何进行课程设置这样的问题，她们的回答莫衷一是。由于每个人的自然语言学习经历不同，她们对正规的语言课程也都各怀期待，希望课堂能**弥补**其他场合下语言学习的不足。例如，梅在工作中有机会说英语，她希望能在课堂上练习英语**写作**，"每天我都有很多机会说英语——在公共汽车上、火车上，不管在哪儿都可以。但是，只有在学校里，我才有机会学习读写。"而玛蒂娜在英语强化课程中接受过很多写作方面的训练，希望在课堂上练习口语。"用英语书写时，我可以更正自己的错误，也有思考的时间；我的问题在于口头表达，说话的时候和书写不一样，没有时间思考，我的书写没什么大问题。"

基于各自的语言学习经历，她们都希望 ESL 课程能够帮她们熟悉加拿大社会的文化习俗。如伊娃所言："我们讨论的事情都是我闻所未闻的。平时，我只是待在位于波兰人社区的家里，完全不知道加拿大人的行事方式。"大家都觉得，ESL 课程提供的是理想化的交际场景，而学习者需要在课堂之外的真实情境下说英语。关于这一点，玛蒂娜基于自己参加面试的经历，提供了一个生动的例子。"ESL 课程结束后，我参加了一次面试，面试官问了各种各样的问题，都是我在学校从来没学过的，我非常惊讶。"这段话呼应了此前她在另一个场合提供的信息：

面试进行了约两个小时，面试官把我问了个仔仔细细。各种各样的问题，我听都没听过。有些问题是这样的："假如你的老板朝你大喊大叫，你怎么办？"这令我非常意外。我心想："我的老板从来都不会这样对待我。"我有些不知所措，我说"如果真是这样，我下一次就努力做得更好，并且向老板道歉。"实际上，我真是从来都没想过会遇到这样的老板。

根据以上资料，我们可以得出如下结论：学习者对 ESL 课程都怀有相似的期待和愿望，即希望它能帮助自己掌握基本的语法、发音和词汇，创造练习口头表达和书面表达的机会，这样她们到了课堂以外的交际语境中才能自如地应对目的语使用者；此外，ESL 课程还应该帮助她们熟悉新环境里的文化习俗，避免以己度人。然而，研究表明，语言学习并不是一套能够从一个语境迁移到另一个语境的抽象的技能。相反，它是一种社会实践，涉及学习者认同的建构，这种社会实践会将学习者置于复杂、有时还自相矛盾的多重认同之中。例如，这些女性学习者在课堂之外的语境中试着用英语去交流时会感到焦虑，这种焦虑只是学习者使用目的语时在语言能力方面表现出的暂时特征。在不同的场合下和目的语使用者交流时，这种焦虑状态的表现形式也有所不同，因而，必须结合学习者对特定社会关系的"投资"来理解。如第三章所述，这些女性在朋友面前都能够自如地说英语，可是一遇到陌生人，她们就出于各种原因不敢说话了。伊娃能够和陌生人交谈，但总是很在意自己的口音。梅和同事们聊天时还比较轻松，但不敢和老板说话。卡塔瑞娜可以很轻松地和年长的加拿大人交谈，却无法和当地其他的职业人士交流。玛蒂娜跟谁都能说上几句，但总是感到自卑。菲丽西亚可以跟同事聊得很好，却在英语流利的同胞面前缄口不言。

上述发现对第二语言教学有诸多启示。首先，语言教师需要帮助学习者做好在课堂之外使用这种语言的准备，相对于其他外语教学而言，这一点对于第二语言教学来说更加重要。Burnaby 和 Sun（1989）发现，对语法、文献和文学文本的学习，相对于口语练习来说，更适用于那些在中国把英语作为外语来学习的学习者。然而，在把英语作为第二语言来使用的语境中，例如在加拿大，只教给学生"理论"和"时态系统"，学生只知道"语言结构，而不会用"，是远远不够的。在课堂上，学习者需要经常练习口语和书面表达，以便在真实的语境中能够更加自信地与目的语使用者交流。其次，对于教师来说，了解能为学习者提供哪些课堂之外与目的语使用者交流的机会，以及了解这些机会的社会构成也是同样重要的。教师只有了解学习者可以利用哪些课堂以外的机会，才能让课堂上提供的训练成为课堂之外语言使用的有益补充。作为第二个要点的必然结论，也是被本研究所证明的，语言教师需要了解学习者对练习语言的机会是如何作出反应的，以及她们在多大程度上创造或抵制与目的语使用者交流的机会。换言之，教师需要了解学习者对目的语的"投资"及学习者认同的变化。

## 7.2 交际语言教学法之外

在接受过交际语言教学法训练的教师看来，本研究的发现似乎是意料之中的。正如 Savignon（1991）所说，交际语言教学法已经成为一个术语，它将语言学习者参与社会交往的程度作为判定其语言能力的标准，并将语言学习者视为学习过程的参与者：

> 语言使用是一种有目的、经常发生在特定情境下的社会行为。基于这一认识，交际语言教学法的支持者们将语言学习者看作是学习活动的参与者；他们鼓励学习者参与交际活动，并对自己取得的进步作出自我评估（1991：273）。

尽管持更具批判性观点的欧洲学派专注于语言教学法，早在 20 世纪 70 年代（参见 Candlin，1989），大多数交际语言教学法领域的研究者并未注意到语言学习者和目的语使用者之间存在着不平等的权力关系。在北美地区，大多数情况下，语言教学中的交际范式与 Canale 和 Swain（1980）的研究框架有关。而在英国和欧洲，"意念—功能"范式的出现则先于交际范式（参见 Breen & Candlin，1980）。虽然上述教学法对世界范围内的语言教学产生了深远影响，但有趣的是，它们各自的局限却在北美和欧洲以外的地区得到了最密切的关注。因此我注意到，在南非，语言教学的革新引发了一个问题：如何确立占主导地位的课程框架（Norton Pierce, 1989），正如南非学者 Gardiner 所说的那样：

> 一个人的英语能力不应该建立在由英国的高等教育机构、出版商及其外事机构积极建立并大肆宣传的一系列英语作为第二语言（外语）的原则上面。如果是这样的话，那无异于换汤不换药。我们应该重新规划教学大纲，未来的发展也应该遵循一套不同的原则。（1987：60）

Gardiner 所谓"一套不同的原则"指的是对语言政治性的识别及语言能力概念的重构。其主要思想在其他学者诸如 Janks（1977），Ndebele（1987）和 Stein（1998）的著作中也有所体现。与交际教学法的主流观点相比，这几位学者的看法更具批判性。

在其他国家，如中国，交际语言教学法的批评者则是从另一个角度提出异议的。Burnaby 和 Sun（1989）指出，中国的英语教师对交际教学法的态度是非常复杂的，因为在中国不同人群使用英语的目的各不相同。对于那些计划去英语国家留学的人来说，交际教学法很适合他们；而对于国内主要用英语进行阅读和翻译的学生来说，这种教学法就不太适合他们。此外，一部分英语教师认为，中国目前尚不具备实施该教学法所需的条件；另一部分教师认为自己无法胜任该教学法。一位英语教师说："我顶多只能教授英语这种语言本身，如果要我详细地解释英汉两种语言及两种文化之间的差异，我就不行了。"（Burnaby & Sun，1989：228）

交际语言教学法的另一个局限在于很多教师没有积极地将语言学习者的身份融入教学过程中。即便采用了"对话日记写作"这种典型的交际教学法，教师仍然不会鼓励学生去写一些关于自己的认同以及他们与社会现实世界直接相关的内容。因而，在 Peyton 和 Reed（1990）合著的《与非英语母语者对话日记写作：教师手册》中，他们一方面声称"将语言和内容的学习个性化"（1990：18），另一方面也建议教师采取措施，防止学生的写作内容过于个性化：

> 有些教师担心，如果完全让学生来决定写作内容，那么他们就会选择非常个性化的题目，或者索性写家庭琐事，这会让教师始料未及，写作课也由此变成了咨询会。这种情况确实存在，但是，今后是可以避免的。教师可以温和地告诉学生，这样的话题不合适，建议更换成别的话题。（1990：67）

然而 Savignon（1991）指出，交际语言教学法是一种范式，它需要我们开展更深入的语言习得研究，从而促进这种范式的进一步发展。本研究表明，这种教学法在移民语言学习者中十分受欢迎，并且这种教学法应该把学习者的个人经历纳入研究范围。这就促使我们重新思考交际能力、社会交往和社会行为这些概念。我曾经说过，对于某些特定的情景而言，不需要考虑语言的使用规则。例如，当语言教师希望了解学习者在群体中保持沉默的原因时，语言规则就派不上用场了。我也说过，任何已知的社会交往都必须依据交谈者之间的权力关系以及语言学习者认同的动态建构过程来理解。正因如此，伊娃在巴特·辛普森那段小插曲中感到难过，并中断了和吉尔的交谈；同样，菲丽西亚极力去结交费尔劳斯娱乐中心的同事们，却在大部分时间听别人谈话，而自己则保持沉默。

那么，教师怎样做才算是真正考虑了学习者的个人经历呢？在一个三十多人的班级里，每个人的背景、经历和对语言学习的期待都不同，教师如何才能把学习者的个人经历融入第二语言教学的课程设计中去呢？我的看法是，无论第二语言教学课程设计是否承认这一点，学习者的认同和个人经历都已经成为语言学习和语言教学的一部分。教师需要了解**如何**将语言学习者的认同融入正式的课堂教学中，以及这方面的知识如何能够促进语言学习者和目的语使用者在更大的社群中发生互动。下面我以卡塔瑞娜和菲丽西亚在课堂上的抵触情绪为例来说明这一点。

### 7.2.1 卡塔瑞娜的经历 [②]

几位女性移民都完成了为期半年的 ESL 课程。此外，卡塔瑞娜和玛蒂娜还有机会参加一个为期 9 个月的语言技能提高课程。两人同班，受教于同一位老师。课程进行到第 4 个月的时候，卡塔瑞娜在愤怒和屈辱中退出了课程学习。在一次日记讨论会上，她说明了其中缘由：因为教师说她英语不够好，不能选修计算机课程，于是她和老师发生了矛盾；老师甚至还暗讽她的口语带有"移民口音"，这让她愈加气愤，最终决定退出课程。

卡塔瑞娜说，由于班里的学生都是外来移民，这位教师表现得不是特别敬业。这门课让卡塔瑞娜觉得自己很迟钝。而在此前的 ESL 课堂上，她学到了新的词汇和语法，还经常读报纸，这让她十分怀念；现在的课堂却让她觉得自己是个一年级新生。她反对为"考查 72 个定义"机械地学习以及整天听老师讲课。卡塔瑞娜问起玛蒂娜对这位教师的看法："玛蒂娜，你觉得老师总是把'移民'这个词挂在嘴边，这正常吗？"然而，玛蒂娜并没有对语言教师表现出反感，她坚持修完了这门课，并获得了结业证书。卡塔瑞娜选择了计算机课程，

---

② 为与卡塔瑞娜的经历进行对照，我在此加入了一段关于玛蒂娜经历的描述，因为两个人均上过同一门进阶性课程。

虽然在旁人看来，这门课程对她来说太难了，但最后她还是圆满地完成了为期18个月的全部课程。纵观卡塔瑞娜和玛蒂娜，前者愤愤然，认为自己被老师实施的教学法边缘化，最后选择退出课程；后者则对教师的态度反应平常，并坚持到了最后。为什么会这样呢？

## 7.2.2 菲丽西亚的经历

在另一次日记讨论会上，菲丽西亚讲述了一次不愉快的经历。那是在纽敦的一家地方学校，她和一群成人移民学习者在12级的语言课堂上学习语言。那次，老师要求学生把有关自己国家的资料带到课堂上来跟大家分享。课后，老师总结了这次分享的要点，却遗漏了菲丽西亚介绍的秘鲁。这让菲丽西亚很生气，她质问那位老师为何没有提到秘鲁，得到的答复是"秘鲁并不在她所能想到的主要国家之列"。一怒之下，菲丽西亚退出了课程学习。

卡塔瑞娜和菲丽西亚为什么会对 ESL 课程产生抵触情绪呢？究其原因，我们有必要将认同和正式语言学习之间的关系纳入考虑范围。第五章曾介绍过，卡塔瑞娜在波兰曾是一名教师，从教17年之久，在这个职位上，她积累了很多宝贵的象征资本。来到加拿大后，她找不到教师的工作，而是在社区服务中心做了一名既没有地位，又不受尊重的兼职保洁员——一份仅在目前来讲还算过得去的工作。她热切希望得到同事的认可，希望得到一份让她有机会接触志同道合的朋友的工作。因而，卡塔瑞娜对她作为教师的认同"投资"很多，不仅是因为教师对于学习一门第二语言非常重要，更是由于她希望这位语言教师能够认可自己曾作为教师的象征资本。[3] 因此，当这位教师没有承认卡塔瑞娜的专业背景，并且把她置于移民的主体地位时，她感到很愤怒。当意识到老师似乎有意劝阻她选修计算机课程时，卡塔瑞娜毅然决定退出课程，因为在她看来，学习计算机课程能为她提供机会，使她能够融入当地职业人士的社交网络，而老师却劝阻她。她反对在语言课程班里被当成一个教育程度不高、缺少必要技能的移民。授课老师显然并不认可卡塔瑞娜作为职业教师的身份，卡塔

---

③　值得关注的是，相比而言，卡塔瑞娜从不介意服务对象中的长者问她一些在别人看来不够礼貌的问题，比如，为什么她不懂英语却来加拿大生活。

瑞娜能够接受的主体地位在这个社会环境下并不存在。她选择回避语言课堂这样一个冲突性场所，这反映了她的抵制态度。相反，玛蒂娜认为这位语言教师的行为是可以理解的，她并没有因为被置于移民的地位而产生抵触情绪，这种情绪也是我的研究中反复出现的一个主题。虽然玛蒂娜受过良好教育，却没有设法进入职业精英的社交网络，也没有奢望她的语言教师承认她的过去或个人经历。最后她圆满地完成了这门高级语言课程。

我认为菲丽西亚对 ESL 教师总结练习时忽略秘鲁的反应有些过激了。但我们也要考虑到当时的语境：秘鲁是菲丽西亚自我认同的象征，所以语言教师对秘鲁的忽略在菲丽西亚看来尤为严重。在工作场所，菲丽西亚的同事承认她的秘鲁人身份，但她的 ESL 教师却没有。事实上，同事对菲丽西亚的认可主要是因为她是以一位秘鲁富人的妻子而非新近移民的认同来展现自己的。菲丽西亚对自己作为秘鲁人的认同"投资"很大，因此特别希望得到周围人的认可。所以对于菲丽西亚来说，选择退出 12 级语言课程，不仅是对语言教师歧视行为的抵制，更是在奋力维护自己作为秘鲁人的认同。她坚信作为秘鲁人的认同会为她争取到更多话语权。

总之，我认为这几位女性的经历有力地证明了语言学习者的认同建构有其历史维度和社会维度，其认同会影响学习者在语言课堂上的主体地位，及其与语言教师建立的人际关系。无论学习者认同是否被纳入正式的语言课程，教师所采取的教学法都应该把这个因素考虑在内，哪怕具体实施方式各种各样甚至互相矛盾。只有了解学习者的过去和生活经历之后，语言教师才能为他们创造条件，促进课堂内外的语言交流，帮助他们获得话语权。同样，学习者只有相信他们在目的语学习上的"投资"是整个语言课程的一个重要且必不可少的组成部分时，他们才不会抵触教师的教学方法，也不会选择退出课程学习。

## 7.3 文化多元性再思考

前面曾讨论过，语言教师应将语言学习者的生活经历融入正式的语言课程中，了解和认可学习者在目的语学习上较为复杂、富于变化的"投资"。下面我要说的是如何才能做到把学习者认同和生活经历变成课堂教学实践的一部分。为了说明这个问题，我以梅的课堂学习经历为例，她的教师就尝试着把她过去的经历纳入课堂学习语境中。

## 7.3.1　梅的经历

在完成加拿大就业和移民机构资助的课程以后，梅继续选修了晚间的 ESL 课程，以便提高自己的英语口语和书面表达能力。为了学习这门课程，她付出了很大代价。白天工作了一整天以后，要匆忙赶回家做晚饭，然后再匆忙乘坐公交车去上课。晚间下课后已经是筋疲力尽了，她还要在十点半左右从公交车站步行回家，路上还得担心遭遇歹徒的尾随甚至攻击。梅对语言课程的"投资"是相当大的，因此，有一节课上，她觉得自己没有学到有用的东西，感到非常沮丧。在一次访谈中，我详细询问了她的语言教师授课方式是什么样的。她说，授课的重点是由学生来讲述自己在故国的生活经历。有一次，大家整整一堂课都在听一个学生的陈述，这令她**非常沮丧**：

> 我曾一直希望这门课程能够像以前学过的（为期半年的 ESL 课程）那样，但是，有一天我们一整晚都在听一个学生讲话。这个学生是欧洲来的，他讲的是自己国家：现在发生了什么，过去发生了什么。于是**我们一晚上什么都没学到**。另一天，另外一个印度来的，要讲他们那里的什么事。整个星期我大概都不会在书上记下什么。

至于这门课，梅在坚持了几个星期以后，仍感觉没有任何收获，最终她选择了退出。

这位 ESL 课程教师的初衷是想通过学习者在课堂上展示自己的祖国，把他们的个人生活经历融入课堂教学当中。教师给学生在课堂上表达自己的机会，并邀请他们分享自己独特的文化传统。然而，这种方法的效果显然违背了她的初衷，至少在梅看来是这样。坐在下面听其他同学介绍自己的国家，没有机会说英语，梅确信在这样的课堂上自己什么也没学到。换言之，梅在课堂上的收获与她为了参加课程所付出的代价极不相称。

该教师的教学方法使梅在课堂上没有机会表达自己。我想，这至少有三个方面的原因。首先，这种教学方法预设了学习者所讲述的经历是单一维度的。我曾经指出，认同并不是一成不变的范畴，它是多重的、富于变化的。一名移民学习者在故国的经历的确是其认同的重要组成部分，但是，在进入新的国家以后，认同却随着其参与家庭、社区和工作场所的实践活动而变化。而梅的教师似乎只顾及了学习者过去的经历，而没有为学习者提供一个反思的机会——对照来加拿大以后的经历批判性地反观此前在故国的经历，或是对照自己在故国的经历批判性地反观现在在加拿大的经历。这位教师的做法是将文化多元性神秘化了，而不是以一种批判的态度去充实它、完善它。正如Schenke 所说：

> 如何通过话语让历史、故事和记忆变成事实，这个问题涉及如何去解读第二语言课堂中的话语和沉默现象。以文化多元性为例，学生在课堂上的发言不过只是一些零散的、缺乏内在关联的有关异域文化的"交流"。如果不把学习者的生活背景以及他们在社交网络里的权力地位考虑进来，这些讲述就会充斥着种族、宗教、性别和稀奇古怪的生活（甚至更多的东西）。从表面上看，这似乎在以"友好和尊重"的姿态承认文化多元性，实际上学习者却并没有参与进来。(1991：48)

第二，这种教学方法没有考虑到学习者可能对彼此所展示的内容缺乏兴趣。教师可能认为这种方法是以学生为中心的，让学生在学习过程中成为伙伴，但实际上，这只是多元文化外衣下简单的信息传递而已。课堂上这种缺乏内在关联的信息传递很难让学习者找到讨论和批判的切入点。梅的同学描述了远在欧洲的家乡，梅对此并不感兴趣，她对印度的生活也不感兴趣。梅在纺织厂工作的那段时间里，同事们怂恿她学意大利语，对此，她的回应是"我现在需要学习的语言是英语"。她希望在 ESL 课堂上有机会练习英语，而不是安静地坐在那里听那些来自异域的故事。用前面章节中提到的 Bourdieu 的术语讲，第二语言课堂不是讲这些故事的"合法场所"。正因如此，梅才觉得她在语言课堂上什么也没学到，她被剥夺了许多潜在的学习语言的机会。梅的事例说明，把学习者的个人经历融入课堂教学中，并非是一个让学习者通过展示来宣扬多元文化经历的简单过程。事实上，这对"多元文化教育"的概念提出了质疑。在第二语言教育领域，"多元文化教育"已引起越来越多的批判性关注，例如，Kubota（1999）认为，应用语言学领域内有关写作教学的文献正在制造一种东西方文化的二元对立，建构以日本文化为代表的基本教育学说。她认为，我们应该持有一种批判性的多元文化观，教师不应该对异域文化给予简单的肯定或推崇，也不应该给真实的声音镀上传奇色彩进而增加异域文化的神秘性（Kubota，1999：27）。相反，Kubota 认为，教师应该把文化差异当作一种知识，探索它们如何产生并延续下来，教师又该如何朝着社会变革的方向去努力。

第三，这样一种教学方法无异于放弃了教师的权威。Giroux（1988：90）曾就这个问题发表过深刻的见地，他使用的概念是教师是"解放思想的权威"，以此来说明教师应该扮演一个积极参与课堂活动、善于批判的知识分子角色：

> "解放思想的权威"这个概念说明教师应该拥有批判性的知识、规则和价值观，据此，他们可以有意识地明确教师之间的关系、教师与学习者的关系、教师与所探讨的主题以及与更广阔的社会之间的关系。这种教师担当权威角色的观点挑战了认为教师首先是技术人员或者公共服务人员，其主要职责是执行而不是去设计教学实践的主流观点。"解放思想的权威"这个概念通过把教师在课堂上的角色定位为脑力劳动者，维护了教师的权威。

所以，以学生为中心的学习活动并不必意味着教师可以在课堂活动中缺席，教师不能只是简单地肯定学生的经历，而是要行使权威，运用专业知识对学生讲述的经历加以适当的评价和引导。如 Simon（1992）所言，教师所面临的挑战在于"一方面承认学习者经历是合法的课程内容；另一方面也要对这些经历的内容和形式提出批判性的意见"。基于上述观点，接下来我要说明日记研究作为一种特定的实践方式，能够为研究学习者的经历和认同提供更大的研究空间，但却无法完全释放其潜能。

## 7.4 日记研究法——一种发现可能性的教学法

根据本研究所收集的材料以及卡塔瑞娜、菲丽西亚和梅各自的经历，我认为语言教师不仅可以在课堂上帮助语言学习者搭建一条通往目的语的桥梁，也可以在课堂之外帮助他们寻求更多练习目的语的机会。为了实现第一个目标，我建议在正式课程设计中融入学习者的生活经历和认同因素。但是，我说过，将学生生活经历本质化的做法也会影响他们对个人经历的反思和批判性思考。现在，我要讨论一下，对于移民语言学习者来说什么样的教学方法才是有效的。根据 Simon（1992：56），我采用"**教学法**"，以区别于"**教学**"这个术语。

> 有了办公室和教室，有了讲稿和课程大纲，在大多数情况下，教学可以看作教师为实现一组事先给定的目标所应用的一系列策略和技能。关于教学的那些口头或书面的讨论主要是关于教学方法的，目的是为了给课堂教学提供切实可行的建议……但是，在我看来，这些关于教学的讨论都忽略了一个问题，即从事教学活动时，我们总是会为自己、学生和我们所在的社区去建构各种各样的可能性……提出一个教学法意味着提出一种政治主张。

与 Simon 及很多第二语言教育者一样，我在教学中也主要关注如何提升学习者的潜力。我一直在尝试搭建一座桥梁，连通课内语言学习和课外社团活动。我认为日记研究本身就代表了 Simon 所谓的"一个发现可能性的教学法"，因此，我用它来研究我所接触的这几位女性移民。在下面的内容中，我会详细阐述日记研究法适合哪些研究，它有哪些优势和局限性，然后再论述通过日记研究所获得的信息对第二语言课堂实践的指导作用。

日记研究在加拿大被用于第二语言学习研究。以本研究为例，这种研究手段可以帮助研究者了解这些女性移民来到加拿大这样一个全新的，有时会让他们缺乏安全感的环境之后所面临的各种挑战：家庭、工作、学校、住房和失业，而处理这些复杂的问题不得不通过一种她们刚刚开始了解的语言。使用这种研究手段，是因为这些女性开始质疑正式的第二语言课程的有效性，并发现自己在加拿大的现实生活与此前预想的有很大差别。一方面，她们开始认识到练习目的语的必要性，另一方面，她们也发现移民身份阻碍了自己接近母语为英语者的社交网络。此时，她们要弄清楚这些疑惑，表达自己的想法，反抗不合理的压迫。

虽然文献中很少提及，但日记研究法最早起源于 Weiler（1991）所描述的与第二次女性主义浪潮相关的觉醒派。通过探索多个语言学习者的学习过程及其与目的语使用者的交际过程，我希望能够发现，用 Haug（1987：41）的话说，"可能发生改变的关键点，教学环节中的薄弱之处，以及可以作出调整的地方"。在我和这些女性移民所组成的群体中，我的角色仍旧是教师和研究者，我的权威不是来自于教育体系中的等级，而是来自于我的英语水平以及作为这些学习者前任教师的身份。在她们眼中，我是一位职业人士、白人，是以母语为英语者占主导的中产阶级群体中的一员，是一个能够接触到象征资源和物质资源的女性。然而，还有部分原因在于，我能够掌握并理解每一位女性过去经历的某个方面，包括她们的才能和她们带到加拿大的各种资源。我坚信这些女性在我面前非常放松，无论我拥有何种权威，都不会影响到她们自如地表达想法。

日记讨论会的形式能够大幅减少正规语言课堂学习中师生之间的距离感。我们坐在家中的僻静之所，在这里，我不再是一位职业教师或研究者，而是一位普通的家庭妇女。我们围坐在一起，每周调整一次座位；用的黑板是小孩子的那种，且偶尔才会用一次。我相信，这样的场景不仅有利于弱化教师和学习者之间不平等的权力关系，而且会让这些女性移民觉得自己的话语是合法和有效的，从而使我作为教师、她们作为学习者的认同也都得以重构。这里，我不是看守，守护着有限的知识；学习者也不会为了争夺有限的知识资源而彼此仇视。这些都使得我们可以在轻松的氛围中进行交流。在平等的气氛中，我们的讨论总是非常热烈，停不下来。然而，虽然这些女性之间的关系是平等的，但她们作为移民的各自经历却因所处时间和地域的不同而不同。根据讨论会的组织形式，日记研究的一个基本原则是，每一个研究对象都对自己的经历最有发言权。通过填写周报表、撰写英文日记和提供定期反馈的方式，我试图帮助每位女性用英语来描述和回忆自己在家庭、工作场所、学校和社区中的英语学习经历。这与正式的 ESL 课堂上所使用的方法大相径庭。课堂活动主要是做填空练习、写一些脱离语境的句子。事实上，我的目的是创造一个 Cameron 等人（1992）所说的"自主式研究"模式。

在追溯日记研究何以成为一个重要的数据来源时，我发现 Clark 和 Ivanic（1997）的研究很有借鉴意义。根据两位作者对写作教学的研究，写作教学离不开作者进行创作时所具有的多重认同，研究还提出作者认同所涵盖的四个相互关联的因素："传记式自我"指在写作行为发生之前作者过去的经历；"话语自我"指随着每一个写作行为的展开，作者通过话语所建构的处于动态变化的自我；"作为作者的自我"即在写作过程中涉及的物主身份和说话者声音。上述三种作者认同需要在一个更宏观、更抽象的作者认同的语境下来理解。这一作者认同涉及作者在特定群体中、特定时间里能够采取的主体地位。很可能日记研究的情境为这些女性移民提供了她们作为移民语言学习者从未体验过的感受，使她们能够在每一次撰写日记的过程中，从不同程度上探索自己的传记式自我、话语自我以及作为作者的自我。

为了避免将日记研究的结果理想化，有必要先说明这几位学习者所撰写日记的数量和质量，以及日记讨论会上所涉及的话题。④ 话题涉及子女的学校教育、工作场所的冲突、热播的电视节目、故国发生的事、天气情况、经济衰退以及海湾战争。在来加拿大还不到一年半的时间里，这些女性就能用口头和书面的形式清楚地表达思想了。这并不是指她们的语法使用得有多好，或是发音有多清晰，词汇量有多大，而是说她们能够清楚地表述自己复杂的经历。而且，具有重要意义的是随着日记研究的开展，她们开始讲述自己在工作场所如何争取权利。例如，在一次日记讨论会上，梅、菲丽西亚和伊娃分别描述了她们在工作中反抗同事盘剥行为的经历。以下具体事例可以证明，语言在她们争取自身权利的过程中是多么重要。

在梅工作的地方，有一次同事让她把厚重的布帘从里面翻到外面。这项工作通常都是由厂里一位身体健壮的工人负责完成的。上一次，梅非常不情愿地做了这件事，她无奈接受了这个差事，却感到非常沮丧，乃至愤怒。这一次，这个同事又让她干同样的活，梅就告诉她，请她先和监工确认是否该由她

---

④ Auerbach（1989）注意到了类似的写作过程，她将其称为成人移民英语读写能力发展的社会情境模式。

来做。结果，这位同事非常惊讶，再也不指使梅干这样的活了。梅说完这件事以后，菲丽西亚接着讲述了发生在托管中心的一件事。那次，她通过语言为自己争取到权利。一位其他班的教师当着家长的面告诉菲丽西亚，她记录孩子们名字的格式不正确。菲丽西亚非常气愤，忍不住对她说，"咱们两个，究竟谁才是这个班的教师？如果是你的话，我现在就辞职。"然后是伊娃，她说，有一次工作进展缓慢，经理却打发她提前下班，留下几名兼职人员继续工作。对此，她非常生气，认为这不公平。她是全职员工，居然被打发提前下班，而那几个兼职人员却能留下来继续工作（如果伊娃提前下班，就会被扣除相应的工资）。第二天，伊娃觉得不舒服，就没去上班。她只是告诉经理她那天不想去上班。后来伊娃意识到，这可能让经理多虑了。第二天她返回办公室的时候，就被委派更重要的工作了。她为自己的勇气感到高兴。

虽然她们都讲述了各自的经历，但是我认为讨论会的重点还是对经历的叙述，而不是对这些经历进行剖析。她们都意识到自己的移民身份限制了和说英语人士交流互动的机会，但是，在更大的不平等的社会结构中，性别、阶层和种族这几个因素和语言学习有什么关联呢？她们很少思考这个问题。有三个事例可以说明这一点。第一个是关于菲丽西亚的。她非常关注丈夫的失业状态，也很同情他。卡塔瑞娜对于菲丽西亚的不幸深表同情。她说："女人可以只做做家务，而男人就必须干点儿事业了。"这句话隐含了一般人对于男性和女性所扮演的社会角色的认知。换言之，女人做家务就不算"事业"；[5] 男人干事业是理所当然的，女人干事业就是在享受特权了。第二个是关于伊娃的。在第一次日记讨论会开始之前，我采访了伊娃，她告诉我为何曼彻斯的同事不愿意和她说话。"因为我不主动和同事们攀谈，他们也不和我说话，可能他们认为，好像在那儿我只能去干些劣等的活儿。他们这样想也是正常的。"伊娃认为，一个只能干劣等活儿的工人就应该被同事们边缘化，这很正常，她可以理解。她从未质疑这句话背后的阶级偏见。第三个是有关梅的经历。有一次日记讨论会结束后我送她回家，她说起侄子们由于具有越南和中国血统而在加拿大遭到孤立的经历，为此她的侄子特朗曾经把自己的越南名改成了英语名。梅鼓励她的侄子们保持自己的文化传统，她说："你的头发、鼻子、肤色都是越南人的样子，因此永远

---

⑤  Rossiter（1986）对操持家务这种社会建构活动有深入的分析。

也不可能成为真正的加拿大人。"梅认为存在纯粹的加拿大人，而纯粹的加拿大人就是白种人。对这样的种族偏见，梅一点也没有去质疑。

对于几位女性存在的一些认识上的偏差，我都没有去深究，而是随她们去了。在日记研究过程中，我不知道如何以及在何种程度上去挑战和打破她们对于性别、阶层和种族这些问题所持的偏见。作为研究者，我希望和她们保持亲密关系，创造和谐的氛围，让她们毫无顾忌地表达自己的困惑、愤怒和欣喜。这种愿望让我最终决定保持缄默。我可以保留意见，但是不能说出来。后来，我发现对这些问题保持缄默是有风险的。1993年1月，在我接到卡塔瑞娜的电话时，我就意识到了。那时，日记研究已经结束很久。电话里，她告诉我她已经搬到了新的社区，她自豪地说："这里住的大多是老年人，没几个移民。"从她的话语中，我立刻觉察到她正在强化和重塑那些将移民边缘化的观念。而且，随着日记研究的开展，我发现，梅也不再谈论那个三代同堂的大家庭里的种族歧视了。当她谈到兄长对越南人的态度、她的侄子嫌恶自己的长相时，都是我们两人单独在一起，不是在我开车接她或者送她回家的时候，就是在讨论会开始之前我们两人一起等其他几位女性到来的时候。在她的日记中，梅表达了自己的焦虑和孤独感，但她通常都不会跟大家讲述自己的遭遇。

Harper，Norton Pierce 和 Burnaby（1996）认为，试图将女性学习者的经历融入第二语言课堂教学的做法有助于维持她们在工作场所和社会中所处的现状。一味接纳而不去质疑这些女性的经历，对她们来说未必是好事。几位作者强调，在适当的时候，应该对性别和种族这样的问题进行批判性反思，这是非常重要的。对此，Schenke（1996：156）的观点颇具洞察力，她借助女性主义 / 反种族主义领域著作的观点，倡导实施她所谓的第二语言课堂"历史介入"的做法：

> **历史**是指目前我们作为个体的经历和所参与的集体活动的经历，以及如何通过记忆行为把从前的经验塑造成新的事件。**介入**的意思是，在对日常生活中的文化、种族、性别现象有策略地进行批判性分析时，我们［指学生和教师］愿意融入自我角色的程度。

Schenke 认为，通过这样一种记忆行为，我们不仅可以分享个人经历，而且可以发现我们是如何选择记住一些东西而忘掉另一些东西的，能够了解社会因素和历史因素在这样的选择中扮演了怎样的角色以及我们如何用不同的方式去记忆。记忆行为的关键在于，教师应了解语言学习者进入课堂时已经具备的知识，同时，也应了解学习者是带着记忆和对既往文化习俗的理解去适应新的文化习俗的。

Stein（1998）对上述观点表示赞同，她在南非语境下研究教师使用表演法和自传性叙述法去阐释、重构和证实学生过去的生活经历和教育经历。通过参考 Simon（1992）著作中的观点，Stein 描述了学生是如何通过回忆法来回顾过去和展望未来的。合作互助是这种教学法的核心，即学生相互就对方建构记忆的方式提出问题。然而，Stein 也提醒我们说："记忆的过程不仅仅是对过去的重构，更是一种有目的、有意识的记忆或者收集'成员'的行为，即某人过去的自我以及和过去有关的人物和事件"（1998：523）。

这些见解与我目前所从事的研究有很密切的关系，它有助于理解卡塔瑞娜对那位不承认她职业认同的语言教师的抵触态度，以及菲丽西亚对那位不理解她在秘鲁的回忆和经历的教师所表现出来的愤怒。然而，还有另一个分析维度。在这本书中我曾经说过，理解认同在语言学习中的作用，不仅需要既往生活经历的回忆，还需要考虑多重认同，包括事情发生时作为在场参与者的认同。例如，玛蒂娜在工作场所主张话语权时，调用的是她作为一位母亲在家庭生活中的记忆，并以此来**重构**她在工作场所与同事的关系，"这孩子才 12 岁，比我儿子还小呢。我对她说：'不，你什么都没干。你应该去擦擦桌子或者干点儿别的活儿。'"通过在工作场所为自己重构一个新的认同，玛蒂娜才获得了话语权。那么，语言教师应该怎样去帮助学习者获得新的认同，并重构自己和目的语使用者之间的关系，以便获得话语权呢？下一节中会有所说明。

## 7.5 日记研究法——教学方法的革新

Pennycook（1989）在其探讨"方法"概念的文章里提出，语言教师需要了解我们应该做的事，仔细推敲具体实践的复杂性和可能性，而不是给出能够一言蔽之、适用于任何情形的方法。在全世界很多地区，中小学、大学及社区教师都在接受这一挑战。例如，Canagarajah（1993）在斯里兰卡的研究以及 Lin（1996）在中国香港地区的研究都说明，学习者对于自己生活的地区英语占主导地位的事实态度是矛盾的。Kalantzis，Cope 和 Slade（1989）研究了澳大利亚教育体系对于学生群体中语言日益多样化现象的反应。正如 Morgan（1998）所言，问题的核心是教师需要对自己所在群体内的某些挑战和可能性作出应变。"假如理论知识有用的话，"他说，"那么它一定是通过协商和一定程度的自主性来发挥作用的。"（1998：131）

正是基于这样一种认识，我从日记研究这种方法中收获颇多。我所读过的文献、所经历的课堂实践都为我提供了很多建议，让我去思考认同和语言学习者的"投资"如何在课堂教学中融为一体。我是想为基于课堂的社会研究提供一个理论框架，但是，我并不希望因此提出一个全新的语言教学方法。这个理论框架权且看作是对语言教学领域内的对话所作的回应。这场对话早在我开展这次研究之前就已经开始了，并将毋庸置疑地继续下去。在不忽视语法、语音和词汇这些语言基本要素的前提下，基于课堂的社会研究能够帮助学习者了解练习说英语的机会是如何通过社会建构起来的，学习者又该如何去创造机会与目的语使用者互动，以及教师该如何看待学习者的认同和他们对学习的"投资"。从这个方面来考虑，它也回应了 Bremer 等人（1996：236）的观点，即："课堂学习需要有组织的课外实践活动来补充，为讲非主流语言的工人们提供和主流语言使用者互动的机会"。通过观察玛蒂娜的经历，我发现她为自己建构了一个完全不同的认同，同时，也为其他语言学习者创造了更多的可能性。这是令人鼓舞的。

我把这种基于课堂的社会研究看作是一种合作式研究，它使语言学习者能够在小范围群体内得到教师的积极引导和支持。这种研究的目的是，在观察图表和日记记录的帮助下，系统地为语言学习者创造能够跟目的语使用者交流互动的机会。这种机会可能是在家中，也可能是在工作场所或者是其他群体中。通过社会调查，学习者将逐渐学会有意识地在更大范围内寻求各种机会去跟目的语使用者交流互动，并把这些机会转变成对未来的期待。同样，教师也鼓励学习者批判性地反思自己和目的语使用者交流的过程：即学习者可以研究自己和目的语使用者的交流是在什么条件下发生的，为什么会发生，以及怎样发生的，交流的结果如何。这样，学习者就会逐渐认清与目的语使用者的交流是受社会结构制约的，交流的过程均涉及权力关系。权力影响社交行为并通过社交行为来施加影响。随着认识的加深，学习者就可能会对被边缘化提出质疑。我们也鼓励学习者关注生活中那些不同寻常、令其印象深刻的行为和事件。在收集材料的过程中，如果学习者经常去记录这些时刻，他们就会渐渐认识到故国文化习俗与新国家的文化习俗有多么大的差异。如果能以学生、研究者或者民族志研究者的认同，而不是移民的认同来看待这一切，就可以以强者的认同，而不是弱者的认同批判性地介入自己既往的经历和记忆。随着这种意识的提高，学习者就可以利用语言教师这一重要资源，深入学习下去。

学习者可以在日记中对观察到的现象进行反思。这为她们创造了机会，把自己"投资"的那些事物写下来。学习者可以利用日记批判性地反思与目的语使用者发生的交际中断事件。这些日记可以用目的语来撰写，由教师定期收集并给予评价和反馈。日记可以帮助教师了解学习者在课堂之外寻求机会学习语言的情况，其对目的语的"投资"以及不断变化的认同。教师可以帮助学习者批判性地反思从研究中得到的发现，并为今后的研究和反思提供必要的参考。最后，学习者可以把收集到的材料用于课堂教学，与同伴所做的民族志研究作对比。通过对比自己和其他学习者的材料，可以增加对他者所提供的信息的关注，促进有效的交流。渐渐地，学习者开始将彼此视为社交网络的一员。在这里，每个人都可以创造、证实和交换各自的象征资源。教师也可以利用这些信息来设计课堂活动，开发课堂教学资料，以便帮助学习者在更大的群体中获得话语权。而且，教师也可以描述研究发现，指出这些研究在更为宏观的社会进程中的意义，来引导学生进行课堂讨论。通过这种方式，教师可以帮助学习者去探寻自己与更宏观的社会进程之间的关系，去发现提升自身潜力的空间。

## 7.6 结论

基于对 Luke（2002：79）这段话的反思，我想为本书写上几句结语：

　　我们知道，在欧洲经济共同体、北美、日本、澳大利亚及其他亚太经济体中，仍有数量众多的移民生活在低收入社会阶层和贫困地区——正如他们的先人在战后所遭遇的一样。即便如此，还是有必要在研究中使用一种叙事方法，让这些少数人不再以受害者的认同出现，而是转而关注其中的复杂性、戏剧性和白种人主导的文化中新的认同所昭示的权力关系的改变，改变居高临下的姿态，正如鲍勃·迪伦在20世纪60年代的歌曲中唱的，"同情同情那可怜的移民吧"。

　　我相信，这将时时提醒我们，在一个日益全球化的时代里，对于坐在教室里的移民学习者，无论老幼、男女、贫富，无论是亚洲人还是英国人，语言教师都需要重新思考他们的认知状态。同样，我们也需要重新审视自己作为教师、研究者、社区成员和全球公民的认同。在本书中，我认为用本质化的观点来看待语言学习者是站不住脚的。只有承认认同的复杂性，才能洞悉新世纪里语言学习和语言教学中出现的种种挑战和可能性。

# 后记

## Claire Kramsch

  不时会有 Bonny Norton 这样著名的应用语言学家的学术作品出现，捕捉到时代精神的重要变化，占据显赫的历史位置。这种时代精神的变化也只有在回顾中才能得到充分理解，因此，Bonny 此时再版十多年前出版的《认同和语言学习》也是顺应了时代的要求。2007 年 4 月 22 日，AAAL 年会在加利福尼亚的科斯塔梅萨举行。我在会议中与 Bonny 邂逅，一起喝咖啡时，Bonny 向我讲述了她在 20 世纪 70 年代南非种族隔离时期的成长：恐怖的感受、种族和语言的隔离、南非白种人的统治以及她在"群众英语"运动中的投入。我突然间明白，研究者的个人经历恰好诠释了她对于研究工作的热情。Bonny 的成长经历为其研究视角作出了解释，她主要研究一个国家在语言处于"转型期"的 ESL 教学。考虑到种族隔离对于社会与普通民众认同的残酷镇压，Bonny 对于认同和社会正义等问题表现出来的强烈兴趣是合乎情理的。鉴于 Bonny 在南非的成长经历，她在研究中聚焦英语作为二语学习上的投资以及塑造说英语的人的想象共同体，呼应了她曾经提出的"发现可能性的教学法"（Norton Peirce, 1989）。这是我有生以来第一次理解到 Bonny 提出的概念"语言学习中的认同"与她过去亲身见证且有着深切感受的社会不公有多么紧密的联系。这也是我第一次理解到，在当时的南非，英语学习的确象征着人们对更好、更平等、更民主的生活方式的希望。

  我是在 20 世纪 40 年代不同的环境、不同的时代背景下成长起来的。被德国占领的法国不同于南非，但也有其特有的恐怖与可怕之处。战后的法国痴迷于修复民族认同感，试图与威胁自身认同长达八十余年之久的"世袭敌人"重新建立联系。我对德国语言与文化的兴趣和关注，是超越那些因袭的敌意的一种途径，以期找回文学疗愈战争所造成的认同创伤的潜能（Kramsch, 2010）。不过，因为有着多语言、多文化的家庭背景，比起民族认同问题我对于语言和文化的主体定位更加关注。身为法国人，移居美国教德语，我该如何定位自已？二语习得研究在多大程度上有利于英语之外的其他语言教学？在美国的外语教育界，文化教学成为一种研究对象（Kramsch，1993），我也因此更加聚焦二语学习中的主体性而非认同（Kramsch，2009，2012）。的确，我亲身经历了不同的语言如何能够真实地建构出多语言的主体，彼此间或爱或恨，经常爱恨交织。对于这种悖论，我很着迷，所以以自然地受到后结构主义的吸引，与Bonny 志趣相投，尽管她是后现代主义视角。我也才第一次理解到，对于说英语的人来说，学习一门英语之外的语言可能意味着希望生活中少一些区域性的狭隘，多一些对于世界万象的包容。

Bonny 写于 20 世纪 90 年代末的《认同和语言学习》（Norton，2000）一书，具有历史的开创性，为我们提供了一个用新颖、描述性的方式来讨论认同问题的平台。5 位加拿大女性移民的故事形象生动，令人难忘，认同的概念有了表情与内心，变得鲜活起来。读者可以与伊娃、梅、卡塔瑞娜、玛蒂娜和菲丽西亚产生共鸣，这在以往的二语习得研究中是不可能的事情。教师 / 研究者和她的学生 / 研究对象达成的默契，开创了在二语习得领域"做"研究的新的可能性，不仅包含语言学习的语言和认知维度，也同时囊括情感和文化的层面。Bonny Norton 的书，在 20 世纪 90 年代末，毫无疑问是在恰当的时间，用了恰当的方式，回应了语言教育者的担心：语言教学中的文化问题（Kramsch，1993）和英语教学中的认同问题（Norton Peirce，1995）。但是，为什么认同会在 20 世纪 90 年代末成为二语习得领域如此重要的一个论题呢？

## 1. 二语习得领域为何对社会和文化认同感兴趣？

尽管我和 Bonny 有着不同的生命轨迹，我们的工作和各自与二语习得研究建立起来的关系都受到了社会层面的历史驱动力的影响，我们也都对之作出了回应。第一个历史驱动力是学科的性质。在二语习得领域，心理语言学曾经主宰过二十多年，之后该领域的研究者们越来越强烈地感受到，有必要考虑促进或阻碍语言习得的社会因素。在 20 世纪 80 年代，互动二语习得的研究成果（如 Michael Long，Sue Gass 和 Merrill Swain 的研究）表明，社会交往对于获取语言交流能力至关重要，交流能力也曾一度无可争议地成为二语习得的目标。此外，在 Vygotsky（尤其是 Vygotsky，1978）和 Bakhtin（1981）的著作被译成英语之后，苏联的社会心理学和语言中的对话观，也随之得到西方应用语言学家的关注。Lantolf 与其他学者（如 Merrill Swain，Aneta Pavlenko 和 Steven Thorne）一起，在二语习得领域发展出极具影响力的社会文化理论。这个理论强调合作学习在促进语言习得中的重要作用（Lantolf，2000；Lantolf & Thorne，2006）。互动二语习得和社会文化二语习得为"二语习得的社会转型"（Block，2003）奠定了基础，也为这种转型对于语言学习者的社会和文化认同的关注做好了铺垫。

20 世纪 80 年代末的大规模移民潮，是关注认同的第二个历史驱动力。移民潮的原因是国际市场解除了管制（Cameron，2006），再就是接踵而至的经济和文化全球化。由于全球流动性的增加，许多国家的社会变得更加异质与多元，人们的"想象共同体"也变得更为宽泛。"我是谁（作为公民、女生、少数族裔、移民和性别化的人）？"的问题，对于本族语者和非本族语者而言，都格外突出。他们陷于一种困境，在认同的权力之争中角逐着，也在努力博得认可。在过去的 15 年中，尤其是在 2001 年的"9·11"事件之后，无论是评估着自己未来发展可能性的新移民，还是评定美国未来发展趋势的常住居民，摆在他们面前的社会认同和民族认同的问题都变得更加重要。

20 世纪 80 年代末，科学技术、互联网与计算机网络的进步，也引发了二语习得领域对于认同的兴趣，这是第三个历史驱动力。人们也是第一次可以在网上通过文字、图片、视频与其他电脑使用者进行交流，他们能够接触到超文本和超现实；他们也可以采用虚拟自我，扮演不同的角色认同。现如今，脸书与博客提供了一些重塑自我的机会，并在与他人进行网上交流时发展出多重的认同。

这些在地缘政治意义上发生的更大规模的巨变，加速了国际资本主义的传播，人们更希望掌握英语这一全球通用的交流语言。英语从一个国家的语言转变成为一种全球语言，认同的问题也由此变得至关重要：说英语时，我是谁？或者，如 Bonny Norton 所说，我如何理解我与这个世界的关系？我在未来有怎样的可能性？从后结构主义的视角来看，用英语建构起来的世界与我在母语中建构起来的世界有何不同？我想进入那个世界吗？这些都是根本性的问题。在《认同和语言学习》首次出版 12 年之后，大家给出的答案依旧相互矛盾、不尽相同。其实，发生了"9·11"事件和接踵而至的许多战争之后，英语的作用以及英语所赋予的多重认同，与《认同和语言学习》一书出版之前相比，已经变得更加模糊。不妨审视一下 Bonny Norton 提出的三个非常有影响力的概念，以及带给其灵感的理论源泉，也许我们就能明白为什么情况会是这样。

## 2. 三个有影响力的概念

考察 Norton 的语言学习认同理论的三大主要概念：投资、认同和想象共同体，会很有启发意义。这三个概念是依托社会建构主义理论中的三个概念：个人、自我和国家。Bonny 有着和社会建构主义一致的愿望，期待着这个世界能有更多的社会公平。在这三个概念中，Bonny 表达了自己的愿望：为语言学习者争取拥有英语的权利，将他们从被强加的认同中解放出来，去建构可以拥有英语的实践共同体，而不是社会强加的机构共同体。

Norton 采用的**投资**概念，是一个动态性很强的经济术语。这一概念的提出是为了取代二语习得领域的传统术语"动机"。与动机不同的是，投资意味着期待回报与利益；它强调了人们的主动性与认同的作用：投入手头工作，积累经济资本和象征性资本，努力进行投资，并且持之以恒、坚持到底。在北美的二语习得领域，投资几乎等同于"语言学习的付出"，是基于学习者主观意愿的选择和期望。如此看来，学习者并不是被动地接受权力机构的安排；也不是简单地受到驱使才去学习传授的内容。他们可以发挥能动性，要求被他人倾听的权利、改变他人的看法和机构的偏见并且努力成就他们渴望成为的自己。

的确，Norton 的**认同**概念是在"话语中建构起来的"，总是嵌入了很多社会和历史的元素（参见本书引言）。这就意味着，我们声称要成为的人，总是面对挑战以及话语环境中不断变化的重新定位。在二语习得领域，这就意味着，一方面，移民不一定就是他的同事认定的有缺陷的非本族语者的形象；她可以在自身可供选择的多重认同中，努力成为内心期待的自我。另一方面，移民的这种新的认同可能与他人的认同并不相容，难以和谐相处；新的认同也许会受到质疑，也因此总会在新的社会权力关系中不断被重新评价和再度协商。

对于习惯于权威人士（政府、房东、老板、老师）满足自己（民众、房客、下属、学生）需要或是允许他们获取所需的移民来说，上文述及的不确定性可能会令人不安。但是，Norton 的"认同"概念里暗含权力关系的不断变化，恰好使得移民和英语学习者容易预见他们生存现实之外其他诸多的可能性，他们期待进入的共同体，也许不在身边，而是一种**想象共同体**，在各种经由英语获取经济流动性的期望中得到滋养。想象共同体，有时也是一种建立于网络并得以维系的励志性共同体。网络维系着一种可以进入到一个更好的世界，重新塑造自我的希望；也提供了新的、更加有力的社会认同，为学习者夺回说话的权利（这是一种人权，也是一种公民权），让自己的声音被听到。

很多学者也在追随 Bonny Norton，反对二语习得领域有关语言学习者的简化论（参见本书引言）。他们使用投资和想象共同体概念，强调二语习得中的政治维度，即通过在公共领域参与社区活动和全球合作来学习英语。然而，在《认同和语言学习》首次出版之后，2001 年世贸中心遭袭、2008 年世界范围的金融危机以及针对全球恐怖主义和全球范围不断拉开的贫富差距的对抗，都在挑战这些教育理念。Norton 的投资、认同和想象共同体三大概念的未来发展出路在哪里？

## 3. "话语权"的未来

在 Pierre Bourdieu，Chris Weedon 和 Benedict Anderson 三位学者的研究启发下，Bonny Norton 在二语习得领域提出了认同理论。回顾一下他们的思想，可以帮助我们从理论的角度来看 21 世纪英语的使用在梦想与现实之间的差距。

和 Bonny Norton 反对二语习得研究中的简化理论一样，这三位在 20 世纪 80 年代也都在和自己领域的简化观点进行抗争。正因为逆时代潮流而上，他们的研究产生了影响。

Pierre Bourdieu 是一位社会学家，他反对"自主个体"的谬论（1982）。"理性的行动者理论"把个体假定为社会行动者，根据人类行动得与失的判断，作出理性的决定。对此，Pierre Bourdieu 作出回应，他认为个体的惯习会在无意识中遵循其身处的各种场域（比如家庭、学校、工作场所）的安排；反之，个体也会根据自身惯习，规划他们所运行的场域。也正是在这种惯习和场域之间的互动中，人们获得一种实际感知：他们是谁、能够成为什么样的人。为了成功，"所有参与者都**必须相信他们参与的游戏**（同上，我的强调），相信他们在奋斗中押下赌注的价值"。根据他的理论，游戏或者场域的存在本身及其持续性就预示着一种完全、无条件的"投资"，这是一种针对游戏及其赌注的务实的、无条件的信念。请注意这里情态助词"必须"的使用。Bourdieu 并不是在阐明一种道义上的规则，而是作为社会学家，将文化复制的游戏规则表述为一种社会的命运。Bourdieu 在游戏上的见解有一种强烈的现实主义特点和生存主义的味道，与很多人当下的感觉产生了很大共鸣。

Chris Weedon 是一位女性主义者和文化理论家，她反对自我皆为先天、固有的理论。她把主体性解释为"我们的自我感知"（1987：21），论证个体的主体性不是与生俱来的，而是建构起来的；它不会受基因的限定，而是后天在社交网络的互动中逐渐形成的。她将这一观点归为"后结构主义"，因为这种观点并不将认同视为固定的范畴，而是在与权力不断进行抗争的过程中建构起来的。斗争可能会带来变化，但也可能会强化现状。"人本主义暗含着一个有意识的、先知先觉、一致而有理性的主体，而后结构主义则有所不同，它认为主体性本身并不是统一的，而是充满了矛盾，处于权力关系变化过程的中心位置，且对于维持现状至关重要"（同上）。Weedon 认为，任何时候都不存在本质意义上的男性或女性特征，这些都会反映在语言以及语言规划的社会现实中。她还认为，"女性与男性所包含的意义，在不同的文化和语言中是不一样的"（1987：22）。Weedon 对于认同的阐释同样也强调了一种模糊感、不统一与冲突性。在这一点上，现在的读者也很有共鸣。

Benedict Anderson（1983）是一位历史学家和文化理论家，他反对国家主义中神赐、天生的理论。他提出了一个众所周知的术语：想象共同体，揭示出一个事实：民族认同并非本族语者与生俱来的权利，而是由国家通过人口普查、地图、博物馆，当然还有学校、电影产业和媒体等方式，不辞辛苦地建构起来的。国民想象自己在国界限制之内拥有主权，团结在平等深厚的兄弟情义中。Anderson 写道："共同体并非通过真假，而是通过想象的不同方式来分辨的。"（1983：6）这种方式有明确的历史传承。通过不断地重复历史、纪念英雄，国民"把终结变换为持续性、将可能性转换成意义"（1983：11），从而建立自身的认同感。Anderson 的表述令人难忘："国家主义施用魔法，将偶然的可能性变成了命运。"（1983：12）Anderson 提出的"想象共同体"提醒了现今的读者，国家操纵着压倒性的权力，直接通过政治演说，或是间接通过大众传媒，控制了国民的想象力。

# 4. 讨论

为 Bonny Norton 提供了理论灵感的这三位理论家，反对的就是将个体描述成为"命运的主人"的危险导向——开拓路径、达成未来规划好的目标，并在界定清晰、天赐的国家共同体中获得令人感到安全的成员身份。三位理论家都表明，现实的世界是凌乱而相互矛盾的：游戏规则是由强大的机构设定的，参与游戏的个体也是同谋（Bourdieu）；他们的认同并不单一，而是充满争议的，因为认同不是自己选择的，而是由斡旋于社会力量中的他人语言构成的（Weedon）；他们归属的共同体并非自然天成，而是服务于当权者利益的社会、政治架构（Anderson）。通过反对结构主义的世界观，这些后结构主义思想家开启了一种反抗的可能性，也正是对于复杂、变化和矛盾的意识与关注引发了这种抗拒。

Norton 提出的后结构主义思想，受到了 Bourdieu，Weedon 和 Anderson 的启发。该领域的其他研究者又在 Norton 的基础上进一步详细阐述了这一思想（参见引言），但是当前全球化的地缘政治情况又为 Norton 的思想赋予了新的意义。例如，Pavlenko 和 Lantolf（2000）笔下的"参与和自我（重新）建构"令人印象深刻，"投资"的概念与这一被频繁引用的表述不可分割；"投资"的概念也与一些对无限制全球化带来的负面影响（Heller，2003，2010；Kramsch & Boner，2010）的描述不可分割。同样，Pavlenko（2001，2002），Block（2006）和其他学者（包括 Norton & Early，2011）所做的自我叙述研究、与 Blommaert（2005）和 Holborow（2012）记录的全球范围不平等和意识形态的矛盾之处，现在也已经相互关联了。

再举个例子，Norton 的研究启发了语言教育者，学习者可以通过使用电子聊天室、博客、Skype 等技术手段在课外相互联系（Lam，2006；Malinowski & Kramsch，2013；Mendelson，2010），甚至运用远程合作的技术手段和遥远国度的本族语者进行交流。她的叙述方法推动了读写能力教育者使用数码的方式讲故事，从而在全球的弱势青年群体中发展包罗万象的世界性认同（Hull et al.，2013）。然而，这些努力既与社会语言学对新殖民主义在旅游业话语中的效应（Thurlow & Jaworski，2010）及其对语言课本潜在的危害性影响的批判性研究密不可分，也和麻省理工的心理分析家 Sherry Turkle 在《一起孤独》中呈现的网络的毁灭性影响紧密联系。在上述研究中，经济与文化全球化的残酷现实遮蔽了让认同焕然一新的梦想。

与全球经济一路，过去十年中文化和政治的巨变已经影响到我们理解事件的方式，于是如何看待英语教学甚至要比十年前矛盾许多。批判性、后现代社会语言学（Block et al.，2012；Blommaert，2005，2010；Heller & Duchene，2011；Thurlow & Jaworski，2010；Ward，2011）的发展，促使我们更多从权力关系的角度来审视 Norton 在 20 世纪 90 年代记录的个案，也继续影响着 Norton 近年来的研究（如 Norton & Williams，2012）。

# 5. 结语

过去的十年发生了太多的事件，影响了今天《认同和语言学习》的读者。

20 世纪 90 年代，英语知识是新认同中强有力的元素。2001 年之后，管制弱化、快速发展的资本主义，加剧了全球的不平等，金融市场出现危机，围绕商品、地位和权力的全球竞争也是愈演愈烈。英语已经成为全球新精英的语言。英语对于很多人来说已经成为一种地位的象征，而不再仅仅是一种交际手段。

更重要的是，对一些人来说，英语已经不再让人梦想成真，而是令梦想破碎的一种语言。当语言成为营销产业的商品时，话语失去了真实的价值。统计与舆论调查的过度使用，使得话语权不再重要和严肃。后结构主义有关权力关系的阐释给人带来了希望，也就是将社会认同描述成具有"多重的、矛盾的"特征（Norton Peirce，1995：15），而学习者在目的语中的投资也是"复杂的、矛盾的、始终处于变化之中的"，这就为学习者开启了各种可能性。然而，这种希望本身就是一种更加结构化、有控制力的过程，有沦为商品的风险，受惠的人是那些"成功的"、不再期望拥有多重的、矛盾的认同的人，这些人更期望的是一种单一、稳定和可预见的认同。

认同还会继续成为二语习得研究中的重要课题，只不过《认同和语言学习》一书中对认同的定义处境危险，因为认同会被那些已经获得了经济、文化和象征资源的人以结构主义的术语进行重新界定。认同可能就不再是投资和想象的问题，而又重新变成与生俱来的特权和社会阶层的问题。此时，铭记南非裔学者 Bonny Norton 有影响力的研究及其体现的变革思想，是不无裨益的。

## 参考文献

Anderson, B. (1983) *Imagined Communities: Reflections on the Origin and Spread of Nationalism.* New York: Verso.

Bakhtin, M. (1981) *The Dialogic Imagination.* Austin, TX: University of Texas.

Block, D. (2003) *The Social Turn in Second Language Acquisition.* Washington, DC: Georgetown University Press.

Block, D. (2006) *Multilingual Identities in a Global City: London Stories.* London: Palgrave.

Block, D. (in preparation) *Class in Applied Linguistics: A Global Perspective.* London:

Routledge.

Block, D., Gray, J. & Holborow, M. (2012) *Neoliberalism and Applied Linguistics*. London: Routledge.

Blommaert, J. (2005) *Discourse*. Cambridge: Cambridge University Press.

Blommaert, J. (2010) *The Sociolinguistics of Globalization*. Cambridge: Cambridge University Press.

Bourdieu, P. (1982) *Ce que parler veut dire: L'économie des échanges linguistiques*. Paris: Fayard.

Cameron, D. (2006) Styling the worker: Gender and the commodification of language in the globalized service economy. *Journal of Sociolinguistics* 4(3), 323–347.

Heller, M. (2003) Globalization, the new economy, and the commodification of language and identity. *Journal of Sociolinguistics* 7(4), 473–492.

Heller, M. (2010) Language as resource in the globalized new economy. In N. Coupland, (ed.), *The Handbook of Language and Globalization*. Oxford: Wiley-Blackwell, 349–365.

Heller, M. & Duchêne, A. (2011) Pride and profit: Changing discourses of language, capital and nation-state. In A. Duchêne & M. Heller (eds.), *Language in late Capitalism: Pride and Profit*. London: Routledge, 1–21.

Holborow, M. (2012) Neoliberal keywords and the contradictions of an ideology. In D. Block, J. Gray & M. Holborow (eds.). *Neoliberalism and Applied Linguistics*. London: Routledge, 33–55.

Hull, G., Stornaiuolo, A. & Sterponi, L. (2013) Imagined readers and hospitable texts: Global youths connect online. In D. Alvermann, N. Unrau & R. Ruddell (eds.), *Theoretical Models and Processes of Reading* (6th edn.). Newark, DE: International Reading Association.

Kanno, Y. & Norton, B. (2003) Imagined communities and educational possibilities. *Journal of Language, Identity, and Education* 2 (4) (special issue), 241–249.

Kramsch, C. (1993) *Context and Culture in Language Teaching*. Oxford: Oxford University Press.

Kramsch, C. (2009) *The Multilingual Subject*. Oxford: Oxford University Press.

Kramsch, C. (2010) Afterword. In D. Nunan & J. Choi (eds.), *Language and Culture: Reflective Narratives and the Emergence of Identity*. London: Routledge, 223–224.

Kramsch, C. (2012) Subjectivity. In C. Chapelle (ed.), *Encyclopedia of Applied Linguistics*. Oxford: Wiley-Blackwell.

Kramsch, C. & Boner, E. (2010) Shadows of discourse: Intercultural communication in global contexts. In N. Coupland (ed.), *The Handbook of Language and Globalization.* Oxford: Wiley-Blackwell, 495–519.

Kramsch, C. & Thorne, S. (2002) Foreign language learning as global communicative practice. In D. Block & D. Cameron (eds.), *Globalization and Language Teaching.* London: Routledge, 83–100.

Lam, E. W. S. (2006) Re-envisioning language, literacy and the immigrant subject in new mediascapes. *Pedagogies: An International Journal* 1(2), 171–195.

Lantolf, J. (ed.) (2000) *Sociocultural Theory and Second Language Learning.* Oxford, UK: Oxford University Press.

Lantolf, J. P. & Thorne, S. L. (2006) *Sociocultural Theory and the Genesis of Second Language Development.* Oxford: Oxford University Press.

Malinowski, D. & Kramsch, C. (2013) The ambiguous world of heteroglossic computer-mediated language learning. In A. Blackledge & A. Creese (eds.), *Heteroglossia as Practice and Pedagogy.* SpringerLink, 155–178.

Mendelson, A. (2010) Using online forums to scaffold oral participation in foreign language instruction. *L2 Journal* (2), 23–44.

Norton, B. (2000) *Identity and Language Learning.* London: Longman.

Norton, B. & Early, M. (2011) Researcher identity, narrative inquiry, and language teaching research. *TESOL Quarterly* 45(3), 415–439.

Norton, B. & Williams, C. J. (2012) Digital identities, student investments, and eGranary as a placed resource. *Language and Education* 26(4), 315–329.

Norton Peirce, B. (1987) ESL under apartheid: Language in transition. Paper presented at the 21st Annual TESOL convention, Miami Beach, FL.

Norton Peirce, B. (1989) Toward a pedagogy of possibility in the teaching of English internationally: People's English in South Africa. *TESOL Quarterly* 23(3), 401–420.

Norton Peirce, B. (1995) Social identity, investment, and language learning. *TESOL Quarterly* 29(1), 9–31.

Pavlenko, A. (2001) 'In the world of the tradition, I was unimagined': Negotiation of identities in cross-cultural autobiographies. *International Journal of Bilingualism* 5(3), 317–344.

Pavlenko, A. (2002) Poststructuralist approaches to the study of social factors in second language learning and use. In V. Cook (ed.), *Portraits of the L2 User.* Clevedon: Multilingual Matters, 275–302.

Pavlenko, A. & Lantolf, J. (2000) Second language learning as participation and the (re)construction of selves. In J. Lantolf (ed.), *Sociocultural Theory and Second Language Learning*. Oxford: Oxford University Press, 155–178.

Swain, M. (2000) The output hypothesis and beyond: Mediating acquisition through collaborative dialogue. In J. Lantolf (ed.), *Sociocultural Theory and Second Language Learning*. Oxford: Oxford University Press, 97–114.

Thompson, J. B. (1991) Editor's introduction. In P. Bourdieu, *Language and Symbolic Power*. Cambridge, MA: Harvard University Press, 1–31.

Thurlow, C. & Jaworski, A. (2010) *Tourism Discourse: Language and Global Mobility*. London: Palgrave Macmillan.

Turkle, S. (2011) *Alone Together: Why We Expect More from Technology and Less from Each Other*. New York: Basic Books.

Vinall, K. (2012) *Un legado histórico*?: Symbolic competence and the construction of multiple histories. *L2 Journal* (4), 102–123.

Vygotsky, L. (1978) *Mind in Society: The Development of Higher Psychological Processes*. Cambridge, MA: Harvard University Press.

Ward, S. (2011) *Neoliberalism and the Global Restructuring of Knowledge and Education*. London: Routledge.

Ware, P. & Kramsch, C. (2005) Toward an intercultural stance: Teaching German and English through telecollaboration. *Modern Language Journal* 89 (2), 190–205.

Weedon, C. (1987) *Feminist Practice and Poststructuralist Theory*. Oxford: Blackwell.

# 参考文献

Acton, W. and de Felix, J. W. (1986) Acculturation and mind. In J. M. Valdes (ed.) *Culture Bound: Bridging the Culture Gap in Language Teaching.* Cambridge: Cambridge University Press.

Anderson, G. (1989). Critical ethnography in education: Origins, current status, and new directions. *Review of Educational Research* 59 (3), 249–270.

Angelil-Carter, S. (1997) Second language acquisition of spoken and written English: Acquiring the skeptron. *TESOL Quarterly* 31 (2), 263–287.

Anzaldúa, G. (1990) How to tame a wild tongue. In R. Ferguson, M. Gever, T. Minh-ha and C. West (eds.) *Out There: Marginalization in Contemporary Cultures.* Cambridge, MA: MIT Press. 203–211.

Auerbach, E. R. (1989) Toward a social-contextual approach to family literacy. *Harvard Educational Review* 59(2), 165–181.

Auerbach, E. R. (1997) Family literacy. In V. Edwards and D. Corson (eds.) *Literacy. Vol. 2, Encyclopedia of Language and Education.* Dordrecht: Kluwer Academic Publishers.

Bailey, K. M. (1980) An introspective analysis of an individual's language learning experience. In R. Scarcella and S. Krashen (eds.) *Research in Second Language Acquisition.* Rowley, MA: Newbury House.

Bailey, K. M. (1983) Competitiveness and anxiety in adult second language learning: Looking at and through the diary studies. In H. D. Seliger and M. H. Long (eds.) *Classroom Oriented Research in Second Language Acquisition.* Rowley, MA: Newbury House.

Bakhtin, M. (1981) *The Dialogic Imagination.* Austin: University of Texas Press.

Barton, D. and Hamilton, M. (1998) *Local Literacies: Reading and Writing in One Community.* London: Routledge.

Bell, J. (1991) Becoming Aware of Literacy. Unpublished PhD thesis, University of Toronto, Canada.

Benesch, S. (1996) Needs analysis and curriculum development in EAP: An example of a critical approach. *TESOL Quarterly* 30(4), 723–738.

Beretta, A. and Crookes, G. (1993) Cognitive and social determinants of discovery in SLA. *Applied Linguistics* 14(3), 250–275.

Bourdieu, P. (1977) The economics of linguistic exchanges. *Social Science Information* 16 (6), 645–668.

Bourdieu, P. and Passeron, J. (1977) *Reproduction in Education, Society, and Culture.* London/Beverly Hills, CA: Sage Publications.

Bourne, J. (1988) 'Natural acquisition' and a 'masked pedagogy'. *Applied Linguistics* 9 (1), 83–99.

Boyd, M. (1992) Immigrant women: Language, socio-economic inequalities, and policy issues. In B. Burnaby and A. Cumming (eds.) *Socio-political Aspects of ESL in Canada.* Toronto: Ontario Institute for Studies in Education. 141–159.

Breen, M. and Candlin, C. (1980) The essentials of a communicative curriculum in language teaching. *Applied Linguistics* 1 (2), 89–112.

Bremer, K., Broeder, P., Roberts, C., Simonot, M. and Vasseur, M. -T. (1993) Ways of achieving understanding. In C. Perdue (ed.) *Adult Language Acquisition: Cross-Linguistic Perspectives, vol. II: The Results.* Cambridge: Cambridge University Press. 153–195.

Bremer, K., Roberts, C., Vasseur, M. -T., Simonot, M. and Broeder, P. (1996) *Achieving Understanding: Discourse in Intercultural Encounters.* London: Longman.

Briskin, L. and Coulter, R. C. (1992) Feminist pedagogy: Challenging the normative. *Canadian Journal of Education* 17 (3), 247–263.

Britzman, D. (1990) Could this be your story? Guilty readings and other ethnographic dramas. Paper presented at the Bergamo Conference, Dayton, Ohio.

Brodkey, L. (1987) Writing critical ethnographic narratives. *Anthropology and Education Quarterly* 18, 67–76.

Brown, C. (1984) Two windows on the classroom world: Diary studies and participant observation differences. In P. Larson, E. Judd, and D. Messerschmitt (eds.) *On TESOL '84.* Washington, DC: TESOL.

Brown, H. D. (1994) *Principles of Language Learning and Teaching.* Englewood Cliffs, NJ: Prentice Hall.

Burnaby, B. (1997) Second language teaching approaches for adults. In G. R. Tucker and D. Corson (eds.) *Second Language Education. Vol. 4, Encyclopedia of Language and Education.* Dordrecht: Kluwer Academic Publishers. 95-104.

Burnaby, B., Harper, H. and Norton Peirce, B. (1992) English in the workplace: An employer's concerns. In B. Burnaby and A. Cumming (eds.) *Socio-political Aspects of ESL Education in Canada*. Toronto: OISE Press.

Burnaby, B. and Sun, Y. (1989) Chinese teachers' views of western language teaching: Context informs paradigms. *TESOL Quarterly* 23 (2), 219–236.

Butler, J. and Scott, J. W. (eds.) (1992) *Feminists Theorize the Political*. New York: Routledge.

Cameron, D., Frazer, E., Harvey, P., Rampton, B. and Richardson, K. (1992) *Researching Language: Issues of Power and Method*. London: Routledge.

Canagarajah, A. S. (1993) Critical ethnography of a Sri Lankan classroom: Ambiguities in student opposition to reproduction through ESOL. *TESOL Quarterly* 27 (4), 601–626.

Canale, M. and Swain, M. (1980) Theoretical bases of communicative approaches to second language teaching and testing. *Applied Linguistics* 1(1), 1–47.

Canale, M. (1983) On some dimensions of language proficiency. In J. Oller (ed.) *Issues in Language Testing Research*. Rowley, MA: Newbury House.

Candlin, C. (1989) Language, culture, and curriculum. In C. Candlin and T. F. McNamara (eds.) *Language, Learning and Community*. Sydney: National Centre for English Language Teaching and Research. 1–24.

Cazden, C., Cancino, H., Rosansky, E. and Schumann, J. (1975) Second Language Acquisition Sequences in Children, Adolescents, and Adults. Research report, Cambridge, MA.

Cherryholmes, C. (1988) *Power and Criticism: Poststructural Investigations in Education*. New York: Teachers College Press.

Clark, R. and Ivanic, R. (1997) *The Politics of Writing*. London: Routledge.

Clarke, M. (1976) Second language acquisition as a clash of consciousness. *Language Learning* 26, 377–390.

Clyne, M. (1991) *Community Languages: The Australian Experience*. Cambridge: Cambridge University Press.

Connell, R. W., Ashendon, D.J., Kessler, S. and Dowsett, G.W. (1982) *Making the Difference: Schools, Families, and Social Division*. Sydney: George Allen & Unwin.

Cooke, D. (1986) Learning the language of your students. *TESL Talk* 16 (1), 5–13.

Corson, D. (1993) Language, minority education and gender. Cleveland: *Multilingual Matters*.

Crookes, G. and Schmidt, R. (1991) Motivation: Reopening the research agenda.

*Language Learning* 41 (4), 469–512.

Cumming, A. & Gill, J. (1991) Learning ESL literacy among Indo-Canadian women. *Language, Culture, and Curriculum* 4 (3), 181–198.

Cumming, A. & Gill, J. (1992) Motivation or accessibility? Factors permitting Indo-Canadian women to pursue ESL literacy instruction. In B. Burnaby and A. Cumming (eds.) *Socio-political Aspects of ESL Education in Canada.* Toronto: OISE Press. 241–252.

Cummins, J. (1996) *Negotiating Identities: Education for Empowerment in a Diverse Society.* Ontario, CA: California Association for Bilingual Education.

Cummins, J. & Corson, D. (eds.) (1997) *Bilingual Education. Vol. 5, Encyclopedia of Language and Education.* Dordrecht: Kluwer Academic Publishers.

Dörnyei, Z. (1994) Motivation and motivating in the foreign language classroom. *Modern Language Journal* 78 (3), 273–284.

Dörnyei, Z. (1997) Psychological processes in cooperative language learning: Group dynamics and motivation. *Modern Language Journal* 81 (4), 482–493.

Duff, P. & Uchida, Y. (1997) The negotiation of teachers' sociocultural identities and practices in postsecondary EFL classrooms. *TESOL Quarterly* 31 (3), 451–486.

Edge, J. & Norton, B. (1999) Culture, power, and possibility in teacher education. Paper presented at the annual TESOL convention, New York, NY, March 1999.

Edwards, D. & Potter, J. (1992) *Discursive Psychology.* Newbury Park, CA: Sage.

Ellis, R. (1985) *Understanding Second Language Acquisition.* London: Oxford University Press.

Ellis, R. (1997) *Second Language Acquisition.* Oxford: Oxford University Press.

Fairclough, N. (1992) *Discourse and Social Change.* Cambridge: Polity Press.

Faltis, C. (1997) Case study methods in researching language and education. In N. Hornberger & D. Corson (eds.) *Research Methods in Language and Education. Vol. 8, Encyclopedia of Language and Education.* Dordrecht: Kluwer Academic Publishers. 145-152.

Foucault, M. (1980) *Power/Knowledge: Selected Interviews & Other Writings 1972–1977,* C. Gordon (trans.). New York: Pantheon Books.

Freedman, R. (1997) Researching gender in language use. In N. Hornberger and D. Corson (eds.) *Research Methods in Language and Education. Vol. 8, Encyclopedia of Language and Education.* Dordrecht: Kluwer Academic Publishers, 47–56.

Freire, P. (1970) *Pedagogy of the Oppressed.* New York: Seabury Press.

Freire, P. (1985) *The Politics of Education.* South Hadley, MA: Bergin-Garvey.

Gardiner, M. (1987) Liberating language: People's English for the future. In *People's Education: A Collection of Articles*. Bellville, South Africa: University of the Western Cape, Centre for Adult and Continuing Education. 56–62.

Gardner, R. C. (1985) *Social Psychology and Second Language Learning: The Role of Attitudes and Motivation*. London: Edward Arnold.

Gardner, R. C. (1989) Attitudes and motivation. *Annual Review of Applied Linguistics* 1988 (9), 135–148.

Gardner, R. C. and Lambert, W. E. (1972) *Attitudes and Motivation in Second Language Learning*. Rowley, MA: Newbury House.

Gardner, R. C. and MacIntyre, P. D. (1992) A student's contributions to second-language learning. Part I: Cognitive variables. *Language Teaching* 25 (4), 211–220.

Gardner, R. C. and MacIntyre, P. D. (1993) A student's contributions to second-language learning. Part II: Affective variables. *Language Teaching* 26 (1), 1–11.

Gee, J. P. (1990) *Social Linguistics and Literacies: Ideology in Discourses*. Basingstoke: Falmer Press.

Giles, H. and Coupland, N. (1991) *Language: Contexts and Consequences*. Buckingham, England: Open University Press.

Giroux, H. A. (1988) *Schooling and the Struggle for Public Life: Critical Pedagogy in the Modern Age*. Minneapolis: University of Minnesota Press.

Giroux, H. (1992) *Border Crossings: Cultural Workers and the Politics of Education*. New York: Routledge.

Goldstein, T. (1996) *Two Languages at Work: Bilingual Life on the Production Floor*. Berlin and New York: Mouton de Gruyter.

Goldstein, T. (1997) Language research methods and critical pedagogy. In N. Hornberger and D. Corson (eds.) *Research Methods in Language and Education. Vol. 8, Encyclopedia of Language and Education*. Dordrecht: Kluwer Academic Publishers. 67–77.

Gregg, K. (1993) Taking explanation seriously; or let a couple of flowers bloom. *Applied Linguistics* 14(3), 276–293.

Hall, J. K. (1993) The role of oral practices in the accomplishment of our everyday lives: The sociocultural dimension of interaction with implications for the learning of another language. *Applied Linguistics* 14 (2), 145–166.

Hall, J. K. (1995) (Re) creating our worlds with words: A sociohistorical perspective of face-to-face interaction. *Applied Linguistics* 16 (2), 206–232.

Hall, J. K. (1997) A consideration of SLA as a theory of practice: A response to Firth and Wagner. *Modern Language Journal* 81 (3), 301–306.

Hansen, J. G. and Liu, J. (1997) Social identity and language: Theoretical and methodological issues. *TESOL Quarterly* 31 (3), 567–576.

Harper, H., Norton Peirce, B. and Burnaby, B. (1996) English-in-the-workplace for garment workers: A feminist project? *Gender and Education* 8 (1), 5–19.

Haug, F. (ed.) (1987) *Female Sexualization: A Collective Work of Memory*, Erica Carter (trans.). London: Verso.

Heller, M. (1987) The role of language in the formation of ethnic identity. In J. Phinney and M. Rotheram (eds.) *Children's Ethnic Socialization*. Newbury Park, CA: Sage. 180–200.

Heller, M. (1992) The politics of codeswitching and language choice. *Journal of Multilingual and Multicultural Development*, 13 (1/2), 123–142.

Heller, M. (1999) *Linguistic Minorities and Modernity: A Sociolinguistic Ethnography*. London: Longman.

Heller, M. and Barker, G. (1988) Conversational strategies and contexts for talk: Learning activities for Franco-Ontarian minority schools. *Anthropology and Education Quarterly* 19 (1), 20–46.

Henriques, J., Hollway, W., Urwin, C., Venn, C. and Walkerdine, V. (1984) *Changing the Subject: Psychology, Social Regulation, and Subjectivity*. London and New York: Methuen.

Hooks, B. (1990) Talking back. In R. Ferguson, M. Gever, T. Minh-ha and C. West (eds.) *Out There: Marginalization in Contemporary Cultures*. Cambridge, Mass, MA: MIT Press.

Hornberger, N. and Corson, D. (eds.) (1997) *Research Methods in Language and Education. Vol. 8, Encyclopedia of Language and Education*. Dordrecht: Kluwer Academic Publishers.

Hymes, D. (1979) On communicative competence. In C. J. Brumfit and K. Johnson (eds.) *The Communicative Approach to Language Teaching*. Oxford: Oxford University Press. 5-26.

Janks, H. (1997) Teaching language and power. In R. Wodak and D. Corson (eds.) *Language Policy and Political Issues in Education. Vol. 8, Encyclopedia of Language and Education*. Dordrecht: Kluwer Academic Publishers, 241-252.

Johnson, D. (1992) *Approaches to Research in Second Language Learning*. New York: Longman.

Kalantzis, M., Cope, B. and Slade, D. (1989) *Minority Languages and Dominant Culture: Issues of Education, Assessment and Social Equity*. London: Falmer.

Kanno, Y. (1996) There's No Place Like Home: Japanese Returnees' Identities in Transition. Unpublished PhD thesis, University of Toronto, Canada.

Klein, W. (1986) *Second Language Acquisition*. Cambridge: Cambridge University Press.

Kramsch, C. (1993) *Context and Culture in Language Teaching*. Oxford: Oxford University Press.

Krashen, S. (1981) *Second Language Acquisition and Second Language Learning*. Oxford: Pergamon.

Krashen, S. (1982) *Principles and Practice in Second Language Acquisition*. Oxford: Pergamon.

Kress, G. (1989) *Linguistic Processes in Sociocultural Practice*. Oxford: Oxford University Press.

Kubota, R. (1999) Japanese culture constructed by discourses: Implications for applied linguistics research and ELT. *TESOL Quarterly* 33 (1), 9–35.

Lakoff, R. (1975) *Language and Woman's Place*. New York: Harper and Row.

Lambert, W. E. (1975) Culture and language as factors in learning and education. In A. Wolfgang (ed.) *Education of Immigrant Students*. Toronto: Ontario Institute for Studies in Education.

Lantolf, J. (1996) SLA theory building: 'Letting all the flowers bloom!' *Language Learning* 46 (4), 713–749.

Larsen-Freeman, D. and Long, M. (1991) *An Introduction to Second Language Acquisition Research*. New York: Longman.

Lave, J. and Wenger, E. (1991) *Situated Learning: Legitimate Peripheral Participation*. New York: Cambridge University Press.

Legutke, M., and Thomas, H. (1991) *Process and Experience in the Language Classroom*. London: Longman.

Lemke, J. (1995) *Textual Politics: Discourse and Social Dynamics*. Bristol, PA: Taylor & Francis.

Leung, C., Harris, R. and Rampton, B. (1997) The idealised native speaker, reified ethnicities and classroom realities. *TESOL Quarterly* 31 (3), 543–560.

Lewis, M. and Simon, R. (1986) A discourse not intended for her: Learning and teaching within patriarchy. *Harvard Educational Review* 56 (4), 457–472.

Lin, A. (1996) Bilingualism or linguistic segregation? Symbolic domination, resistance and code-switching in Hong Kong schools. *Linguistics and Education* 8 (1), 49–84.

Long, M. (1993) Assessment strategies for second language acquisition theories. *Applied Linguistics* 14(3), 225–249.

Lorde, A. (1990) Age, race, class, and sex: Women redefining difference. In R. Ferguson, M. Gever, T. Minh-ha and C. West (eds.) *Out There: Marginalization in Contemporary Cultures.* Cambridge, MA: MIT Press. 281–287.

Luke, A. (1988) *Literacy, Textbooks and Ideology* Basingstoke: Falmer Press.

Luke, A. (2002) Producing new Asian masculinities. In C. Barron, N. Bruce & D. Nunan (eds.), *Knowledge and Discourse: Towards an Ecology of Language.* Harlow, UK: Longman Pearson Education, 78–92.

Luke, C. and Gore, J. (eds.) (1992) *Feminisms and Critical Pedagogy.* New York: Routledge.

McKay, S. L. and Wong, S. C. (1996) Multiple discourses, multiple identities: Investment and agency in second language learning among Chinese adolescent immigrant students. *Harvard Educational Review* 66(3), 577–608.

McNamara, T. (1997) What do we mean by social identity? Competing frameworks, competing discourses. *TESOL Quarterly* 31 (3), 561–566.

Martin-Jones, M. and Heller, M. (1996) Introduction to the special issues on education in multilingual settings: Discourse, identities, and power. *Linguistics and Education* 8, 3–16.

Martin-Jones, M. (1997) Bilingual classroom discourse: Changing research approaches and diversification of research sites. In N. Hornberger and D. Corson (eds.) (1997) *Research Methods in Language and Education.* Vol. 8, *Encyclopedia of Language and Education.* Dordrecht: Kluwer Academic Publishers.

May, S. (1997) Critical ethnography. In N. Hornberger and D. Corson (eds.) (1997) *Research Methods in Language and Education.* Vol. 8, *Encyclopedia of Language and Education.* Dordrecht: Kluwer Academic Publishers.

Miller, J. (1999) Speaking English and Social Identity: Migrant Students in Queensland High Schools. Unpublished PhD thesis, University of Queensland, Australia.

Mitchell, C. and Weiler, K. (1991) *Rewriting Literacy: Culture and the Discourse of the Other.* Toronto: OISE Press.

Morgan, B. (1997) Identity and intonation: Linking dynamic processes in an ESL classroom. *TESOL Quarterly* 31 (3), 431–450.

Morgan, B. (1998) *The ESL Classroom: Teaching, Critical Practice, and Community Development.* Toronto: University of Toronto Press.

Morris, M. and Patton, P. (eds.) (1979) *Michel Foucault: Power, Truth, Strategy*. Sydney: Feral Publications.

Naiman, N., Frohlich, M., Stern, H. H. and Todesco, A. (1978) *The Good Language Learner: Research in Education Series No. 7*. Toronto: The Ontario Institute for Studies in Education.

Ndebele, N. (1987) The English language and social change in South Africa. *The English Academy Review* 4(1), 1–16.

New London Group (1996) A pedagogy of multiliteracies: Designing social futures. *Harvard Educational Review* 66(1), 60–92.

Ng, R. (1981) Constituting ethnic phenomenon: An account from the perspective of immigrant women. *Canadian Ethnic Studies* 13(1), 97–108.

Ng, R. (1987) Immigrant women in Canada: A socially constructed category. *Resources for Feminist Research/Documentation sur la Recherche Féministe* 16, 13–15.

Norton Peirce, B. (1989) Toward a pedagogy of possibility in the teaching of English internationally: People's English in South Africa. *TESOL Quarterly* 23 (3), 401–420.

Norton Peirce, B. (1993) Language Learning, Social Identity, and Immigrant Women. Unpublished PhD thesis. Ontario Institute for Studies in Education/University of Toronto.

Norton Peirce, B. (1995) Social identity, investment, and language learning. *TESOL Quarterly* 29 (1), 9–31.

Norton, B. (1997a) Language, identity, and the ownership of English. *TESOL Quarterly* 31(3), 409–429.

Norton, B. (1997b) Critical discourse research. In N. Hornberger and D. Corson (eds.) *Research Methods in Language and Education. Vol. 8, Encyclopedia of Language and Education*. Dordrecht: Kluwer Academic Publishers. 207–216.

Norton, B. (2001) Non-participation, imagined communities, and the language classroom. In M. Breen (ed.) *Learner Contributions to Language Learning: New directions in research*. Harlow, UK: Longman Pearson Education, 159–171.

Norton Peirce, B., Harper, H. and Burnaby, B. (1993) Workplace ESL at Levi Strauss: 'Dropouts' speak out. *TESL Canada Journal* 10 (2), 9–30.

Norton Peirce, B. and Stein, P. (1995) Why the 'monkeys passage' bombed: Tests, genres, and teaching. *Harvard Educational Review* 65 (1), 50–65.

Norton Peirce, B., Swain, M. and Hart, D. (1993) Self-assessment, French immersion, and locus of control. *Applied Linguistics* 14 (1), 25–42.

Norton, B. and Toohey, K. (1999) Reconceptualizing 'the good language learner': SLA at the turn of the century. Paper presented at the annual conference of the American Association of Applied Linguistics, Stamford, Connecticut, USA.

Ochs, E. (1992) Indexing gender. In A. Duranti and C. Goodwin (eds.) *Rethinking Context*. Cambridge: Cambridge University Press. 335–358.

Oxford, R. and Shearin, J. (1994) Language learning motivation: Expanding the theoretical framework. *Modern Language Journal* 78 (1), 12–28.

Pennycook, A. (1989) The concept of method, interested knowledge, and the politics of language teaching. *TESOL Quarterly* 23 (4), 589–618.

Pennycook, A. (1994) *The Cultural Politics of English as an International Language*. London: Longman.

Pennycook, A. (1998) *English and the Discourses of Colonialism*. London: Routledge.

Perdue, C. (ed.) (1984) *Second Language Acquisition by Adult Immigrants*. Rowley, MA: Newbury House.

Perdue, C. (ed.) (1993a) *Adult Language Acquisition: Cross-Linguistic Perspectives. Vol. I, Field Methods*. Cambridge: Cambridge University Press.

Perdue, C. (ed.) (1993b) *Adult Language Acquisition: Cross-Linguistic Perspectives. Vol. II, The Results*. Cambridge: Cambridge University Press.

Peyton, J. K. and Reed, L. (1990) *Dialogue Journal Writing with Nonnative English Speakers: A Handbook for Teachers*. Alexandria, VA: TESOL.

Rampton, B. (1995) *Crossing: Language and Ethnicity Among Adolescents*. London: Longman.

Rist, R. (1980) Blitzkrieg ethnography: On the transformation of a method into a movement. *Educational Researcher* 9 (2), 8–10.

Roberts, C., Davies, E. and Jupp, T. (1992) *Language and Discrimination: A Study of Communication in Multi-ethnic Workplaces*. London: Longman.

Rockhill, K. (1987a) Literacy as threat/desire: Longing to be SOMEBODY. In J. Gaskill and A. McLaren (eds.) *Women and Education: A Canadian Perspective*. Calgary, Alberta: Detselig Enterprises Ltd.. 315–331.

Rockhill, K. (1987b) Gender, language and the politics of literacy. *British Journal of Sociology of Education* 18 (2), 153–167.

Rossiter, A. B. (1986) *From Private to Public: A Feminist Exploration of Early Mothering*. Toronto: Women's Press.

Rubin, J. (1975) What the 'good language learner' can teach us. *TESOL Quarterly* 9, 41–51.

Sarangi, S. and Baynham, M. (1996) Discursive construction of educational identities: affirmative readings. *Language and Education*, 10 (2/3), 77–81.

Saussure, F. de. (1966) *Course in General Linguistics*. W. Baskin (trans.). New York: McGraw-Hill.

Savignon, S. (1991) Communicative language teaching: State of the art. *TESOL Quarterly* 25 (2), 261–278.

Schecter, S. and Bayley, R. (1997) Language socialization practices and cultural identity: Case studies of Mexican descent families in California and Texas. *TESOL Quarterly* 31 (3), 513–542.

Schenke, A. (1991) The 'will to reciprocity' and the work of memory: Fictioning speaking out of silence in ESL and feminist pedagogy. *Resources for Feminist Research/ Documentation sur la Recherche Féministe* 20 (3/4), 47–55.

Schenke, A. (1996) Not just a 'social issue': Teaching feminist in ESL. *TESOL Quarterly* 30 (1), 155–159.

Schumann, F. (1980) Diary of a language learner: A further analysis. In R. Scarcella and S. Krashen (eds.) *Research in Second Language Acquisition*. Rowley, MA: Newbury House. 58–65.

Schumann, J. (1976a) Social distance as a factor in second language acquisition. *Language Learning* 26 (1), 135–143.

Schumann, J. (1976b) Second language acquisition: The pidginization hypothesis. *Language Learning* 26 (2), 391–408.

Schumann, J. (1978a) *The Pidginization Process: A Model for Second Language Acquisition*. Rowley, MA: Newbury House.

Schumann, J. (1978b) The acculturation model for second-language acquisition. In R.C. Gringas (ed.) *Second Language Acquisition and Foreign Language Teaching*. Washington, DC: Center for Applied Linguistics. 27–50.

Schumann, J. (1986) Research on the acculturation model for second language acquisition. *Journal of Multilingual and Multicultural Development* 7 (5), 379–392.

Schumann, J. (1993) Some problems with falsification: An illustration from SLA research. *Applied Linguistics* 14(3), 295–306.

Schumann, J. H. and Schumann, F. (1977) Diary of a language learner: An introspective study of second language learning. In H. D. Brown, C. A. Yorio, and R. H. Crymes (eds.) *On TESOL '77: Teaching and Learning English as a Second Language: Trends and Practice. Washington*, DC: TESOL. 241–249.

Scovel, T. (1978) The effect of affect on foreign language learning: A review of the anxiety research. *Language Learning* 28(1), 129–142.

Simon, R. (1987) Empowerment as a pedagogy of possibility. *Language Arts* 64(4), 370–383.

Simon, R. (1992) *Teaching Against the Grain: Texts for a Pedagogy of Possibility.* New York: Bergin & Garvey.

Simon, R. I. and Dippo, D. (1986) On critical ethnographic work. *Anthropology and Education Quarterly* 17, 198–201.

Simon, R. I., Dippo, D. and Schenke, A. (1991) *Learning Work: A Critical Pedagogy of Work Education.* Toronto: OISE Press.

Smith, D. E. (1987a) *The Everyday World as Problematic: A Feminist Sociology.* Boston, MA: Northeastern University Press.

Smith, D. E. (1987b) Institutional Ethnography: A Feminist Method. *Resources for Feminist Research/Documentation sur la Recherche Féministe* 15, 6–13.

Smoke, T. (ed.) (1998) *Adult ESL: Politics, Pedagogy, and Participation in Classroom and Community Programs.* Mahwah, NJ: Lawrence Erlbaum Associates.

Solsken, J. (1993) *Literacy, Gender, and Work: In Families and in School.* Norwood, NJ: Ablex Pub. Co.

Spender, D. (1980) *Man Made Language.* London: Routledge & Kegan Paul.

Spolsky, B. (1989) *Conditions for Second Language Learning.* Oxford: Oxford University Press.

Stein, P. (1998) Reconfiguring the past and the present: Performing literacy histories in a Johannesburg classroom. *TESOL Quarterly* 32 (3), 517–528.

Stern, H. H. (1983) *Fundamental Concepts of Language Teaching.* Oxford: Oxford University Press.

Tajfel, H. (ed.) (1982) *Social Identity and Intergroup Relations.* New York: Cambridge University Press.

Tannen, D. (1990) *You Just Don't Understand: Men and Women in Conversation.* New York: William Morrow.

Terdiman, R. (1985) *Discourse/Counter-Discourse: The Theory and Practice of Symbolic Resistance in Nineteenth-century France.* Ithaca: Cornell University Press.

Ternar, Y. (1990) Ajax là-bas. In L. Hutcheon and M. Richmond (eds.) *Other Solitudes: Canadian Multicultural Fictions.* Toronto: Oxford University Press.

Thesen, L. (1997) Voices, discourse, and transition: In search of new categories in EAP. *TESOL Quarterly* 31 (3), 487–512.

Toohey, K. (1998) 'Breaking them up, taking them away': ESL students in Grade 1. *TESOL Quarterly* 32 (1), 61–84.

Toohey, K. (2000) *Learning English at School: Identity, Social Relations and Classroom Practice*. Clevedon: Multilingual Matters.

Tucker, R. and Corson, D. (1997) *Second Language Education. Vol. 2, Encyclopedia of Language and Education*. Dordrecht: Kluwer Academic Publishers.

van Daele, C. (1990) *Making Words Count: The Experience and Meaning of the Diary in Women's Lives*. Unpublished PhD thesis. University of Toronto, Canada.

van Lier, L. (1994) Forks and hope: Pursuing understanding in different ways. *Applied Linguistics* 15 (3), 328–346.

Wallerstein, N. (1983) *Language and Culture in Conflict: Problem-Posing in the ESL Classroom*. Reading, MA: Addison-Wesley.

Walsh, C. E. (1987) Language, meaning, and voice: Puerto Rican students' struggle for a speaking consciousness. *Language Arts* 64(2), 196–206.

Walsh, C. E. (1991) *Pedagogy and the Struggle for Voice: Issues of Language, Power, and Schooling for Puerto Ricans*. Toronto: OISE Press.

Watson Gegeo, K. (1988) Ethnography in ESL: Defining the essentials. *TESOL Quarterly* 22 (4), 575–592.

Weedon, C. (1997) *Feminist Practice and Poststructuralist Theory*. Second Edition. London: Blackwell.

Weiler, K. (1988) *Women Teaching for Change: Gender, Class, and Power*. New York: Bergin & Garvey Publishers.

Weiler, K. (1991) Freire and a feminist pedagogy of difference. *Harvard Education Review* 61 (4), 449–474.

Wenger, E. (1998) *Communities of Practice: Learning, Meaning, and Identity*. Cambridge: Cambridge University Press.

West, C. (1992) A matter of life and death. *October* 61 (summer), 20–23.

Willis, P. E. (1977) *Learning to Labour: How Working Class Kids Get Working Class Jobs*. Farnborough: Saxon House.

Wodak, R. (1996) *Disorders of Discourse*. London and New York: Longman.

Wolcott, H. F. (1994) *Transforming Qualitative Data: Description, Analysis, and Interpretation*. Thousand Oaks, CA: Sage.

Wong Fillmore, L. (1991) When learning a second language means losing the first. *Early Childhood Research Quarterly* 6, 323–346.

Yee, M. (1993) Finding the way home through issues of gender, race and class. In H.

Bannerji (ed.) *Returning the Gaze: Essays on Racism, Feminism and Politics*. Toronto: Sister Vision Press. 3–44.

Yu, L. (1990) The comprehensible output hypothesis and self-directed learning: A learner's perspective. *TESL Canada Journal* 8 (1), 9–26.

Zamel, V. (1987) Recent research on writing pedagogy. *TESOL Quarterly* 21 (4), 697–715.

# 人名索引

# 主题索引

# 译后记

　　"认同"研究汲取了来自人类学、社会学、后殖民与文化研究和教育学等领域的研究成果，迄今为止已经成为一个独立的研究领域，也正激发起更多的语言学习与教学领域研究者积极的投入与讨论。近二十年前，Bonny Norton 教授第一次出版《认同和语言学习》时，仅预测到 2000 年后可能开展的一些研究。然而，投资、想象共同体和想象认同的概念经过十几年发展之后很有活力、极富解释力。顺应时代的需求，作者再版这一著作——《认同和语言学习：对话的延伸》，重新讨论了这些重要概念，并更新了认同和语言学习在新时代涌现出来的相关文献。Claire Kramsch 教授也为第二版撰写了观点犀利的后记，帮助读者从更为广泛的历史和学科的角度去审读这部再版的专著。

　　本书的翻译初稿始于 2016 年初，完成于 2017 年底，历时整整两年。期间，两位译者投入了极大的热情与精力，一次次地毯式阅读文本，一遍遍细密梳理作者的理论体系，一回回揣摩国内读者的期待。本书译者之一边永卫教授，早在十几年前便熟识 Bonny Norton 教授及其理论，并于 2007 至 2008 年间，作为 Bonny Norton 教授的访问学者，前往加拿大不列颠哥伦比亚大学求学。因着这一联结，我们赢得作者信任，共同翻译这部学术专著，也恰是这层层深入与 Norton 教授认同理论的亲密接触，进一步推动了我们在各自教学中继续本土化地实践这一理论。翻译的过程即见证了针对认同理论的再创造性思考，也时时交织着译者与作者共同建构译本的各种可能性。

　　本书正文一共 7 章，连同引言和后记共计 9 个部分。边永卫负责引言、第1—3 章及后记的翻译，许宏晨负责前言及第 4—7 章的翻译，各十万余字。两位译者特别感谢 Bonny Norton 教授在翻译过程中针对书稿内容作出的各种澄清和解释，也非常感谢外语教学与研究出版社编辑张丽娟、王丛琪等对文字字斟句酌的严格把关。没有他们的倾力相助，本书的中文译稿很难顺利出版。学海无涯，译界无疆。翻译工作永远不会完美无缺，译文中难免存在各种偏颇乃至错误。我们诚挚欢迎读者不吝指正，共同学习，不断进步。

边永卫、许宏晨

2018 年 8 月